JN085172

FEASTING WILD

In Search of the Last Untamed Food

ジーナ・レイ・ラ・サーヴァ　棚橋志行=訳

AKISHOBO

野生のごちそう

手つかずの食材を探す旅

FEASTING WILD:

In Search of the Last Untamed Food

母ローラと父ヴィクター、
そしてたくさんの呼び名を持つ妹に
本書を捧げる

目次

プロローグ　傷心のヘラジカ

七月の中旬、野生のヘラジカ肉を食べる夕食会に友人たちを招いた。バーベキューグリルに点火し、蠟燭（キャンドル）に火を灯す。ヤマボウシの木が影を投げかける屋外での晩餐だ。皿や銀食器の間にときおりヤマボウシの莢（さや）が落ちてきて、テーブルの上を跳ねた。

肉は私がスウェーデンからこっそり持ち込んだものだ。冷凍して真空パックし、スーツケースのセーターに挟んで隠してきた。ジョン・F・ケネディ空港の税関を通るときは、初仕事に送り出された麻薬の運び屋ばりに緊張したものだ。

ミンチにしたヘラジカの肉を小さなパテにして、豚のラードや、あめ色になるまで炒めた玉葱、潰したニンニク、妹が育てた香草（ハーブ）を混ぜ入れた。料理をしながら、霧のたちこめる湖に隣接する深い森で死んでいったヘラジカの姿を思い出す。近くの農場で採れた自家製トマトと椎茸を、トーストしたバンズに添えて食卓に出した。いまから私たちが味わうのは、人に飼いならされていない野生の食材だ。このヘラジカを屠（ほふ）った人のことを思い浮かべながら口に運ぶ。集まったみんなが、私とヘラジカの悲しみを、一〇〇万のかけらへ嚙み砕いて消化した。

人類史の九九パーセントを占める時間の中で、人間は狩猟採集したものを食べてきた。狩人は自分の追う動物を模倣した暮らしを送っていた。採集によって人間は土地や季節との結びつきを得たのだ。ほんの二〇〇年前まで、北米の食事の半分近くは鹿肉や狩猟鳥、豊富で安価な魚介類など野生の食材で成り立っていた。場所によっては亀を口にすることもあった。今日(こんにち)では、飼育も耕作もされていないものが人の口に入ることはめったにない。文字どおり自然のままのものを食べることは、本当にめずらしくなった。

かつて人間の腹を満たし、貧困や生存と結びついていた野生の食べ物が、いまは贅沢品になろうとしている。世界の一流レストランが、苦労して入手した雑草をエリート常連客に提供している。〝自然環境から採集された〟食材の味わいと〝野趣あふれる〟動物肉は、富や洗練、純粋さの象徴となったのだ。天然物の魚の値段は養殖魚のそれよりはるかに高く、さらに上昇する一方だ。熱帯雨林の狩猟肉(ジビエ)や東南アジアの燕(ツバメ)の巣など魅惑的な野生食材が世界じゅうで取引されるようになり、闇市場、偽造、暴力をもたらすようにもなった。同時に、生き延びるための糧(かて)をいまでも野生の食材に頼っている人たちは、生活様式の急激な変化に気づきはじめている――それが人里離れた、はるか遠くの土地であってもだ。

食べることで私たちは、無意識のうちに自然との密接な関係を維持している。食料品店へ行くと、食品の種類の豊富さに圧倒される。しかし、そんな選択肢の多さも、私たちがかつて口に運んでいた生物の多様性の前ではかすんでしまう。私たちは食習慣を飼いならしながら、図らずも自分自身を飼いならしてきた。いま私たちは、かつて当たり前だったどんな喜びを失いかけているのだろう。もしかすると、よく理解していないものの喪失をただ嘆き、悲しんでいるのかもしれない。

　未開発の土地が消えていくにつれ、食べ物の選択肢は狭まってきた。この星に棲（す）む生物種の三割から五割は二一世紀中頃までに消失するという推定もある。毎日何十種かが消えていく計算だ。標準化されて画一的になった予測可能な味への需要の前に、食べられる生物種の多くが姿を消してきた。明らかに、人間の生命維持に必須の栄養源は乏しくなってきている。

　野生の食材への憧憬（しょうけい）には長い歴史がある。食材の揺り籠（かご）である自然を守ることが初期の環境保護法の目的だった。つまり、人間と野生食材との関係は〝野生〟の概念そのものを抜きにしては語れないものだった。そう、野生とはかつて、不可知なもの、理解し尽くすことも制御することもできない〈大自然〉だったのだ。ところが、植民地政策が世界へ広がるにつれ、〝野生〟という言葉は否定的な意味合いを帯び、なじみのない文化や土地に向けた暴力的欲求を生み、支配の正当化に利用されるようになった。〈手つかずの自然（ワイルド・ネイチャー）〉と自然を管理する人間の〈文化（カルチャー）〉は相容れないという考えが広がり、この星の生態系はどんどん人為的な影響を受けていった。そうして、わずか二、三世紀のうちに、世界の国々は自国の野生肉と外国のめずらしい植物などを交換するようになった。

女性は世界の食料生産に大きな役割を果たしてきたし、田畑や森林を熟知してもいたのに、歴史上、彼女たちの野生に関する知識が話題に上ることはほとんどなかった。自然史における女性は、そこに登場しないことでかえって目立つという逆説的な存在なのだ。先住民や奴隷や搾取された土地と同じく、余白に置かれた姿の見えない存在として脚注あつかいされてきた。

だからこそ、野生食材の救済は人類共通の遺産回復につながる。差し迫った環境危機に直面しているいまこそ、私たちは歩みの速度を落とし、時間をかけ、短絡的な行動を控える必要がある。狩猟と採集に携わるからには、時計が刻む目の前の時間ばかりにとらわれず、大局的な見方ができるようにならなければ。

ほとんど品種改良を受けず、加工もされてこなかった〝純粋な食材〟を摂取するのはどんな心地がするだろう。野生の食材、つまり、人間に支配されきっているこの世界でありのままに近い食材を口にすることには、どんな意味があるのか。

何のことはない、私を駆り立てたのはそうした食欲だった。

本書には、印象や情景があれこれ書かれている。どれも同じ細かな網の目がとらえたものだ。この本は二通りの読み方ができるはずだ。ひとつは悲劇として、もうひとつは希望の物語として。衰退の物語だと思えば、そこに見えるのは加工された荒れ地かもしれない。逆に、明るい展望を見ようと思えば、終わりを迎えようとしている風景が人を寄せつけない自然の庭へと変わる。本書にはその両方の痕跡が見つかるだろう。自然という名の書物と同じく、この本もけっして一元的な意味を提供するものではない。

ヘラジカバーガーに舌鼓を打つ前に、私は乾杯のために立ち上がった。調査旅行中に出会ったアフリカ・コンゴの女性たちを、違法な野生の動物肉を詰め込んだ彼女たちのスーツケースとともに思い出しながら。

「家畜化、栽培化された食べ物とちがって、野生の食材にはそれ自身の歴史があるの。今夜、私は胸が張り裂けるくらい悲しいヘラジカの話をしたいわ」

「それって長い話じゃなかったっけ」話を聞いたことのある友人がさえぎった。

「だったら、短めにまとめるから」と、私は返す。

たしかに、長い話になるかもしれない。この冒険譚（たん）を物語るのは、いまも食べられている野生の食材と、忘れ去られた野生の食材について理解してほしいからだ。必要不可欠なものとの接点を取り戻し、歴史の枠を外して時間旅行をともにしてもらえたら幸いだ。

本書の中で人に飼いならされていない自然を味わったあなたは、その風味によって、体系化されていない過去の広範な野生食材の記録を胸に思い描くことになるだろう。

ひと皿ひと皿の料理が消えかけた生活様式の残り火であり、あらたな伝統への誓いでもある。

さあ、〈野生の宴（うたげ）〉を始めよう。

第1部 記憶と忘却

On Memory and Forgetting

1

香草(ハーブ)と蟻

デンマーク

Herbs and Insects

noma(ノーマ)のテストキッチン

新メニューの創作実験が行われている〝世界最高のレストラン〟のキッチンで、私は吐き気に見舞われていた。シェフたちがあちこちで料理の研究に没頭している。頭上からはダウンビートのレゲエが流れていた。

デンマークの首都コペンハーゲンにある名店〈ｎｏｍａ〉を訪ねた私は、ブラッドという長身で端正な顔立ちのオーストラリア人シェフから、四つのキッチンと前週メタリカが訪れたという個室を案内してもらっていた。店の奥でしばし足を止め、バンダナで顔の下半分を覆った男性が五〇〇度近い火を前に、焦げ目を付けた魚に汗だくで取り組んでいるところを見て思った。この人は自尊心を胸に一日一六時間あそこに立ち、自分が研究している調理法へのひそかな疑念と闘っているのにちがいない。

ノーマは北欧地域、つまりスウェーデン、ノルウェー、デンマーク、フィンランド、アイスランド、グリーンランド、フェロー諸島で採れた食材しか使わない。だからレモンは使えない。オリーブオイルも不可。こういう基本的な材料なしで食事の支度をするのは大きな難題だ。シェフたちは北欧産の野生食材から似たような風味を見つけなければならない。移り変わる旬の食材に合わせて月五回ほどメニューが更新され、店にはフォレージャーと呼ばれる食材採集者がフルタイムで雇われている。

テストキッチンで、ブラッドと私は創作実験用の食材の瓶が並んだ棚のそばに立っていた。

「これはホタテ。こんな感じに乾燥させて」ブラッドが瓶を開ける。「そのあと乳化させる。蜜蠟(みつろう)で。あのファッジはそうやって手に入れるんだ」瓶の中の代物がもともと何だったかは知らないが、汚れた洗濯物のような悪臭が鼻をついた。

においは鼻から脳へ伝わり、大脳皮質で〝二一品のランチコースを食べたばかりで満腹〟という胃からのSOS信号と反応する。長身の美男子を前に緊張していたこともあってか、急に吐き気をもよおしてきた。オーナーシェフの巨匠レネ・レゼピが写真撮影中の現場から振り返り、恐怖に目を見開いた。自分のテストキッチンで吐き気だなんて信じられないという顔をしている。まったくだ、と私も思う。

紛失した財布

話を最初に戻そう。コペンハーゲンに着くなり、私は手持ちの全財産を紛失した。財布のやつ、駅から宿泊先までのどこかで、バッグから飛び出すことにしたらしい。来た道をたどってみた。食材を採集するときもそうだが、特別な何かを探しているときに限って、世間に忘れ去られたそれ以外のものにあれこれと気づく。ピンク色のボタン、食品用のラップフィルム、使用済みの切符、煙草(タバコ)の吸い殻、歩道に埋め込まれた古い共同墓地の墓石。石には〝この地球にあなたの足跡あり〟という墓碑が刻まれていた。駅近くのＡＴＭにはぼろを着た女性が座り込んでいた。

私の財布を見つけた人のことを想像した。その人は私の何を知るのだろう。イェール大学の身分証にはロシアのスパイと見紛うような写真がついている。異なる三つの国の通貨。ハート形の小さな琥珀の塊と、軽い火山岩の破片。化石化して黒ずんだ骨は浜辺で見つけたものだ。鳥の小さな羽根も入っていた。数多くの銀行から発行されたクレジットカード。期限の切れた健康保険証。何枚かの紙切れは、観察の内容や、〝やることリスト〟、その場で思いついたこと、見知らぬ人から小耳に挟んだ情報などを書きつけるうちにすり切れてしまっていた。

運転免許証の私は女詐欺師のようだ。あの写真を撮ったときはひどい二日酔いに見舞われていた。その前の晩、とあるバーでコメディアンのビル・マーレイにたまたま会い、酔いにまかせて仕事を無心し、じつは親友に恋しているのだと打ち明け、絶対秘密を洩(も)らさないようにと脅した。

いま思えば、まったく冷や汗ものだ。

キェルケゴールの墓で食材採集

コペンハーゲンへ来たのは、野生植物の採集という一見古めかしい習慣がいま復活しつつある理由を探り、〝時間〟と〝場所〟の傾向を追うためだ。ノーマでランチを食べる前に〈ノルディック・フード・ラボ〉の食品研究者グループと合流し、アシステンス共同墓地での採集へ向かった。そこで採集をするのが合法かどうかは誰も知らなかったが、街の一流シェフはみなそうしているという。

その墓地には、市内でいちばん美味しい野生のラムソンが採れるという評判があった。幅広葉ニンニク、森ニンニク、熊ニンニクとも呼ばれるユリ科の植物で、チャイブの仲間になる。日陰の湿った場所に生え、小さな白い花をつけ、それが真夏に小さく硬い緑色の種子莢になる。シェフたちは保存中に風味が生まれる過程を研究する一環として、ラムソンの莢を漬物にしたいと考えていた。発酵食品に含まれる各種化合物の機能を地図化するプロジェクトに取り組んでいるのだ。たとえば、唐辛子とニンニクには乳酸発酵の速度に影響を与える抗菌性化合物が含まれている。これらの成分の割合を調整することで、酸味を抑えて風味を豊かにしたいと彼らは考えていた。

厳密にいえば、私たち人間に風味（フレーバー）という感覚はない。風味は触覚、味覚、視覚、嗅覚、聴覚の五感すべてが入力されたものを統合した結果、脳内に現れるもので、そこには記憶というさらにとらえどころのない性質が加わる。過去数世代の味についての好みや関心を見渡せば、理解しがたいものもあれば、帝国の栄枯盛衰を生き抜いてきた人間の〝集団的心理〟に強く根づいたものもある。一般的に、人間が甘いものや脂肪分の多いものを好むのは、人類史のほとんどにおいてそれらが限られた量しかなかったからだ。複雑な味を好むのは、細胞に必要な微量栄養素を取り込めるから。苦みが嫌われるのは自然なことかもしれないが、人間は苦みを楽しめるようにもなる。私たちが重宝する薬や刺激物の多くは苦い。苦みはそこに秘められた力の表れなのだ。植物が害虫を追い払うためにアレロケミカルと呼ばれる化学物質をつくった結果、生まれた味だ。

　味の習得は新しい言語の習得に似ている。若いころの脳と味蕾（みらい）は新しい風味の体験に備えている。しかし、年を取るにつれて味覚は硬直化し、固定化する。それでも人間の脳は柔軟で、個人にしろ、社会全般にしろ、時を経るうちに味覚が変化することもあれば、拡大することもある。風味は世代の知恵を次の世代に伝える方法でもある。食卓に着くことで、私たちは自分が認知している環境についての真実を書き換えたり、変更したりできる。その行為は情報（データ）処理そのものだ。

　人間の味覚がここまで複雑に進化したのは、生きていくために不可欠だったからだ。人類の初期には、新しい風味や栄養素の発見から得られる喜びと毒物摂取の危険を秤（はかり）にかける必要があった。新しい食べ物に心惹かれると同時に警戒心を持つこと、つまり自由と抑制の間にひそむこの葛藤は、人間心理に深く根を下ろしたものといえる。

もちろん、何が美味しいとされるかは社会や文化の背景によって異なるし、人間は飢餓の生み出した狂気に駆られて、それこそあらゆる種類の食材を口にしてきた。飢餓に直面し、生存に窮すれば、食の好みも変化する。今日の私たちもある意味、絶望的状況に置かれている。いっときは三万種もの植物が食用や薬用に使われていたが、いまではその数は激減している。私たちの食生活の六割は米、小麦、トウモロコシという三種の一年生作物で成り立っていて、うちふたつは熱を加えないと食べられない。農作物の八割は一年生作物で、毎年刈り取って植え替えなければならない。そのほとんどは繰り返し近親交配され、ビタミンAやCなど必須栄養素の濃度が高かった野生種に比べて、風味と栄養に劣るのが一般的だ。多種多様な野生食材を摂取すれば腸内細菌叢（フローラ）も多様化し、健康度が高まる。農業の均質化と標準化にともない、私たちの健康は損なわれた。人間の精神、味覚、体格は、均一の食材を摂取して機能するようにはできていなかったからだ。

「ラムソンが生えているとしたら、シェフの墓の近くじゃないかな」墓地の奥の隅へ向かうあいだに、ジョンというカナダ人の若い食品研究家が冗談まじりに言った。そぞろ歩くうち、私は気がついた。あたりにはいろいろな食用植物がたくさん生えている。ほとんどは装飾的な観賞用植物として植えられたものだが、だからといって人が採らないわけではない。こういう都市部での採集はいまに始まったものではなく、移民たちはずっと以前から、あらたな生活の地の都市公園や緑地で自分になじみ深い植物を見つけ、採集していた。

しかし、都市部で食用に採集する植物には、健康への危険がひそんでいる（鉛などの重金属に汚染されている可能性がある）ため、多くの場所で違法とされているが、にもかかわらず〝美食家〟たちの間で人気が高まっている。都市部における違法な採集が初めて世間の注目を集めたのは、一九八六年、〝マンハッタンを食べた男〟と呼ばれた〝ワイルドマン〟ことスティーブ・ブリルがニューヨークのセントラルパークで植物を採集して、逮捕されたときかもしれない。ブリルは現在も市内各地で野生植物の採集ツアーを催している。彼だけではない。ソーシャルメディアと食用植物を識別してくれるスマホアプリの両方によって、都市部の植物採集熱にはいっそう拍車がかかっている。「狩猟と採集にまつわる最近の流行を、あなたはどう思っているの」近くで草刈り機が音をたてるなか、私はジョンに尋ねた。

「両刃の剣だ」と彼は言う。「関心を持つ人が増えるのはいいことだけど、食べたら命を落としたり病気になったりする植物をどう避けるかの知識を持たないまま、興味だけが高まっていくのは危険だ。もっと大事なのは、そこにあるものを採り尽くさず、生息地を破壊しない良識を持つことだ」ラムソンは春の訪れを告げる野生植物のひとつで、冬の数カ月を保存食と乾燥肉で過ごしたあとの食用葉野菜、そしてビタミン源として昔から重宝されてきた。

ラムソンなどのネギ属の近縁種は、チェロキー族やオジブワ族、メノミニー族、イロコイ族、チプワ族など数多くのアメリカ先住民族が大切にしてきた、宗教的にも重要な植物だ。冬は茹でたり揚げたり乾燥させたりして食し、さまざまな病(やまい)を鎮めるトニック〔訳注(以降略)・気付け薬、強壮剤〕の材料としても使われた。

初期の植民者は飢餓期によくネギ属の植物を食べた。だから、そのにおいは貧困のしるしとされた。それがいまでは、誰もが欲しがる食材だ。典型的な利用法のひとつはバジルソースの代用だろう。同じひとつの成分に香草(ハーブ)とニンニク両方の風味が詰まっている。不幸にして、需要の増加により、いまこの植物の存続が脅かされている。ネギ属が乱獲で危機に瀕しているのは、信じられないくらいその成長が遅いからでもある。正しい採集方法を徹底するのが望ましい。根を残して切り取り、球根の一部を地中に残しておけばいずれ再生するのだから。採集全般のおおまかな目安は、見つけたものの一割だけを採り、九割を残すことなのだが、この数値は植物ごとに異なるし、同じ場所でどのくらいの人が採集するかにも大きく左右される。ある実験によれば、ネギ属を持続的に収穫するには、一〇年ごとに一割採るにとどめる必要があるという。

アメリカ先住民の多くはいまもネギ属を大切にしているが、現代の環境規制により、彼らの伝統とのつながりは断たれてしまった。アメリカの国立公園は野生種の収穫を禁じているが、ある種の植物とキノコ類については、公園管理者がそれぞれ収穫ルールを定めることができる。二〇〇九年、チェロキー族東部バンドのひとりが、グレイト・スモーキー・マウンテン国立公園でネギ属を採集したとして告発された。そこはその一族が何千年か、伝統的に採集を行ってきた場所だった。チェロキー族は祖先の土地で採集を行う〝主権者としての権利〟を求めて闘いつづけると同時に、この植物を栽培することで野生個体群への依存度を減らすプロジェクトも立ち上げている。

かつて、野生植物は死ぬほど愛された。シルフィウムはフェネル（ウイキョウ）に似た植物で、ギリシャ・ローマ時代には貴重な調味料として、また肉畜の味を良くするといわれ広く飼い葉に用いられた。庶民向けの避妊薬としても使われ、消化不良や咳（せき）、のどの痛み、発熱、イボ、身体の痛みといった数々の不調を癒す治療薬でもあった。経済的にも重要な食材となり、北アフリカの都市キュレネ（現リビア）ではハート形の種子莢像が硬貨に刻印された。紀元前二世紀までにシルフィウムは乱獲を受けて滅亡へ向かった。古代の年代記によれば、最後の茎は珍品として皇帝ネロに献上されたという。

採集という行為には収穫の保証がない。ラムソンを見つけるのも楽ではないだろう、と私は考えていた。ところが、キェルケゴールの墓に近い、高くそびえる一本松の下に生えていた。

「北欧の狩猟と採集は二世紀くらい前に廃れてしまった」とジョンが言い、私にラムソンの葉を手渡した。「貧しい人間のする気の毒な行為と受け止められてね」

「ちょっと食べてみてもいい？」私は葉を掲げた。

「どうぞ」

「すごくまろやか」甘く心地よい風味は若いニラネギを思わせたが、エンドウ豆のようでもあった。

「季節の初めは鮮烈だけど、花を咲かせるようになると実を結ぶことに集中してしまうから、風味の多くが失われてしまう」

「あなたはいつも、見つけたものを全部採っていくの？」緑色の小さな種子莢をいくつかタッパー容器に入れるジョンに、私は訊いた。

「それは植物による。ネギ属はどの種もそうだが、ラムソンの球根も分球する。種から繁殖するだけじゃないんだ。いまは時期外れで、もう房が落ちたものもある」彼は地面に落ちている、種を付けた花がら(シードヘッド)を指差した。

口に放り込んで噛み砕くと、辛みが炸裂した。

野生植物の採集に対する関心がいつ復活しはじめたのか、正確なところを指摘するのは難しい。採集された食材に惹かれたり質朴を美化したりする料理界の動きはけっして現代に特別な心情ではない。暴食の時代によくありそうな話だ。古代ローマの詩人ホラティウスは、お抱え料理人のいなかった共和政ローマ時代への郷愁をしたためている。彼は出席する晩餐の贅沢ぶりに飽き飽きし、狩猟から帰ってきた狩人や、重労働でへとへとになって畑から戻ってき農夫が食べているような食事を切望した。妻の手で挽(ひ)かれた穀物のお粥(かゆ)のような、基本的な食事が並ぶ食卓を欲したという。

中世盛期（一一〜一三世紀）の宴会で見られた暴食ぶりに辟易(へきえき)してか、節度や自制や純粋の感覚を取り戻す場所として〈手つかずの自然(ワイルド・ネイチャー)〉の出番がやってきた。〝オーヴィルのジャン〟と通称された一二世紀の詩人が書いた叙事詩「アルキトレニウス（嘆きの王子）」は若き英雄アルキトレニウスの物語を年代記的に記録した作品で、主人公はこの時代の美食家〈胃の崇拝者たち〉が極度の肉欲に耽（ふ）ける〈満腹の国〉を訪れた。アルキトレニウスは文明がもたらす悪徳・不道徳を経験したあと、最後に花咲く野原に住まう擬人化された〈自然（ネイチャー）〉に出会う。ネイチャーはアルキトレニウスを苦しめるものへの解毒剤として〈適度（モデレーション）〉という名の若く美しい女性との結婚を勧めた。

贅を尽くした宴会がふたたび流行したルネッサンス最盛期には、人間の小細工以上に人生の基本的側面を汚染するものはないとする古代ギリシャ・ローマの道徳哲学への回帰熱を機に、対抗運動（カウンタームーブメント）が起こった。食に関するおびただしいマニュアル書が出版されて古代のレシピと健康に役立つ助言を提供し、食材が採れた場所の近くで食べること、空腹に耐えかねても自制をはたらかせることが大切と、しばしば力説された。採集された植物は砂糖や香辛料ともども調味料に使われたが、これらを〝贅沢に、貪欲に、欲望のままに〟使わないことが重要だと、あるマニュアルは戒めている。

それから何百年か経った一九世紀のアメリカ・ロマン主義時代、人々は国内で生まれた新しい科学的料理法や大量に流れ込んでくる外国の食材に反発し、某作家の言う〝完全なる消化〟を求めて森へ向かった。ヘンリー・デイヴィッド・ソローは一日かけて採集を行ったあと、集めたものの質の高さに感嘆したように、〝私にとって、一一月の荒涼とした黄褐色の大地を歩きながらかじるホワイトオークのどんぐりのほろ苦さは、輸入されたパイナップルのひと切れに勝る〟と書いた。

もっと最近では、一九六〇年代、貧しかった子どものころ家庭の貧しい食事を補うために採集のノウハウを身につけたユーエル・ギボンズが、自然回帰運動の一環として『野生のアスパラガスを追って』〔未邦訳〕を著した。彼は人気番組「ジョニー・カーソンのトゥナイトショー」をはじめ、数々のテレビ番組に出演し、シリアルの〈グレープナッツ〉のCMにも出演するなど、有名人になった。数多くの本を世に出して、〝野生の〟晩餐会を提唱し、彼が重視した植物の多く（アカザ、タンポポ、スベリヒユなど）はいまや、ファーマーズマーケットのサラダミックスの定番になっている。

この傾向はいまも続いている。不快感や暴食、健康の低下や種の絶滅、汚染や危機にさらされている現代において、野生の食材は人の心を酔わせるシンボルと化しているのだ。

ハンス・クリスチャン・アンデルセンの墓を回り込んだあたりで、シェフたちは、この墓地は手入れと選別が行き届きすぎていて、満足のゆくほどラムソンの種子莢は見つからないと判断した。引き返す途中、私たちは核物理学者ニールス・ボーアの墓石の前で足を止めた。「墓から物を失敬するのは気が引けるかい」と、ジョンが尋ねた。「あのセイヨウオトギリはすごくうまそうだ……新鮮そのものだぞ！」

私は彼らに別れを告げた。実験シェフたちはまだ荒らされていない暗がりを探しにいき、私は恐ろしく高価なランチへと向かった。

ノーマのランチコース

ノーマの正面入口に足を踏み入れると、大勢の給仕係とシェフが直立不動の姿勢で立ち、名前を呼んで私を出迎えてくれた。白漆喰の石壁。木製の椅子は風化した骨を模していて、背もたれにはシープスキンの毛皮がマントのように垂れ下がっていた。テーブルには落石を思わせる黒い陶器が散りばめられ、中央に簡素な白い蠟燭（ろうそく）が置かれていた。

オーナーシェフのレネ・レゼピはデンマークでいちばん有名な狩猟採集民族エレボレ族に倣（なら）ったのだろうか。彼らは中石器時代末期（紀元前四五〇〇年ごろ）にさかのぼる文化の担い手だ。海岸部で半定住生活を送り、研磨された石斧を求めて内陸の農民と交易した。河口で魚を捕まえる木製の罠（わな）はじつによくできていて、六〇〇〇年の時を経て現代に生きているものもある。

ノーマには書かれたメニューがない。どのコース料理も見る者に感覚的な驚きをもたらし、それらは謎めいたメッセージが込められた自然散策の様相を呈していた。

斑点模様の殻がついたウズラの卵――調理して酢漬けにし、スモークした干し草で味つけをして、麻布で包んだものだった。焼き畑のにおいを模しているのだろうか。収穫期を思い起こさせる記憶喚起装置のようなものか。

スウェーデン北部で採集されたハナゴケのフライ——集めた場所の風景を模し、岩と棒を使ってテラコッタの皿に小さく盛りつけられていた。フライドポテトのような味だが、ベルベットのようななめらかさが舌に感じられた。

野生キノコと採集してきた海藻のアイスクリーム——「超健康的。ビタミンと抗酸化物質がたっぷり詰まっています。食べたあとは、空に浮き上がりそうな気分になりますよ」と、給仕係がにこやかな笑みをたたえて言った。

ターボット〔大型のヒラメの一種〕——キンレンカ、野生のカタバミ、セイヨウワサビ入りのクリームソースをかけて仕上げている。

隣席のグループは減量法や健康増進法の話に花を咲かせていた。

スローベリーとアロマティックハーブ——。

別のテーブルの話題は、ミネラルウォーターのソムリエがいて四〇種類のボトルウォーターを備えているレストランについてだった。

サワードウブレッドの酵母を使ったキャラメル、アイスランド製ヨーグルトとサジーの花のマーマレード添え——。

「フィラデルフィアで採集してみなよ。汚いんだ。いらいらする」と、近くの人が会話の合間に言った。

アカフサスグリとラベンダー——。

「以前はいま以上に実験的でした」と給仕係が言い、カモミールのポプリといっしょに木製のスプーンとエンドウ豆の石皿を置いた。「ナンバーワンになると、いろいろ制約も出てまいりまして」

ホワイトキャベツとサムファイア（シーアスパラガス）——。

キャラメリゼした牛乳とタラの肝臓を固めたものがそうだったが、私の中に感情や記憶や環境を呼び起こさない料理もあった。味に圧倒され、風味に気を取られたせいで、なじみのある文脈に料理を置くことができなかったからだろう。

焼きビーツを芯まですりおろしたもの——。

ニューメキシコ州の高山砂漠で育った子どものころを呼び覚ます料理もあった。花弁をかたどって焼かれたタルトからは、母の庭に咲き乱れていた花を思い出した。乾燥した小峡谷（アロヨ）の縁に腰かけて土のパイをつくり、そこに赤紫色のパンジーと濃い紫色のボトルブラシをトッピングし、真昼の乾燥した熱波を受けて干からびたミニチュアのシェフ人形を置いたときのことも。

ホワイトアスパラガスとクロスグリの葉と大麦——。

給仕係が次の料理を私の前に置いた。串に刺して弱火で網焼きしたカワカマスのかぶと焼きだ。その焦げた味は、のどかな浜辺で過ごしたある日を思い起こさせた。私がまだ幼すぎて、体験の貴重さを理解できなかったころのことだ。沈みかけた夕日がカリブ海に溶けていくなか、獲れたばかりのシイラを焚き火で焼いて食べた。道の反対側にいる一〇代の少年に恥ずかしそうに微笑みかけると、生のライム果汁が私のあごを伝った。目に見えないところで一〇代の性が花開いていた。

ラベージ〔セリ科の多年草〕とパセリ――。

ピンク色に輝く牛肉のタルタルステーキに瞬間冷凍したヨーロッパアカヤマアリを散らした木の皿が置かれた。ひと口、味わう。レモングラスと松を混ぜたサワーグリーンのふりかけのように、小さな黒い生き物が口の中ではじけた。

極端な食糧難の時期でもなく、空腹に耐えかねたわけでもないのに〝蟻を食べる〟。その行為にはノーマの料理の中核を成すパラドックスがひそんでいる。ある種のフェチ的欲求だ。一九六〇年代にスウェーデン軍のサバイバルガイドを務めた人物にレゼピが助言を仰いだのも、驚くには当たらない。飢饉を経験したことがない人にも、ノーマはその記憶を創り出し、極度の飢餓状態を癒すことでしか得られない喜びを体験させてくれる。

もちろん、欧米で昆虫を食べることはめったにないが、アジアとアフリカと南米ではおよそ一九〇〇種の昆虫が人間の口に運ばれている。コオロギ由来のプロテインバーをつくることに最近欧米が示している関心は、ほかの世界にようやく追いついたにすぎない。とはいえ、未知のものを食べることへの恐怖心は根深く、その食習慣を取り入れようとする動きはあるものの、欧米の嗜好にとって、昆虫はあくまで避けるべき食材らしい。一八八五年、ヴィンセント・M・ホールトは『昆虫食はいかが?』を著し、自身の見解を表明した。栄養上の利益から作物の害虫駆除まで、細心の注意を払って幅広い利点を網羅した作品だ。彼はそこでとまどいを表明している——人間はあんな悪食のロブスターを食べるくせに、健康にいい植物や花を食べている昆虫を嫌がるなんて。

もうひと口、蟻を味わう。初めて虫を食べたときのことを思い出した。ダウンタウンをローラーブレードで駆け回り、観光客に誤った方向を教えたり、トラフィックコーンを盗んだり、公衆電話に電話をかけて通りすがりの人たちのとまどいの表情を見たりと、小さな面倒を起こしていた輝かしい一〇代の夏。切りっぱなしのジーンズを穿き、髪をシュシュでポニーテールに束ね、うまく言葉にできない何かに反抗する九〇年代グランジ・キッドを謳歌していた。

暑くけだるい午後、私は町の広場で友達といたずらをしたあと、彼女の家の草木が生い茂る庭でバッタを探すことにした。お腹が空いていたわけではなく、思春期らしく、当然のように退屈していただけのことだ。捕まえるのは簡単だった。乾いた草の葉を背景に、ニューメキシコ州の澄みきった陽光が昆虫たちを鮮やかに浮かび上がらせていた。ジュージュー音をさせてオリーブオイルでカリカリに揚げ、しなびた虫を見て、ふたりで食べなさいよと言い合った。やっと勇気を出して、焦げた身体から頭を噛み切ると、〝不釣り合いな自由〟の味がした。

風味の地図

風味は私たちの欲望を映し出す地図だ。世界が変われればその地図も変化を余儀なくされる。野生の植物はなぜえり抜きの贅沢品になったのか。採集の復活を理解するには、誰もが持っていたその知識がどんな経過をたどって失われたのかを考察する必要がある。

採集は長らく女性の仕事とされていたが、それはたぶん、私たち女性に季節を観察し変化を計算する特別な能力が備わっているからだ。採集という概念が生まれたのは、人間が食べた数多くの植物を整理し体系化するためだっただろう。女性たちは集めてくる植物の詳しい知識を身につけた。ある種の薬草(ハーブ)とその使い方を知る女性には魔法の力が宿り、治療や呪いの力を持つとされた。

初期の人類社会で摂取されたカロリーの大半は女性によって供給されていた、との推計もある。にもかかわらず、岩面彫刻(ペトログリフ)に狩猟の壮大な絵と並んで食料採集のようすが描かれることはめったになかった――スペインの〈アラマ洞窟〉に描かれた中石器時代の絵にはハチミツ採集の場面が描かれているが。人間が初めてつくった道具は、集めた食材を家まで運ぶために樹皮で編んだ肩掛け鞄だった可能性が高い。もちろん断言はできない。そうした記録は歴史の闇の中に消えていったからだ。石器は時間に押しつぶされることなく生き延びたが、それを入れる鞄は土に還(かえ)ったというわけだ。

同様に、植物の栽培や動物の家畜化がいつどのような理由で最初に起こったのかも、正確なところはわからない。いつの間にか狩猟と採集が農業や畜産に取って代わられたのは、甘い植物と脂肪の多い動物への欲求という力が働いたからだという説もある。一方、別の大きな力を指し示す証拠もある。一万二〇〇〇年ほど前の気候変動が氷河期を終わらせ完新世時代を招き入れた。人類が進化してきた生態系は劇的に変化した。まばらになった野生生物ばかりにもはや頼ってはいられないほど人口も増加した。その結果、大量の食料を蓄える定住型集団が増えた。

農業は偶発的な出来事から始まったのだろう。住み処へ戻る途中で集めてきた木の根の断片が落ち、そこに根を張り直した。あるいは、夕食中に捨てた種が焚き火の近くの地面に芽を出した。採集に女性が果たしていた役割を考えると、女性がこういう出来事に気づいて植物を栽培化へと誘導した可能性は高い。最初の主要農作物は、それまでに食生活の中核を占めていた野生種から進化したものであることを、いまの私たちは知っている。中近東の穀草類、中米のトウモロコシと豆類、中国の米。

栽培化と家畜化の過程で動植物など人間以外の生命体は、餌の供給と保護を人間に頼るようになり、人間もまたそんな動植物への依存度を高めた。驚くべきことに、農業は飢餓に陥る危険性を減少させたわけではなかった。人類史の大半では、季節ごとに手に入るものをそのつど採集して食べていたが、耕作への依存が深まると作物が育つのを待つ必要が出てきた。備蓄した食料には劣化や略奪の危険もひそむ。

寿命の短縮、発育不全、糖尿病、心血管系疾患、虫歯などが増えたのは、農耕生活様式への移行にともない、人間の体が狩猟採集者ほど頑強ではなくなったからだ。より大きな集落へ定住するようになると、寄生虫や感染症にも罹（かか）りやすくなった。生活の質（ＱＯＬ）の低下は、とりわけ女性に悪影響を及ぼした。狩猟採集社会に比べ、農業体制下の女性はたんぱく質を摂取できる機会が減った。農作物の生産には狩猟採集以上の大きな労働力が必要になった。こうした負担増に、新しい病気や飢饉による小児死亡率の高さが加わった結果、女性はそれまでより多く子を産むようになった。産むほかなかった。これが身体にストレスをかけ、彼女たちの大きな負担となった。

農業が食糧調達の主要な方法になると、野生植物は宗教的価値を持つようになった。鉄器時代の春に行われた豊作を祈る儀式では、豊穣の女神ネルトゥスに人間の生け贄が捧げられたが、犠牲者は生け贄になる前、儀式用の食事を与えられた。それは六三種以上の種子による食事だったという。少なくとも一件が報告されている。

野生植物には、農業への移行が引き起こした病気の治療薬としての需要もあった。古代ギリシャとローマの医師は、薬草の治癒力は芽や葉に内在するわけではなく、人の姿形との類似によってもたらされると考えた。象形薬能論と呼ばれる考え方だ。人の目に似た花は目の感染症に効く。人の心臓のような肉色をした三角形の花びらは胸の痛みや失恋に効く。中世ヨーロッパでこの信仰がふたたび広まると、身体と精神両方の痛みに野生植物を用いた治療法が求められた。

苦難の時代にも野生植物は食べられた。一四世紀の半ばには黒死病(ペスト)で何千万人もが命を落とし、ヨーロッパ全体で人口の六割近くが失われた。農業従事者の数が減り、多くの農地は遺棄されたまま荒れ放題になった。食料は枯渇する。富裕層が狩猟動物肉や野鳥肉、異国のめずらしい果物などを贅沢に食す一方で、貧しい人々は近くの野原や生け垣、森に自生しているものを片端から調理した。オオバコ、ゼニアオイ、ギシギシにイラクサ。野生の人参、パースニップ〔アメリカボウフウ〕、ニラネギ、ムカゴニンジン、蕪(カブ)の根。野イチゴやスミレや薔薇(バラ)の葉。苔、サムファイア、チコリ、アブラナ、クレス、コショウソウ、カンパニュラ、トノシリソウ、サクラソウ、キバナクリンザクラ、ビーチマスタード、シバナ、キンポウゲ、ノコギリソウ、ライグラス、セイヨウニガナ! プディングには一〇〇種類のハーブが添えられた。これら野生植物の強い苦みは、それを食べる人々の貧しい生活を象徴するものとされた。

キリスト教会は当初、採集やハーブの使用を奨励していなかった。多くの修道院には広大な薬草園があり、僧侶たちがハーブの手書き写本を数多くつくり上げた。大半は、ギリシャの医師ディオスコリデスが一世紀に著した五巻の薬草百科『医薬の材料について　五書』〔未邦訳〕のような古典を土台にしていた。これらの本は何世紀にもわたり手書きで写され、あるいは複製されて、少しずつ手を加えられていった。新しい物語や指摘が挿入され、少しずつ蓄積されていった結果、中世を迎えるころにはかなり大きな学術書になっていた。もっとも包括的な書物のひとつが、九世紀の『ボールド医典』〔未邦訳〕という医学書だ。そこには頭痛から足の痛みまで、数多くの苦痛を癒す薬草治療法が並んでいた。

しかし、一五世紀に印刷機の改良と発達が成し遂げられるまで、これら手づくりの希少本は庶民に手の届くものではなかった。それゆえ、ハーブの知識のほとんどは母から娘へと受け継がれ、民間治療薬として生きつづけた。田舎の貧しい老女が提供できる財産で、これ以上、娘の健康の維持に役立つものはなかったかもしれない。

野生植物最大の用途は避妊だったと思われる。ノラニンジンなどパセリの仲間の多くには女性ホルモンに似た成分が含まれ、それを摂取することで望まない妊娠を予防、もしくは解消できるとされた。だが、自分の体を制御できる女性をキリスト教会は危険視し、男性の医療専門家と手を携えて、監督を受けていない植物の利用や取引に制限をかけはじめた。避妊術を実践しつづける賢明な女性は魔女あつかいされた。一四五〇年から一七五〇年までに、ヨーロッパと北米では野生植物を採ったことで推定三万五〇〇〇人から一〇万人が罪に問われ、死刑に処せられたが、そのほとんどは女性だった。

植民地時代が到来すると、野生の食材に関する一般的知識はどんどん失われていった。ヨーロッパ人が接触する以前の南北アメリカには一億人近い先住民が暮らし、およそ一〇〇〇から二〇〇〇の言語が話されていた。彼らが依存していた植物の数は膨大だった。北米全体で二六〇〇種以上あったという。その半分近くはもっぱら医療用に使われていた。これらの植物のうち、耕作されていたものは一〇〇に満たない。残りはすべて自生していたものだ。

その中にはナガバギシギシ、ローズヒップ、スグリの葉、クワイ、ヨウシュヤマゴボウの芽もあった。チョークチェリー、クコ、バッファローベリー。ササフラスの芽や野生の朝鮮人参はピリッとした爽やかな味がする。春にはゲラニウム・マクロリズムの若芽、秋にはマクシミリアンヒマワリの塊茎が姿を現し、後者は初霜のあとがいちばん甘い。ヤナギトウソクは根を茹で、種を水牛の肉と調理し、芽を冬に備えて乾燥させた。スー族にとって野生の蕪はとても大切な食材で、狩猟キャンプの場所は蕪がどこで採れるかで決まった。ヒダッツァ族の狩人はヒマワリの種をバッファローハート〔大型トマト〕の皮に入れ、エネルギーの補給源とした。アッシニボイン族は夏になると薔薇のつぼみを摘み取り、獣脂や乾燥ベリーと混ぜた。太平洋岸北西部のワスコ族は風干しにした鮭といっしょに地衣類を食べた。

私たちが好む食べ物の多くを含め、今日の世界で食べられているものの六割近くはアメリカ先住民に起源を持つ。そのことをみんなが忘れてしまったのは偶然ではない。一四九二年から一八世紀末までに、土地利用の変化や投獄、戦争、民族虐殺、疫病の蔓延によって、アメリカ先住民の人口はかつての五パーセントにまで減少した。この大量死によって、何千年もかけて育まれてきた環境についての知識も失われた。

植民地政策がもたらしたヒトとモノの大移動は、ときに〈コロンブス交換〉とも呼ばれるが、ほんの数世紀のあいだに世界各地へ多くの生物種を運び入れ、生態系の構成を根本から〔取り返しがつかないくらい〕変化させた。入植者は母国から薬草や香草を持ち込み、ホームステッド法〔米国西部の未開拓地の一区画を無償で払い下げるとした法律。リンカーン大統領期の一八六二年に公布）で与えられた自営農地の庭に植え、その多くが周囲の田園地帯へ広がっていった。奴隷となったアフリカ人はスイカやオイルブッシュ、ペティウェリア、オクラ、ギニーコーン、黒目豆（ブラックアイドエンドウ）、ヤム芋などの種をこっそり持ち込んだ。食べなれた故郷の作物を育てれば多少なりと疎外感が和らぐかもしれないと考えたのだろうか。これらの種子は主要作物へと成長し、植えた人々の短い命と暴力的な死を乗り越えて生き長らえてきた。

博物学者（ナチュラリスト）たちは自国での販売と栽培化が可能で経済的にも役立つ野生植物を外国で発見してくる、という使命を課せられた。彼らは自由航路で商船を乗り継ぎ、侵略性に富んだ雑草のように地球の果てまで散らばっていった。中国、北米、南米、中近東、南太平洋、喜望峰、日本、ボルネオ。植民地の拡大にともない、彼らは大農場（プランテーション）で育てるべく、サトウキビやサイザル麻、茶、パンノキ、野生ゴム、アヘンといった新しい植物を植民地へ送ったが、こうした船に意図せずして載せられ、あらたな土地に根を張る植物もあった。

植物は掘り出されて瓶に入れられ、あるいは、芝草や切り取られた苔の間に押し込まれ、船上の猫が入り込めないよう釘を打ちつけた木箱に入れて、移植できるときまで保湿処理をしたうえで小さなコンテナに保管された。丈夫な標本は土を入れた桶や樽に植えられた。繊細な種子は蜜蠟で覆い、湿気やカビから守った。

たちの悪い船員が標本を盗んだり傷つけたりしてはいけないと、旅のあいだじゅう標本に付き添う献身的な博物学者もいた。船内で新鮮な水が不足したときは、自分たちに割り当てられた少量の水を、生き延びようと奮闘する植物に分け与えた。そばで標本を守れないときは、船医や親切な乗客、信頼できる友人に頼み込んで貴重な荷物を見守ってもらった。

帰りの船には植民地から持ち出した収益性の高い商品が山のように積まれたため、〝特別な船室〟で標本を保管するようにと厳しいお達しも出されたが、それを無視する船長もいた。船室どころか手の届かない裂け目や片隅に押し込まれたり、白カビやネズミの脅威にさらされる冷たく湿った船首上甲板に置かれたり、日が当たらない場所や、蒸し風呂のような場所にしまい込まれるケースもよくあった。甲板上では海水のしぶきや船員の不注意に見舞われた。到着したときそうした外来植物が枯れて腐臭を放ち、球状の根や干からびた茎と化していることも多々あった。一度の旅を生き延びる植物は五〇本に一本にも満たなかったと推定される。長い時間をかけた仕事が水泡に帰したときは、あきらめの境地に至るか精神崩壊に陥るほかない。

それでも、試行錯誤と実験を繰り返すうちに、外来種を生きたまま運べる確率は大きく上がった。移植時まで生き延びるカギは適切な季節に植物を送り出し、本来の生態環境を再現することだとわかってきた。根のまわりの土もいっしょに保存しておく。カナダの木々は冬季に雪に埋めておく。暖かいところが好きな熱帯シダ類の広葉には半透明の釣り鐘形容器をかぶせ、船で送り出すのは春に限定した。

野生植物の研究は高く評価されるようになり、啓蒙時代〔一八世紀の欧州で聖書や神学の権威ではなく「理性」を重視し、重商主義が興った時代」の知的枠組みの根幹となった。人里離れた貴族の領地からロンドンやパリの植物園まで、いたるところから出されたアイデアが大西洋を横断し、千人の植物収集家の手でヨーロッパへその成果が持ち帰られた。集められた手紙は書簡事典となった。かつてはどこにでもある当たり前の存在だったため料理本や草本誌にも掲載されていなかった野生植物を、植物学者が克明に記述して目録化し、名前を改めた。外国産の標本は生育風景となんの脈絡もなく、空白部分に描かれていった。多くの学者が一生涯かけて百科事典を編纂し、植物栽培にあらたな飛躍的進歩があるたび内容を更新した。膨大な量の植物が地球上を巡ることになった。

植物学者たちは標本や知識の収集を先住民や奴隷に大きく依存していた。南北アメリカ大陸の植物を記述した初期のものに『インディアンの薬草小本』〔未邦訳〕がある。一五五二年、ナワトル語の原本からラテン語に翻訳されたアステカ人の草本誌だ。奴隷にされたアフリカ人がアメリカ大陸の自然環境について詳細な知識を身につけたのは、食糧の割り当て不足を補うため必要に迫られて野生の食材を採集し、薬草や呪術用ハーブを探してきたからだ。また、毒殺は奴隷が主人を倒せる数少ない手段でもあった。野生植物の特性を知ることは自由につながるカギだったのだ。植民地時代の博物学者はこの知識を自身の仕事に活用した。医師で植物学者のハンス・スローンは一六八七年から八九年まで西インド諸島を訪れ、奴隷にされた人々と幅広く交流して、八〇〇点近い植物標本を持ち帰っている。

植物に関する細かな知識の中には、母親や祖母から癒しと避妊の手段として植物の利用法を受け継ぐ先住民女性から得られたものもあった。女性の入植者も情報源になった。彼女たちには、見覚えのある香味野菜を採集しながら新しい土地になじんでいく探求心と柔軟性があったからだ。

こうした知恵を長らく守ってきた女性の貢献は、何百年もかけて静かに認められていった。一三世紀、ジェノヴァのシモン・コルダは〝クレタ島の老婦人〟から植物のギリシャ語名と用途を教わった。一五世紀の医師オットー・ブルンフェルスは植物情報の提供者を〝熟練の老婦人たち〟と呼んだ。おもにポーランドで活動したスイスの植物学者アントン・シュネーベルガーは一五五七年、「農家の老婦人の弟子になることに何らやましいところはなかった」と明言している。

しかし、このような民間の知識が啓蒙時代に科学的と見なされることはなかった。まず、植物学的な知識はヨーロッパ上流階層のために純化する必要があり、その知識を最初に提供した人たちの貢献は黙殺された。見つけた植物について説明する植民地女性の手紙は書き換えられ、男性植物学者の手紙やパンフレットに同封された。女性が王立学術院や植物園の会員になれなかったのと同様、植物学を教える医学校に女性は入学できなかった。どんなに優れた調査を行い、どんなにすばらしい科学文献を発表しても、女性というだけで専門家や研究者とは見なされず、素人あつかい、観光客あつかいされるだけだった。

イギリスをはじめとするヨーロッパ地域では土地の囲い込みによって公共の採集地が私有地化され、一部農業の効率が高まったため産業革命用の労働力が都市へ進出し、そのせいで野生植物が繁茂していた多様な生態系が破壊された。湿地や沼地は乾き、草原は掘り返された。森林の木は伐採され、荒野は生け垣や塀で囲まれた。

その一方、かつてありふれたものだった地産の植物が手に入りにくくなり、それが上流階級の注意を引いた。バターと酢のソースをたっぷりかけた、あるいは、砂糖や香辛料で味つけされた野生植物のサラダは、たちまち貴族の饗宴に欠かせないひと皿になった。自然哲学者のケネルム・ディグビー卿はルリジサとムラサキ科の草、スベリヒユとギシギシ、チャービルとフダンソウを好んで食べた。イギリスの作家で造園家のジョン・イーヴリンはサラダに使える食用植物を網羅した啓蒙書を書いている。茹でて食べるのが一般的な春の野生植物オオアザミなどは、あまりの人気ぶりに一六九四年、ウィリアム・ウェストマコットがその乱獲と消滅を嘆き、「世界が腐敗するにつれて古き良きものや繊細至極なものは廃れ、不道徳なものが持ち込まれるようになった」と書いた。雑草は極上の磁器に盛りつけられた。一七九〇年には、デンマークの野生植物を描いた植物図鑑『フローラ・ダニカ』の出版を機に、ロイヤルコペンハーゲン陶磁器工場で一八〇〇点の食器がつくられた。皿にはすべて、手描きで植物の姿が絵付けされた。

一八世紀の初めに植物は帝国拡大の主要な象徴となり、道具となった。国内の多様な食用野生植物が海外の選りすぐりの栽培植物と交換された。採集される植物からは女性の暮らしや生存とのつながりが失われていた。かつては人から人へ代々伝えられていた土地の習慣が民族誌的な文献に移し取られ、不毛の知識と化していった。

パンクロック・シェフ

ノーマでランチを食べる前日、私は〈パンクロック・シェフ〉という小柄なアルゼンチン人と朝食をともにした。真っ黒な頭髪の持ち主で、速射砲のように話す。複数の流れがぶつかり合ってひとつになった激流に、言葉と考えが溶け込んでいく感じだ。「食通がほとんどだけど、みんなノーマを見るのが目的でここまでやってくる。この上っ面だけの状況はそこから生まれてくるんだ」と、彼は言った。「野生の食材は機械的に選別される。求める大きさはひとつだけ。それ以外は全部ごみだ。廃棄された食材だけで新しいレストランが一軒できるくらいさ。全部虚構なんだ、ここの食い物はどれもこれも」

彼はいちど言葉を切って、コーヒーを口にした。「たしかに、ハーブを使うのはデンマークの文化の一部だよ」パンクロック・シェフは続ける。「そのほうが安上がりだったのさ、いつの時代も。シェフが料理するたび森で食材を採ってきてちゃ大変だろ」

彼はトーストにジャムを塗った。

「とにかく、この商売はいかさまだ。デンマークの東海岸は汚染がひどい。尋常じゃないくらい汚れている。バルト海は船の交通量が多いからね。魚で有名な、ボーンホルムという観光スポットの島を知っているか。あそこで売っている燻製ニシンなんかモロッコ産だ。西海岸のほうが魚の質は百万倍もいい。ただ、べらぼうに高い。漁をするには漁業権を取得して、船の所有権にも金を払わなくちゃいけない。だから金がかかるんだ」

　私はフルーツヨーグルトパフェにスプーンを浸す。

「海に囲まれているのに、みんな豚肉を食う。豚肉でできた国だ。豚が四〇〇〇万頭もいるから、目には見えないが、においがする。豚の餌にするトウモロコシだけを栽培している畑がたくさんある。国が意図的に自国のイメージをつくるなんて、クレイジーな話さ。この国はミニマリズムが盛んなくせに、ルールはどっさりある。隠れて見えないだけで、あちこちにある。国土は平坦(フラット)だ。平ら(フラット)な場所は平坦(フラット)な心を生む。だから、ノルウェイ人には荒ぶる心がある。フィヨルドのおかげだろうな」

　パンクロック・シェフはアルゼンチンの大都市育ちで、料理を始めたのは必要に迫られてのことだった。両親が長時間労働を強いられていたから、一二歳になるころには自分と妹の夕食をつくっていた。「食べさせるというのは、俺にとってはすごく深い話なんだ」と彼は言い、めずらしく一瞬真面目な顔になったが、また表情を和らげた。「俺は料理をパンクに喩(たと)える。ラモーンズみたいに三つの音符だけで曲を上手にこしらえるのもありだ。三〇秒でどれだけ速くたくさん弾けるかを見せる必要なんてない」

　パンクロック・シェフはノーマで働くためにコペンハーゲンへ移り住んだ。その四年後、包丁を鞄に詰めて自分の店を開くことを決意する。しかし、うまくいかなかった。どういう経緯で店を〝失った〟のかは、よくわからないが。

会話のどこかで思考がいきなり新しい流れへ飛び込んだようだ。興奮を帯びた熱い口調になった。

「分立宗派(セクト)みたいなものさ。矛盾だらけだよ、北欧の料理は。教義を頑なに守りたけりゃ守ればいい。別にかまわない。だけど、一〇〇パーセント教義を守れる人間なんていないし、中途半端じゃ意味がない。完全に守るか、守らないかだ。『北欧で採れるものじゃないからトマトは使いません』だとさ。ジャガイモは使っているのに。ジャガイモの原産地はアメリカだろ。いったい、境界線はどこにあるんだ。どうすれば北欧産になるんだ。どこからが地産の食材なんだ。洗脳さ、こんなものは」

彼は椅子の上で少し体をずらした。いったん前にかがんでからふんぞり返る。「いち人間として、すごく勉強になったよ。あそこであああいう過酷な仕事をして。おかげで、辞めたあとはせいせいした。いまはひたすら料理をし、それについては何も考えない。ただつくるだけだ。前は怖かった。〝どうしよう、これは間違っているんじゃないか〟って。頭がどうかなりそうだった！ソースを温める温度が五度くらい高かっただけだ。ああ、たしかに失敗だよ。細かいところが大事なんだから。でも、俺にとっては、最高の自己表現ができる環境じゃなかった。一日に二回シフトに入り、とてつもないストレスにさらされる。全然、いっときもリラックスできない。一日一六時間とか一七時間。それが一七日続くんだ。死にそうだった。〝どうして俺はこんなことをしているんだ？　誰のために？〟と自問したよ。自分のためじゃない。これは自分以外の誰かの夢なんだとわかった」

ここで激しかった流れがゆるやかになった。記憶の洪水が通り過ぎたのだろう。「いろんな点で、この世界は狂っている。でも、この何年かは生きていて刺激的だ。二〇年前、コカ・コーラはすごい勢いだった。レストランを開いてコカ・コーラを置かないなんて、想像もできなかった。でも、いまは出さない。自分が出したくないからだが、客から注文がないからでもある。まあ、それが今風ってやつなのか、格好いいのかはわからないが、それでもすごい話さ。みんながコカ・コーラの代わりにオーガニックジュースや水道水を飲んでいるんだから。だけど、それは社会の小さな一部でしかない。いまでも、大企業はその力で世界に変化を起こすことができる。ノーマなんて前衛芸術にすぎない。デンマークの文化をがらりと変えたりはしないさ」

給仕係が勘定を置いた。

「まったく、俺は嫌味な皮肉屋の大ばか野郎さ。けど、皮肉屋だからってただ不満を抱えた人間ってわけじゃない。注意深く、目が冴えていて、意識のある人間だ。因果説なんて信じない。偶然は信じる。いまいる場所が故郷だ。いろんな場所に我が家を感じている」

その後、最後に連絡をくれたとき、彼はグリーンランドで未知のフィヨルドを探検する帆船に乗り組んでいた。真冬の嵐で前後に揺れる船の窮屈な厨房で、淡々と料理をつくっていると言っていた。

私たち人間は進化の道筋で日々、身近な食材を集めるようになったが、やがて食材への好奇心に駆られて地図の空白部分を旅し、荒海をさまよい、古くからある土地に根を下ろして新しい名前をつけた。

手を触れ、手探りしながら進む道を見つけてきた。これを少し、あれを少しかじってみる。気に入ったものを繰り返し食べた。これは知性を超えた取り組みだった。初期の料理には偶然の美学のようなものがあった。

人間の脳でいちばん古いのは五感と感情をつなぐ部位だ。人間の腸には五億個の神経細胞（ニューロン）がある。人体は性的な刺激と同じく食べ物にも反応する。どちらも口中に水分を湧き出させ、クラウゼ小体と呼ばれる敏感な神経構造を刺激する。この小体は性器にも見られるが、舌の表面と唇のひだにもある。愛する能力と料理する欲望、どっちが先に進化したのかはわからない。

ノーマでランチを食べおわるころには、超過収益、つまり期待を上回る感覚を体験して、料理依存症に陥った気分だった。幾多の風味を堪能し、次の料理が欲しくてたまらないのに、大量の刺激ですり切れていた。飽和状態に達したのだ。

脱感作、つまり感受性の鈍化は神経学でよく知られた現象だ。私たちはあらゆる知覚を平等に受け取るわけではない。雑音の中に現れる信号、すなわち、それまでの状態からのとつぜんの変化を神経系は見つけようとする。そしてひとつの刺激が繰り返されると、神経細胞はそれぞれ、新しい刺激が見つかるまで神経経路に送るメッセージを鈍らせていく。

その意味で、食べることは恋に似ている。最初はその新しさにハッとする。ひと噛みするたびすばらしいと思う。ところが、時間が経つにつれて慣れが生じ、やがて、特別なものと感じられなくなる。

ノーマが新しい風味を提供しているのではなく、かつて当たり前にあった味や香りがもはや日常的でなくなったのだ。そんな味は工業化・単一栽培化された食の体系のなか、過剰な耕作化と標準化によって私たちの前から消えていった。原生林の消失とともにそんな味を喪失した。ノーマの料理に私たちが野生食材への耽溺を覚えるのは、それがもはや普通の人にはつくれないものだからだ。

雑草がごちそうになったのは、富という文脈、そして限られた数しか手に入らないゆえの贅沢という文脈があるからにほかならない。これは現在の資本主義経済と社会構造から大きな利益を得ている人たちのための食事なのだ。その資本主義自体が、生物種や生態系を大々的に破壊する原因となっているというのに。すでにあらゆるものを消費し尽くした私たちは、野生の食材がいろいろな意味でもはや存在しないがゆえに、それに執着し、偏愛する。

特定の場所で生まれ育った植物とはどういう意味か。そこには独自の埋もれた歴史がともなうのか。知ること自体、可能なのか。そもそも、それは大事なことなのか。

どうみても、ノーマは一地元のレストランではない。北欧は広大だ。スウェーデンを南へひっくり返せばシチリア島を通り越してしまう。ウニを獲るにしろ、距離的には北海より地中海のほうが近い。しかし、味がちがう。北海のウニは甘く官能的。地中海の貧弱なウニは塩辛いだけだ。食材は長い距離を移動する。食い道楽の人たちがわざわざ遠出して食べにいく。採集の際に起こる不測の事態や退屈な待ち時間に気を揉む必要はないし、食材が手に入る場所の情報を探す必要もない。お金があれば、すべて他人にやらせることができるからだ。食い道楽の人たちは時間という名の贅沢にお金を払っているのだ。

古いクッキー缶に入って出てきたデザートを、私はなんとか飲み下した。豚の皮をカリカリに揚げたチチャロンにチョコをディップしたものと、ココアと真菌類の味がするキノコ形の小さな塊だった。そして、厨房を見学させてくれる約束をしていたシェフのブラッドが迎えにきた。

このあと何があったかは、前述のとおりだ。

贅沢な時間

とまどいと不安を抱えたままノーマの少し先にある自治区〈クリスチャニア〉まで歩くことにした。なぜ急に吐き気をもよおしたのか理解したい。せめて、この吐き気を和らげたい。

クリスチャニアは、つながり合ったふたつの湖に無政府主義者の村が隣接していて、市の法律にほとんど縛られない場所だと考えられている。のびのびと生い茂った野生の緑地に手造りの家が点在していた。通りを進むと露店が並んでいて、多種多様な大麻と手回り品が売られていた。

農家の人たちが自前の野菜を売り歩いていた中世の風景のようで、中央のビアガーデンまで来ると、日向ぼっこをする人たちでにぎわっていた。

心地よい煙に包まれながら、湖を取り巻く道を散策していると、〝時間〟の蝶番（ちょうつがい）が外れて、五感が研ぎ澄まされてきた。

食事が消化されていく。

ノーマは過去という神話を提供しているのか。消えかけている「人と地球の関係」にしがみつこうとする、最後のあがきなのか。それとも、未来に向けた神話なのか。私たちが創り出したい世界、つまり〈手つかずの自然〉がもてはやされ、文明が自然に呑み込まれたような場所で暮らしたいという純粋な欲求が存在する世界を、明確化し直しているのか。そんなことをつらつら考えた。

小さいほうの湖を見下ろすコンクリートの階段上で、男性三人のグループに遭遇した。それぞれアフリカの異なる国から来た移民だという。デンマークの国境からすぐのスウェーデンの町に暮らしていて、クリスチャニアにはよく来るらしい。

「ここでは、親切にしあうことが大切なんだ」男性のひとりがそう言って、私にマリファナ煙草を一本渡した。別のひとりが私の小さな黒いノートに自身の名前を書き留めた。いまはもう使っていない名前だという。「故郷の村が恋しい。離れてからずいぶんになる」と彼は言った。思いに耽けるにつれて顔の表情が変化し、楽しい思い出の下に何かを失った悲しみや、それを取り戻せるのかという不安をのぞかせる。

三人といっしょに大きいほうの湖の横にある並木道を歩いた。ベニヤ板を色とりどりに塗り分けた家が見えてきて、前を通りかかると庭にひとりの女性がいた。古いヨーグルトの容器やてっぺんを切り落とした水のペットボトルに花を挿している。鏡のような湖面に反射した光が、彼女の肌にプリズムを投げかけていた。北アフリカ出身の男がこの静物画を身ぶりで示し、「これが愛だ」と言った。

男性たちは彼らの道を行き、私は私の道を歩みはじめる。

湖のほとりまで歩いた。水面を見下ろす平らな岩の上でヒッピーのカップルが日向ぼっこをしていた。男性はコペンハーゲン、女性はポーランドから来たという。「ひいおばあちゃんがポーランドの出身なの」私がそう言うと、どこか魔女めいたところのある女性が私の将来を予言してくれた。でも、書き留めなかったから忘れてしまうだろう。

「どうしてこの国の人は無愛想なの」と、私は尋ねる。

「もちろん、気候のせい、つまり暗い冬に人がなじんでいるからだと考えることもできるけど、本当のところは、この国の歴史のせいじゃないかな」男性が言う。「何世代にもわたって植民地化され、侵略者や戦争が繰り返し押し寄せてきた。それで俺たちは自閉的な国民になった。コペンハーゲンはいちばん開かれた街だけど、いちばん人種差別的な街でもあるのさ」

お幸せに、と私はふたりに別れを告げた。

ノーマが提供する牧歌的な宴は開かれた空間をほのめかしているが、実際には、囲い込みという破壊的な行為なしには存在しえない。あの料理が存在できるのは、ハーブが育つ共同墓地や、権力基盤を強化するために庶民の薬草取引を禁じたキリスト教徒たち、異なる生き方を試す実験に興味を持ってくれる裕福な観光客らのおかげなのだが、私たちはその点をあっさり忘れてしまいがちだ。そんなことを考えながら歩いていった。

防水シートと布で覆われたジオデシックドーム〔三角形の建材で球体を構成した構造物〕の隣で、私は淡い紫色のヒジャブをまとった可愛いイスラム教徒の女性と座っていた。犬が二匹、ドッグヤードの縁を嗅ぎ回っている。「私は書きたいの」と、彼女は言った。「自分の文化だって美しいと示すためにね。私がお酒を飲まず、見境のないセックスをしない理由を説明したい。この国で、自分の世界を説明するために闘っているの。コペンハーゲンで生まれ育ったけど、ここは異国の地よ。生まれ育った街だとしてもね。そもそもイスラム教徒というだけで真のデンマーク人じゃないなんて、おかしな話でしょう」

もう夕方近い。ある家の庭の前を通りかかると、ごちそうを並べたテーブルが見えた。クリスタルグラスに注がれたワイン、燻製魚の缶詰、林檎とチーズ、サラダを盛ったお椀。テーブルを囲んでいる一団は淡い光の中で楽しそうにしている。ブロンドの髪で目鼻立ちのはっきりした、おだやかそうな男性が立ち上がって、私に近づいてきた。「お招きしたいところですが、月に一度のご近所さんどうしの集まりでして」と、申し訳なさそうに微笑む。そのあと彼はクリスチャニアの歴史を説明してくれた。小さな家の集まりを精力的に身ぶりで示す。どこも玄関ポーチが赤く塗られ、正面にオートバイが駐まっていた。「私の両親は抗議運動でここへ来たんです。そのままここに居座った。廃棄された軍用地だったんですよ。何年も経って政府が自治区をつくり、土地の所有権を与えた。いま私はここで子どもを育てています。みんなで一致団結して、ごみ拾いや学校の運営をしているんですよ」

そして、明るい笑みをひらめかせた。「また来てください、そのときはごいっしょしましょう」

彼の若い奥さんが近づいてきた。小さな子どもがふたり、彼女の脚を引っ張っている。夫の目が若さにあふれているのに対し、妻は目の端に疲労の色をにじませていた。私はそこを離れ、またぶらぶら歩きはじめた。

クリスチャニアをあとにした私はコペンハーゲンのフランス大使館を訪れた。石造りの低い入口を人々が水流のように出入りしている。暗いトンネルを抜けて中庭へ出た。奥の壁沿いに舞台が設置されている。外交官の息子だという一〇代の少年が身体にぴったりした革ジャン姿で、バンドのシンセサイザーに合わせ、まだ経験したこともないだろう深い愛を甘い声で歌っていた。

華やかな装いの人たちが彼の歌声を聞きながらシャンパンを飲み、煙草を吸い、酔いでゆるんだ笑みの上に称賛めいた表情を浮かべようとしていた。バンドのビートに合わせて揺れ動く緑色とオレンジ色の照明が石壁に当たっては跳ね返り、切れ切れに現れる影が群衆の顔をガーゴイル

〔怪物をかたどった雨樋用の彫刻〕のような不気味な表情に変えていく。少年は小さな身体を精いっぱい使って歌いきると、お辞儀をして満面の笑みを浮かべ、やりきった表情を浮かべていた。彼の口から出たたくさんの感謝の言葉は心からのものだっただろう。聴衆の拍手はおざなりだったとしても。

帰途、小さな騒がしいバーに立ち寄ってウイスキーを飲み、隅のテレビでサッカーのワールドカップを観戦した。この時間から残ったものは、私の小さな黒いノートに隣の酔っ払いが書いたメッセージだけだった。バーを出た私はファラフェルサンドを買ってホテルに帰った。ベッドの上で急いで食べ、満腹のうちに眠りに落ちた。

2

大型動物の肉、キノコと天然ハチミツ添え

⚜

ポーランド

Heavy Beasts with Mushrooms and Wild Honey

故郷の記憶

かつて、私にも〝我が家〟があった。砂漠の中、地平線まで小峡谷(アロヨ)が続く高い雪山のふもとだ。それはニューメキシコ州にある二〇エーカーの土地に両親が手造りしたパッシブソーラーハウスだった。太陽光発電の設備を使わずに、建物そのもののエネルギー効率を高めた家だ。迷路のような構造で、木材と瓦、敷石、日干し煉瓦(アドービ)が使われていた。両親の寝室は円形で、そこを守るのは少量の干し草でつなぎ合わせた土壁一枚。垂木(ヴィーガ)と呼ばれる天井の梁(はり)にはふたりが回収してきた古い電柱が使われていて、いずれもハンマーで打ち延ばされた金属の番号が付いていた。私は天井板の木目から生き物を想像して何時間も過ごし、節が落ちてできた穴から蛇が出てくると言って妹を怖がらせた。彫刻をほどこしたドア、本棚の秘密の区画、キッチンの隠し引き出し、炎に満ちた薪ストーブと暖炉、ニチョと呼ばれるメキシコの壁飾り。床には羊皮が敷かれ、正面側の

外には紫色のライラックがずらりと並んでいた。私は土と火に囲まれて育った。

この土地の野生児だった私は庭のすぐ外にある小さなピニョンマツの木によく腰かけていた。根元から枝が三本伸び、子どもにちょうどいい大きさの空間ができていた。この木に何時間も座って、カラスが日の出を見て笑う声、日没にキジバトがたてる悲しげな声を聞いた。松笠から直接摘んだ松の実をおやつにし、真っ青な空に風が埃を舞い上げるなかで、蟻が水晶の粒を運ぶところをながめていた。

いつも泥だらけで帰ってきて、サボテンの針を脚から、ウチワサボテンの産毛を指から抜いた。果実の皮を剝いた指先は赤紫色。岩場をあちこち巡り、逃げ足の速いツノトカゲを追いかけるときは、何か食べながら短い休憩を取った。夕方になると、父に連れられ、すぐ向こうにある青みがかった山々へ妹と向かい、野生の酸っぱいラズベリーや苦いマイナーズレタス、甘く赤いオダマキを採った。

うちのペットはコヨーテや鷹の餌食になった。玄関先に野犬が現れることもあり、飼いならせそうな気がしたときは飼ってもみた。でも、動物に執着することはなかった。

母の庭は魔法のオアシスだった。私が子どものころ、母は夏が来るたび、乾いた砂漠の土で青々とした植物を育てていた。植物の錬金術とでもいおうか、いまだに理解しきれない。ある夏、その植物にパステルピンク色のナナフシ一家が棲み着いた。野生の宝石のように花粉の中できらめきを放っていたが、ある日を境に姿を消した。黄褐色の砂と雑木林を背景にした明るい色の緑藻や、トマトの間を這(は)っていたガラガラヘビを、私はけっして忘れない。

移動する境界線

ある年の初夏。私はポーランドで列車に乗っていた。列車はどこまでも続く緑の野原を進んでいくが、その単調な色をときおり衝撃的に明るい色調が破る。線路わきの土手に、血のように赤いケシの花びらが落ちていた。

車窓の外に、家が何軒か見えた。郵便車が土埃を舞い上げている。隣の畑では、下着姿の小さな赤毛の男の子が一心不乱に草むらに鍬(くわ)を振るっていた。丸刈りの頭にスニーカーの別の子が、紐(ひも)でつないだ牛を引っ張っていく。

私は落ち着かず、疲れていた。パニック状態で目覚めることがやたらと多くなった。私の中に何か変化があったのだ。これは新しい感覚なのか、それとも、自分の中にずっとあったのに忘れていただけなのか。

車内が暗くなった。車窓の風景は野原から森へ変わり、松の王国と化した。かつてヨーロッパは広大な森に覆われていた。荒野(ウィルダーネス)という言葉は野生の森を意味するチュートン語に由来する。自分の意思で思うさま生きている土地、という意味だ。人間の欲望で完全に制御することも、征服することもできない、手つかずの自然。この手の森には人知を超えた要素があるように思われた。六世紀から七世紀にかけて、霊的求道者は神を探すために森へこもり、根茎やベリー類や木の葉を食べながら神性のしるしが体験できるときを待った。

はるかな昔から、森の運命は狩猟動物の運命とからみ合っていた。古代の王たちはこういう森で狩りをし、肉の供給源になる土地を保護するため初期の環境保護法を制定した。ヨーロッパの原生林はすでに大半が消滅しているが、私がポーランドへ来たのはその最後の断片を見るためだ。料理への執着がもたらした遺物、王たちの食欲が残した痕跡を。

私の曾祖母エスターはこの近くの森の小村で育った。その村が同じ場所に長くとどまることはなかった。戦争という潮の満ち引きで土地の境界線がたびたび移動（シフト）したためだ。エスターが生まれる前、彼女の村はプロイセン王国内にあった。幼少期はロシア領だった。彼女がより安全な国を求めて故郷を離れたあと、ポーランド領となった。もう、その村は存在しない。

エスターの故郷はいつも包囲を受けていた。新しい侵略者が毎回、ユダヤ人を自分の宗教や信条に改宗させようとした。第一次世界大戦は語るもおぞましい激変の時代だった。村はもぬけの殻になった。木々は焼けて倒れ、そのまま使われずに朽ちた。荒涼とした風景の中に、木の切り株が怪物の死体のように散らばっていた。地図上に境界を定めた者たちが民衆を支配した。

この暴力的風景から逃れるため、無数のユダヤ人が母親から教わった料理法（レシピ）を携えて、遠く離れた土地へ移り住んだ。彼らは住み着いた新しい場所に合わせて名を変えた。

「ユダヤ人というのは、つまり、血の中に三〇〇〇年の苦しみが詰まっている人たちのことよ」

昨秋、母はアイランドキッチンの前から冗談まじりに言った。「そんな遺産を誰が欲しがるの」と笑った。

「ひいおばあちゃんは背が高くて、厳格な人だった。絶世の美女だったわよ」と、母は言った。

「紅茶を飲むときはロシア式。舌の下に角砂糖を入れて、濃いお茶を飲むの」

エスターは一〇代でアメリカ合衆国へ渡った。一九一九年ごろのことだ。夫の姓を名乗った。元はハウプトマンだったと思われるが、アメリカ人的なアントマンに変えた。新しい国の新しい生活になじむまで、本名だけでなくユダヤ教徒の身分も隠していた。誇れることではなかったからだ。それでも、彼女の信条は食べ物の中に生きつづけた。

「いつもチキンスープをつくっていた。私たちは〝ユダヤ人のペニシリン〟と呼んでいたけど」と、母は回想した。「アパートにはいつもそのにおいが漂っていた。マッツォという丸いパンがあってね。ボルシチはすごく美味しかった。分厚い黒パンを覚えているわ」

エスターは成人後の人生の大半をブルックリンで過ごしたが、夏になると家族でキャッツキル山地に別荘を借りた。彼女がそこで酸っぱい葉（サワーグラス）と呼ぶピリッとした野生のホウレンソウの一種を集めてきたことを、母は覚えていた。それを使って淡い緑色の飲み物をつくったという。完成品は〝シャフ〟と呼ばれた。この気付け薬（トニック）で故郷を追われた哀しみを癒したのだ。

彼女については、そのくらいしかわかっていない。

オークの古木

道端に生えている樹齢七〇〇年超というオーク（ヨーロッパナラ）の古木を訪れた。この木は多くの異なる名前で呼ばれた。あらたな支配者が現れるたびに再発見され、そこの土地にも新しい名前が付けられた。何世紀にもわたって森林の伐採が行われてきたというのに、なぜかこのオークの古木が切り倒されることはなかった。すでに古木になっていたからかもしれない。いまでは、同じ年代の六本とともにポーランドの国定記念物に指定されている。

このオークは朽ちかけているうえ、稲妻のような傷が走っていた。枝は小さな穴だらけで、鳥が巣をつくらないようネットが張られていた。幹の根元に、大きな空洞がひとつあった。一八八〇年には木の向かいに扉が取り付けられ、その外に見張りが配置された。空洞には兵士が一一人収まったという。

私はオークの木を離れ、上り坂の小さな道をたどって広葉樹の森を進んでいった。はるか彼方の地平線上にバルト海まで続く砂地がちらりと見えた。丘の頂（いただき）に、漆喰を塗った石造りの質素なゴシック様式の教会があった。その入口のすぐ向こう、螺旋階段のそばに、鹿角で飾られた大きな木の十字架が掛かっていた。十字架の横で、貝殻製の聖母マリアが布にくるまれた赤ちゃんを抱いている。マリアの後光には淡い縞模様の貝が使われていた。ローブにはツルニチニチソウで縫い合わせたムール貝が使われていた。琥珀の首飾りは時間を圧縮したような暗い色で、千本の古木と百万日の日照の秘めた力が繊細な首を飾っていた。

灰緑色の制服に身を包んだ森林監督官が三人、教会の外に立っていた。地区責任者は革のベルトを締めていた。緑の太いサングラスをかけ、深緑色のネクタイの結び目近くに小さな赤い鹿の紋章が刺繍されている。国有林の監督官は最近「ポーランドでもっとも信頼度の高い公務員」に選ばれたとかで、この男性たちもその地位に誇りを持っているようだ。

この国に残っている森の大半は高度に管理された人工林で、〝標準森林監督基準〟にのっとり、松やトウヒの木が不自然な一直線に並んでいる。樹齢はすべて同じで、高さもほとんど同じ。国家森林局は一九二四年に国粋主義的な理由から組織され、当初から階層的で軍事的な価値観を誇りにしていた。第二次世界大戦後、森は新生国家のシンボルとなり、森林監督官たちはこの国家遺産の管理人として辛抱強く木々の管財人を務め、それを収益に結びつけてきた。川の水を抜いて土地をしっかり乾かし、市場価値がいちばん高いヨーロッパアカマツとオウシュウトウヒ、乾燥性の薄い土壌でもよく成長する針葉樹を等間隔に植樹した。

広葉樹と光や水分を争う必要がないため、木はすくすくと、まっすぐ育った――木材には理想的な条件だ。低層の枯れ木は撤去された。樹齢も種類も同じ木々が最適のローテーションで伐採されていく。何世紀にもわたる混沌と混乱を経て、土地はすでに無秩序状態を脱し、破壊的な性質も影をひそめていた。とうとう森は合理的な場所にされたのだ。

一世紀に及ぶ単作林業が望ましくない結果を招いたのは明らかだ。人工林は虫の侵入がもたらす胴枯れ病や暴風に弱い。同じ樹齢で均等に植えられたこれらの木々があることで、倒れた朽ち木を棲み処にする虫や低い広葉樹の雑木に巣をつくる鳥の生息地が減少する。現在、森林局は生態学的に健全な〝原生林〟の特性に倣い、機械的な植林ではなく〝生物相〟に近づける取り組みを行って、生物多様性と回復力を高めようとしている。この手法がどのような影響を及ぼすかは、今後の経過を待つしかない。

家畜と野生動物の価値

午後、観光リゾートの食堂で森林監督官たちと昼食をともにした。室内は古めかしい感じが出るよう工夫されていた。漆喰と煉瓦の壁に木の肋材が見える。格子状の巨大な梁の上には急勾配の天井。磨き上げた木材に取り付けられた太い鎖が錬鉄製のシャンデリアを吊り下げていた。

食卓は部屋全体に渡された二八人掛け。白い布で覆ったテーブルに磁器と銀食器がセットされている。高々とそそり立つ装飾的な鉄ホルダーから、蠟燭の揺らめく光がテーブルの人たちに投げかけられていた。部屋の真ん中に置かれた背の高いクリスタルの花瓶から、装飾過多なクリーム色の花束がうなだれていた。

猪の肉が出されると聞いていたので、炙り焼きされた大きな肉を首を長くして待っていた。お腹がぺこぺこだ。

最初期の人類は狩人ではなく、残り物をあさる清掃動物（スカベンジャー）だった。野犬や大型肉食獣の群れが獲物を飽食した夜、恐怖心を乗り越えて、おっかなびっくりで残り物から血まみれの肉片を引きはがした。動物の肉はエネルギーとカロリーと脂肪の最大の源で、肉への欲求は初期ヒト科動物の適応戦略だったのだろう。動物の骨髄や脳組織に多く含まれる必須脂肪酸は、肝臓に豊富なミネラルや、心臓に含まれる微量栄養素ともども、拡大していく脳の必須構成要素だった。人間は狩りを覚える中で祝宴を発明した。共同作業で有り余るくらい獲物を仕留めたときは、腐らないうちに分け合った。これが祝宴の始まりだ。

猪は一万年以上前から食べられてきた。スペインの〈レミヒアの岩陰〉で紀元前八〇〇〇年から六〇〇〇年に描かれた岸壁画に、猪を追いかける六人の射手が描かれている。矢を受けて傷ついた猪もいれば、負傷がもとで倒れたのか、ひっくり返っている猪の姿もあった。

ローマ時代の物語も猪狩りの記録をとどめていて、猪狩りはときに男らしさや権力と結びつけられた。小プリニウス（西暦六一～一一五年）は網を携えて猪狩りに出かけ、遭遇の瞬間、槍をつかみ、かろうじて仕留めることに成功した。マルクス・アウレリウスは馬上から猪を倒したものの、猪の猛々しさを承知していた彼は手負いの獣にやられないよう、そのまま馬を全力疾走させた。中世のラテン語逸話集『ゲスタ・ロマノールム』によれば、トラヤヌス帝は〝獣の肉のどこより心臓が好きで、どの獣の心臓より猪の心臓が好きだった〟。ところが、調理担当者が誘惑に負けてその心臓を食べてしまい、「あの猪には心臓がなかった」と伝えてくるよう給仕係に命じたという。

中世ヨーロッパの王たちにとっては、獣が大きく、狩りが危険であるほど、獲物は高貴と見なされた。猪もそういう危険種のひとつで、それゆえ〝大型狩猟獲物〟に分類され、垂涎の的となった。イングランド王ウィリアム一世が行わせた土地調査『リトル・ドゥームズデイ・ブック』（一〇八六年）では、森を歩き回る猪の数で森林地の広さを測っていたくらい、猪は重要な存在だった。中世の報告書には、猪の群れは音を出すもの（サウンダー）と呼ばれ、その偽蹄（ぎてい）は狩猟の戦利品として珍重され、猪の脂は貧しい人々の薬に使われた。イングランドでは乱獲により一三世紀までに絶滅した。それでも猪の神秘性が失われることはなかった。四〇〇年後、チャールズ一世は猪をイギリスに導入し直そうと考え、大枚をはたいてドイツから猪のつがいを調達し、交尾させた。

今日のポーランドと世界の国々で、猪は害獣となり、断片化した森や耕地で繁栄している。狩猟が趣味の富裕層にとっては喜びの源泉であり、貧しい農民にとっては頭痛の種だ。

近ごろ、ポーランド政府は国内の豚への感染が懸念されるアフリカ豚熱の蔓延を食い止めるため、生息数の九割にあたる約二〇万頭の猪を処分する法案を通過させた。猪はネズミや虫を食べるうえ、土壌の空気を抜き、木の種を土中に埋めて森林の再生を助ける有益な存在であるという理由から、野生生物学者や自然保護論者を中心に怒りと抗議の声が上がり、またその過激な法案には一部猟友会も異議を唱えた。

私の前に皿が置かれた。スライスしたジャガイモのフリッターを重ねた上に、繊細な彫刻をほどこされた猪のあばら肉がバランスを取っていた。この危なっかしい彫刻作品をグレイヴィーソースが取り巻いていた。その周囲をフリゼのサラダが彩る。豚肉のような味だが土の香りが強い。とはいえ、これでもかというくらい甘いベリーのソースのせいで、微妙な風味のちがいはとらえにくかった。

私の向かいにこの地区の管理責任者が座っていた。真っ黒に染めた髪の根元に白いものがのぞいている。手入れの行き届いた口髭（ひげ）が口角から下へ向かい、あご先を縁取る細い髭と合流する。林業用語で表現するなら〝母樹に囲まれた皆伐地〟といったところか。

食べながら、この地域の狩猟の歴史について質問を投げてみた。管理責任者は隣の通訳にポーランド語で答えながら、その目は私をじっと見ていた。目の前の食事より私をむさぼりたいと思っているかのように。通訳のルーカスが顔を紅潮させた。苦々しげに、「それは訳せませんよ。いくらなんでも」と言った。どうやら、私の直感は正しかったらしい。

空になった皿を見下ろす。お腹はまだ満たされていない。

先史時代の獣

山間部は一見、何の変化もないように見えるかもしれないが、歴史の視座から見ればつねに変化を続けている。ポーランドの古い要塞の町を取り囲む森の木が、倒れては成長し、倒れては起き上がりをずっと繰り返してきたのは間違いない。ただ、変化するのは木だけではない。森の変化に対する人間の見方も変わっていく――私たちが構築する神話も、導き出す結論も、木立に囲まれた自分たちをどう理解するかも。

ヨーロッパの鬱蒼（うっそう）とした森で先住民がどんな暮らしを送り、どんな儀式を執り行っていたかについて、私たちは断片的な知識しか持たず、そのほとんどは伝説に基づいている。ポーランドでは、古プロイセン人は広大な森の奥にまでは入ることなく、小さな村単位で自給自足の生活を送っていた。周囲の森や川や湖にちなんで集落の名前をつけた。鹿やヘラジカ、原牛（オーロックス）、森林バイソン、猪など野生動物がふんだんに生息していたため、狩猟に規制は必要なく、余った肉を燻製にして保存することもあった。

彼らは狩猟肉をふんだんに使った食生活と並行して、焼き畑農業も実践した。森の小さな区画で大麦や黍（きび）、小麦、トウモロコシを育て、ドングリや木の若芽やブナの実で豚を放し飼いにする。豚はローマの未経産豚と猪を交配させた種の子孫で、脚が長く、黄褐色の体に剛毛を生やしていた。塊茎や昆虫の幼虫、ネズミなどを探して鼻で土を掘り起こし、ときに木々の種を埋めることで森の再生に貢献した。飼いならされた豚と野生豚はほとんど区別がつかない。豚がどこかへ迷い出て、みずからの意思で野生豚と交配することもあり、それが群れ全体の活力維持に貢献した。

季節は神々のように崇拝された。毎年、最初の種が蒔（ま）かれたあと、春を葬って夏を迎える儀式が行われた。部族の指導者は年老いたり弱ったりして統治に必要な力や思慮分別がなくなったと感じると、棘の生えた低木と木の藁を積み上げ、その上へ登って最後の説教を行った。長い演説が終わると、聖なるオークの前で燃え盛る永遠の炎を手に取り、薪の山と自分に火をつけた。部族民はその後何日かかけてバーバと呼ばれる石像を建て、長の死を称えた。けっして死を恐れない、と彼らは誓った。あらゆるものの復活を信じていたからだ。

おもに農業で生計を立てていたローマ人やギリシャ人にとって、これら部族民は、彼らが狩る獣と同じくらい野蛮な存在だった。文明と野蛮は異なる種類の風景と結びつき、その風景が提供する食べ物もちがっていた。ローマ人は耕作された文化的農地と統治できない野生の土地を切り離して考えていた。文明はワインと小麦と油によってもたらされると古代ギリシャ人は考えた。

ローマ人も狩猟はしたが、栄養の摂取より娯楽や軍事訓練がその目的だった。狩猟について彼らの定めた法律が〝成文狩猟法〟の草分けとなる。これは野生動物（ferae naturae）と無主物（res nullius）〔誰にも所有権のないもの〕の概念に従った法律だった。基本的に、他人の所有地に無断で侵入しないかぎり、狩猟者は自由に動物を殺すことができる。つまり、理論的には誰にでも狩猟ができるわけだが、実際に狩猟ができるのは裕福な土地所有者に限られていた。囲い込まれた私有地は、鹿や狼、熊だけでなく、ライオン、豹、象などの輸入外来種を政治家が狩る特別区として保護された。農民に捕獲が許されたのはウサギとハリネズミだけだった。

社会階級は自然環境や食生活と不可分であるという考え方を、中世初期のキリスト教徒は継承していた。彼らにとって中欧の広大な森は道徳的混沌の象徴であり、木々が群生する未開の場所で暮らしている異教徒たちは野蛮人でしかなかった。大地に豊作を感謝する儀式や祭式は、悪魔的信仰のおぞましい光景として書き記された。運悪く野蛮な〝野生動物狩り〟を目撃したキリスト教徒は、その夜、就寝中に地下の冥界へ引きずり込まれると言われた。その魂は小人（エルフ）や妖精の群れに加わり、異教の女神や野人の女（ウッドワイフ）のおぼろな咆哮（ほうこう）を聞きながら、見えない死者たちの間で永遠に生きることになる。十字軍の遠征期、新しい宗教体制への服従を拒んだ異教徒は殺されたり、追放を受けたりした。彼らの神々の祠（ほこら）の前で鎧（よろい）を着たまま焼き殺すという残忍な刑まであった。

しかし、中世初期のヨーロッパの王たちにとって、森は敵対的な場所ではなく、食生活に重要な役割を果たす権力の象徴だった。狩猟肉はvenari（狩る）という言葉に由来する鹿肉（ヴェニソン）と呼ばれるのが一般的だった。饗宴に欠かせない食材であり、王たちが大量に蓄えた富と地位を誇示する方法でもあった。肉はしばしば、果物や薔薇香水、香り高い香辛料、竜涎香（アンバーグリス）や麝香（じゃこう）などといっしょに煮込まれた。イタリアには狩猟動物を丸ごと炙り焼きにして金箔で覆ったまま食卓へ運び、舌なめずりする客人たちの前で儀式的に肉を切り分ける習慣があった。ポーランド王は香辛料をふんだんに使った肉を振る舞った。アジアから入ってくる調味料が比較的安価だったからだ。

早くも一一世紀には、狩猟動物の棲む森林地は木材の伐採によって脅かされていた。それを受けてイングランド王は最初期の環境保護法を施行した。この森林法の土台には、「狩猟権は土地所有者に与えられる」というローマ的な考え方があり、狩猟ができるのは貴族に限られた。厳密にいえば、国土はすべて国王のものだから、王には好きな場所で狩りをする権利があった。森の一定区画の野生生物を〝王の喜びと楽しみのため、特別に保護する〟と、森林法には記されていた。

何世紀かを経るうち、狩猟を取り巻く状況は徐々に官僚的になり、成文化された法律で厳しく管理されるようになった。肉をいちばん美味しく食すための習慣として禁猟期と解禁期が設けられた。たとえば赤鹿（アカシカ）狩りは、この動物が木の枝や実から脂肪分を取って〝脂が乗った〟晩夏、発情期（秋から二月まで）が来る前に行われた。王立森林管理局の監視の下、監視員が地代を徴収し、狩猟許可証を発行した。冬季や旱魃期には狩猟動物が餓死しないよう飼料を与えることで狩猟肉を振る舞う王家の饗宴に備え、密猟者は罰せられた。

数々のマニュアルにしかるべき狩猟技術が記載され、その説明に使われた語彙（ごい）が正式な用語として固まっていった。一三世紀ウェールズの写本には〝野生動物肉と家畜肉の価値〟が明記され、雄鹿は〝左右のあご肉、左右の角、舌、胸肉、直腸、肝臓、左右腰部、尻、腹部、背骨肉〟といった法定部位ごとに値段が決められていた。

狩猟倫理への関心も高まりつつあった。フランスの著作『La Chace dou cerf（鹿狩り）』（作者不詳、一二七五年）には、致命傷を負った動物にとどめを刺すおぞましさを避けられたら、貴族はもっと狩猟を楽しめるのではないかという提言がなされている。実際、一三世紀末までに、貴族が食べる狩猟肉の多くは召使の手で狩られ、大所帯のお屋敷はこの貴重な食料を獲得するために大勢の人を雇い入れていた。

西欧では、木材や耕地の需要が狩猟保護区にまで及ぶにつれて狩猟肉の価格が上昇した。木が必要だったのは、鉄や煉瓦や瓦など産業界からの需要が引きも切らなかったからだ。家を建て、樽や家具、荷車、荷馬車、馬車などを造るために使われた。森林伐採と穀物の育成には大きな経済的チャンスがあった。ヨーロッパの人口は着々と増加しつつあり、西暦一〇〇〇年の三六〇〇万人から一三〇〇年には八〇〇〇万人を超え、西欧で最高の土壌はすでに耕作のために使われていた。

王様とちがい、ヨーロッパの農民には（儀式のときを除けば）肉を食べる機会などめったになかった。中世初期の文献には、肉という言葉がしばしば食べ物と同義的に使われていた可能性もあって、実際にどれくらいの肉が食べられていたかは不明だが、庶民の肉の消費量が増えるくらい家畜肉が豊富になったのは、黒死病（ペスト）に人口の大半が奪われ多くの穀物畑が草地に変わった一四世紀の半ば以降という裏づけがある。

肉食の習慣が庶民へと広がるにつれ、それはもはや王たちの権力を象徴するものではなくなり、野生動物肉の美味しさと際立った特徴に、より焦点が当てられるようになった。狩猟動物の食肉処理の仕方（つまり、解体の方法）は高度に儀式化され、厳しい規制を受けた。『聖オルバンズの書』（一四八六年刊）には雄鹿の屠殺法が記述され、骨盤はカラスへの捧げ物として仕留めた場所で捨ててくること、左肩は森林管理官に報酬として渡すこと、とある。

ポーランドで初めて森林法が制定されたのは一四世紀半ばのことで、イングランドの法律と同様、国王と従者が使う狩猟専用保護区として森の一定区画を確保し、伐採はできない旨を明記している。だが、それ以外の風景は急速な変化を遂げた。その後ポーランド王領プロイセンとして知られるこの地域は見る間に、穀物と木材を西欧へ供給する主要地になった。ポルトガル王フィリペも一五八〇年代、オランダとイングランドに対抗できる艦隊をつくろうと考え、マスト用の木をここから調達した。次の二、三世紀で太古からの森は田畑に姿を変えた。

一七世紀初頭までに、ヨーロッパを覆う広大な森はかつての二割にまで縮小していた。樹木の根で押さえつけられなくなった砂地が侵食を受けはじめた。森林生物種は全滅、もしくは姿を消していった。現在の牛の祖先に当たる大きなオーロックスも悲惨な運命をたどる。一六二七年、最後の一頭がポーランドのヤクトロフ保護区の森で死んだ。リスも生活環境の木々を根こそぎ奪われて姿を消した。毛皮のあるマツテンは森から逃げ出した。ウサギは居残り、そこで増殖した。

一九世紀、ポーランドの森林地の大半がロシアの統治者に引き継がれると、それまで反目し合っていた地主階級一族が武装して団結し、あらたな支配者に立ち向かった。残された森はもはや神や悪魔の住まう場所ではなく、政治と反乱が渦巻く場所となった。殺された男たちと彼らの馬の死体を餌に、狼の数が急増した。やみくもな物欲が土地に爪痕を残す結果となった。

かつて人間の手に負えないものと考えられていたヨーロッパの原生林は、二〇世紀の初めには帝国と個人の手で大方が伐採されていた。皮肉な話だが、いまでも切れ切れながら森が生き残っているのは、王たちが肉に抱いた欲望のおかげなのだ。

夕暮れどき、私は農道わきの一角で、野生の森林バイソンの群れが草を食(は)んでいるところをながめていた。干し草の俵にもたれ、畑の遠端に立つ松の木を背にしたバイソンたちのシルエットに双眼鏡を向けていた。バイソンは鈍そうな感じで、真っ黒な鼻の孔(あな)から噴き出す白い息と、黒い毛皮の巻き毛に縁取られた悲しげな目の中にだけ、先史時代の野性がうかがえた。

私のガイドは農家の友人たちからバイソンの居場所をメールで教えてもらっていた。しかし彼はまず足跡探しの旅から、私たち小グループのバイソン探索ゲームを始めた。「ほかのグループは一頭も見つけられなかった」と、彼は誇らしげに言った。私たちの目撃がめったにない奇跡的な出来事であるかのように。「ここにはもう牛はいない。バイソンが僕らの牛なんだ」彼はそう言ってにっこりした。

バイソンたちが歩き回っているのは、かつてこの大陸の大半を覆っていた低地原生林の名残をわずかにとどめる、ポーランドの〈ビャウォヴィエジャの森〉だ。一九三二年に同国で初めて国立公園に指定されたこの森は、ヨーロッパに残っている中でも〝自然〟に近い場所だ。ヨーロッパバイソン（別名バイソンボナサス）が現存しているのはこの森のおかげなのだが、長いあいだバイソンが保護されてきたからこそ、この森も生き残っている。両者はたがいに影響し合う、うつろいやすい関係にあった。

一四世紀末からの六〇〇年ほど、この森は権力者の私的な狩猟場だった。密猟で捕まった庶民は死刑に処せられる可能性もあった。ビャウォヴィエジャの森は大がかりな森林伐採から守られていたものの、その周囲の木々は戦争や商業活動の前に倒れていった。バイソンはかつて大陸全体で見られたが、東欧に残る個体だけに減少していった。それでも、王たちはバイソン狩りを満喫した。一七五二年、ポーランド王アウグスト三世は一度の狩りで四二頭のバイソンを屠った。勢子を雇ってバイソンを森の外へ追い出し、自分が座っている場所へ追い込ませた。言い伝えによれば、彼の妻も二〇頭を殺した。小説を読みながら獲物が現れるのを待っていたという。

保護されていたほかの森林地もそうだが、地元の小農にはまだ、豚を放牧して草を食べさせ、干し草をつくり、ときどき木材を収穫し、木に集まる蜂からハチミツを採る権利があった。こういう森の野生の巣からハチミツを採集するのは三〇〇〇年以上前から続く営みだった。野生ミツバチの棲み処は地上六～九メートルの高さにある木の空洞だ。特定の木々とそこにあるミツバチの巣を人間が見守り、世話をした。

養蜂家の松明がうっかり森に火をつけることもあった。農民は土地の状況を掌握し、動物に食べさせる新しい草の成長を促し、手に負えない山火事で村が壊滅しないよう、火を使う場所には慎重を期した。

火事が起こるたび、森の樹木構成は変化した。松のように、それで勢いづく木もあった。下層で育つ広葉樹の苗木が焼失するからだ。さもなければ日光の取り込みをめぐる争いがあっただろう。火事があまり起こらなくなると、広葉樹がまた成長を開始した。

一九世紀、ポーランドはプロイセン、オーストリア＝ハンガリー帝国、ロシアという三つの大国に再分割された。大地の真ん中に境界線が引かれて二分割される村もあった。ロシア人はポーランドの図書館を略奪して、戦利品をサンクトペテルブルクの〈帝国図書館〉へ持ち帰り、古代の王と女王がやり取りした恋文などの蔵書や手書き史料はいっとき五〇万点近くにのぼった。ビャウォヴィエジャの森はロシア皇帝の狩猟場となり、皇帝は一、二度しか訪れなかったが、いつか撃ちたくなったときのためにバイソンを王室の保護下に置いた。皇帝の保護を受けてもなおバイソンは、戦時中飢えた人たちの犠牲になって減少していった。

第一次世界大戦が勃発した時点で、自由に生きて暮らしているバイソンは八〇〇頭ほどしか残っておらず、多くの兵士がこの動物を食べて生き延びた。ビャウォヴィエジャの森では最後の野生ヨーロッパバイソンが一九一九年、密猟者に撃たれて息絶えた。生きたまま捕獲された一二頭も王室からの贈り物として海外に送られ、ヨーロッパ各地の動物園へ散らばった。戦間期、現地調査を行う生物学者たちが研究機関の囲われた場所でこの孤独な獣を繁殖させ、少しずつ子孫を森へ送り出した。現在の個体数の八割近くは、たったひと組のつがいに由来するという。

国家森林局は冬になるとバイソンに餌を与える昔からの伝統にしたがって、干し草を積む場所を設置し、管理する商業林でバイソンが若い木の芽を食べたり、地元農家の作物を破壊したりしないよう配慮している。バイソンは監視下に置かれ、病気になれば治療を受ける。過剰繁殖を防ぐために、毎年およそ二〇頭が間引かれ、脂身の少ない肉がレストランに売られる。冬にはバイソンが町へ迷い込むこともある。最近では、公園内を歩き回って博物館に現れたものもいた。

国立公園の一部区域は厳重に保護されていて、ガイドを雇わずに訪れることはできない。ビャウォヴィエジャの森は地球生命体の最初期にできた森だと、私のガイドは言う。つまり、原生林だ。植物は一一〇〇種以上、動物が推定二万五〇〇〇種と、信じられないくらいの生物多様性を持ち、かつてヨーロッパ全土に存在した幾多の種にとって最後の避難所になっている。私たちは高架歩道で森を進み、世界最大級のオークの木を何本か通り過ぎたところで足を止め、立ち枯れた木を嘴(くちばし)でつついているヒメアカゲラに目を奪われた。頭部は赤く、黒い体色にくすんだ白いまだら模様が浮かんでいた。

沼地の湿地帯に出ると、低空飛行するヨーロッパチュウヒが現れた。風景がシラカバとハンノキとトチノキから、サンザシとカエデとライムの木立へ変わっていく。てっぺんが細長くなったトウヒの木が何本か、葉の間から姿をのぞかせていた。地面は苔に覆われている。私たちは開けた草地を通りかかった。かつては干し草畑だったが、いまはシベリアンアイリスやキツネノテブクロの花が咲き乱れている。夜になると狼が林道を歩くそうで、彼らの縄張りを示す長さ六〇センチくらいの爪痕が十字路に見つかった。

この森は真菌類の宝庫(四〇〇〇種以上)でもあり、特にキノコ類が多く(一八五〇種)、世界でも指折りの多様性に富む。それらのキノコは多くが闇夜に燐光を放つ。

食肉が男性の追い求める対象で、森が領土を支配したい王たちの欲望の対象だったのに対し、田舎暮らしの女性にとってこれらの森は長きにわたりキノコを採集する場所だった。外国から多くの植物が入ってきた啓蒙時代、西欧の人たちはまだキノコを食べることに疑いを持っていた。森そのものに昔から抱いてきた不信感が影を落としていたのかもしれない。一六二〇年にサマセット〔イングランド南東部〕のある医師は、キノコを食べるのは「変わり者」だけと断言している。少なくともひとりのイギリス人冒険家は、「キノコは健康にいいうえ、美味しい」という知らせを持ち帰っていたのだが。

　しかし、ポーランドの森に暮らす女性は、キノコは美味しいだけでなく治療薬に不可欠な材料でもあることを知っていた。エブリコは止血や化膿止め、吐き気や痔（じ）の薬として用いられた。ツリガネタケは歯痛止め。キクラゲは耳や目の感染症に効果があった。ホコリタケは防腐剤、スッポンタケは媚薬に用いられた。

　木とキノコを線引きする術（すべ）はない。両者は共生関係で育ち、どのキノコも特定の樹皮や根と関わりを持っている。ここに個体というものはない。資源を共有し、計画を立て、ちがいではなくつながりによって定義され、共生を余儀なくされた確率論的なソウルメイトたちの、多様なネットワークがあるだけだ。樹木が大量の木の実やドングリを生産する年を豊作年（マストイヤー）と呼ぶが、そんな年には地上と地下両方に存在するキノコ類の広範なネットワークから、樹木は乾果の生産に必要になる養分を借り受ける。それ以外の年には吸収した太陽エネルギーをキノコに移して蓄える。

　野生キノコの多くには水銀などの重金属が高濃度で含まれている。それでも近年、キノコ食への欲求は高まる一方だ。見知らぬ人間が森を動き回り、食用・非食用を問わず片端からもぎ取って、世界の市場へ持ち込んでいる。森林の健全性を脅かすくらい野生キノコの商業的収穫が激しくなった地域もある。

ビャウォヴィエジャの森はモザイク風景だ。ベイマツが集まる地域、ヨーロッパアカマツとオウシュウトウヒの造林地、広葉樹が優位を占める木立群、火事に焼かれて枯れた丸太が流れる川、開けた湿地帯、干し草用の青草が育つ野原。樹木相の変化は、地形や水の供給量の変化だけでなく、過去と現在に人間が土地に行ったことが反映される。衛星画像だけ見ても、人間が長期にわたってこの古代の森の性格に影響を及ぼしてきたことは間違いない。幾何学的な形、つまり自然界にはなじみのない直線や四角形が、人間のもたらした影響を示している。

この〝野生の〟土地は厳重に管理されている。ビャウォヴィエジャの森では、その大半でいまも活発に伐採が行われている。収穫時の平均樹齢は一〇〇年。伐採が許されない保護された地域で木が病気になると、周囲に感染しないよう取り除かれる。枯れて林床に残った木も多様なキノコ類がその木を頼って生きているため、注意深く管理される。森が樹皮甲虫病や火災をどう経験するのかを確かめるため、科学者があえて自然のままに完全放置している地域もある。「私たちは永遠という物差しで考えています」とガイドは言う。

一方、自然のサイクルでさえ、もはやそれほど純粋ではない。原始的な状態を保ちたい人間の願いをあざ笑うかのように、侵略的な植物が保護地域へ忍び寄ってくる。気候変動の影響により、春に花を咲かせる野生植物の開花期が早くなった。鹿はかつてのように谷間に集まらず、彼らを狩る猟師たちを避けて、越冬用の塩やジャガイモが保管されている木造小屋の周囲に集まってくる。

かつて外交官や富裕層がポーランドを訪れる際、友好の証として外来樹の標本を持ち込むことがあった。多くはアカガシワのようなアメリカの木だったが、今日の森には碁盤目状の緑の上にそういう外来種が色を散らして過去の記憶をささやき、暗い未来をほのめかしている。

私は日没とバイソンをながめながら、木の贈り物を交換し合った王たちを頭に描いた。狩りに成功したあと聖油としてバイソンの血を塗り合っている王たちの姿を。いまは観光客が原生林最後の遺物であるバイソンやオークの古木を探し、写真の形で崇め奉っている――牛のように家畜化された獣を。地元の農民や家畜の世話をする人たちが森に集まることはめったにない。彼らは押し寄せる観光客に食べ物を届ける商売人、物知りの自然観察ガイドのような観光客の案内人となった。仕事に忙殺され、死んだ動植物からできた土壌にキノコを探すような暇はない。これまでにどれほどの量の血が撒き散らされたか、私たち人間はあっさり忘れてしまう。かつて狩猟場だったこれらの土地にはある種の記憶が刻み込まれている。森は過去の豊かさをわずかにとどめる記録庫（アーカイブ）と化し、年輪に隠された残響（エコー）が聞かれるときを待っている。

小さな抵抗

「ポーランドの森にはたくさんの秘密が隠されている」と、通訳のルーカスが言った。私たちは草地の端に設置された木製の物見やぐらに立ち、森へ姿を隠そうとしている赤鹿に目を凝らしていた。

私の抑えきれない本能と採集への尽きせぬ関心を解き明かすカギは、ここポーランドの森にあるのかもしれない。何もかも見たい、あらゆる場所を訪れたいと思う。そんな狂おしいほどの〝こらえ性のなさ〟が、私の受け継いだ遺産なのかもしれない。その一方、〝ひとつの場所にとどまって人生を築きたい〟と思う自分もいる。背の高い草むらへ溶け込んでいく野生動物の優雅な姿をもういちど見たくなり、私は遠くに目を凝らした。

私が育ったニューメキシコのオアシスは長続きしなかった。魔法の力を秘めていたはずの土地への郷愁を胸に故郷を離れて以来、ずっとその魔法を探してきたのかもしれない。純朴な好奇心と血液が充満した、本物の生(せい)を求めて。

曾祖母エスターの家は戦争で破壊された。母の家にある写真でしか私は彼女を見たことがない。結婚式の日の写真だ。質素なベールの上に繊細なティアラを着け、複雑に編まれた豊かな髪に白い紗(しゃ)がこぼれていた。眉は太く、真ん中でくっつきそうだ。まぶたが黒い瞳をなかばふさいでいた。薄い唇の口角が下がり、かすかに顔をしかめている。結婚したばかりの相手の男性を彼女が愛していたかどうかはわからない。そのあきらめ顔は〝疑いがあっても疑うなかれ〟というヘブライの諺を象徴している気がした。

子どものころのエスターを想像する。

春にはイラクサのスープとシナノキの花のお茶。

ケシの花が咲く五月、村人たちはその種をつぶして油を取り、あるいは、薄い粥をつくった。彼らは花粉まみれの手で、ケシの花びらと木の洞で見つけた野生ミツバチの黒いハチミツを煮て、咳や寒けを発症して眠れなくなった子どもたちのために濃厚なシロップをつくった。

晩夏の刈り取りの時期には、脱穀を終えた最後の小麦の束が花で飾られ、リボンで結ばれて、収穫物を運ぶ荷馬車で村のあちこちへ運ばれていった。

秋が来ると急いでベリーの実や枯れ木を集め、水銀が凍りつくくらい寒い冬の訪れに備えた。

キノコは一年を通して見られるが、秋口にもっとも多く、切り株や木の根に多種多様な姿を見せる。チギレハツタケ（林床に生え、茎が白くて見栄えがいい）、ススケベニタケ、アワタケ、ハイイロシメジ、キシメジ。ニガクリタケ、キンチャヤマイグチ、オオハラタケ（大きくて光沢があり、赤い）。ヤマドリタケ、ニセイロガワリ、ブラウンバーチ。カラハツタケ、カラカサタケ。どれも麝香に似た暗いにおいを放つ。キノコは子孫をつくるため、目に見えない胞子を空中に放出し、カビ臭い濃厚なにおいを炸裂させる。胞子は風に乗って飛び散り、豊かな未来を求める声なき意思のように、ふわふわと漂っていく。

村人たちは新鮮なキノコを食べ、食べる以上の量を乾燥させたり漬物にしたりし、不安定な時期に備えて宝物のように大切に保管した。

かくして、外敵からずっと包囲されてきた文化は、こうした森の儀式や伝統でひとつに束ねられてきた。これは侵入と撤退が繰り返され境界線が蜃気楼でしかない森を位置づけるための手だてでもあった。軍隊や国境が移動しても、人々と彼らの土地への忠誠心は変わらない。ここで生まれ育った人たちなのだから。

エスターは草地の端に立って、森へ消えていく赤鹿を見つめ、優雅な枝角が背の高い草に溶け込んでいくところを見ながら、どこかへ逃げ出したいと思っただろうか。紫色に染まった指先でヤマドリタケのふっくらした白い茎を摘んでいる彼女を、私は思い描く。薪集めのときにトウヒの新芽をポケットに入れたり、持ち帰るはずのブルーベリーがこの世のものとも思えないくらい美しくて、思わず食べてしまったりしたかもしれない。それらの営みのひとつひとつがささやかな反抗だったのだろう。ロシアとポーランドには〝静かにしていれば先へ進める〟という諺がある。そんな姿勢で彼女は日々を過ごしていたのかもしれない。

3

魚、ひれ、殻、はさみ

アメリカ合衆国

Fish, Fin, Shell, and Claw

海の容赦ない攻撃

友人のメアリーに誘われて、メイン州〔アメリカ東海岸北部〕の彼女の家を訪ねた。年に一度、友人と親戚が集まる伝統の催しロブスター・ベイクに参加するためだ。その翌日にはロブスター・ボートレースが開催される。メイン州に行ったことはあったし、ロブスターも何度となく食べていたが、海との結びつきが強い人たちといっしょに食べるのは初めてだ。砂漠育ちの私は海にずっと大きなあこがれを抱いてきた。海は果てしなく広い。いろいろなものに満ちているようでいて、その正体を隠してもいる。心魅かれるのは当然のことだ。

メアリーと私は船でミドルタイド島へ向かった。海岸から細い陸地が串のように海へ突き出ていた。あちこちで陸地が寸断され、はるか昔に形成された島々が孤独を守っている。メイン州の沖にはそんな島が三〇〇〇ある。人が住む島もあれば、溺れかけた岩が干潮時に顔をのぞかせるだけの島もある。いずれにしても、船の航行には厄介な場所だ。

島で暮らせば、いやでも始終、海のことを考えるようになる。ミドルタイド島はわずか六時間で海面が四、五メートル下がる。財産権は潮の満ち引きで決まり、海面が上昇すれば、法的な島は小さくなり、やがて存在しなくなる。

海岸に高くそびえる松の木々の下に木造の小屋と納屋がひとつずつあった。森のごみには貝殻が交じっていて、嵐が運んできた遺物やカモメの死骸も見えた。淡い色の古い岩を土が浅く覆っている。何十年も塩水のしぶきを受けてきたモミの木はねじれて枝分かれしていた。海の容赦ない攻撃から、木の根が地面を守っていた。

一七世紀初頭、ヨーロッパ人による植民地化が始まったころ、この地域には北東部最大級の争いが起こった。ヨーロッパの木材需要がぐんぐん増大し、特に船のマストに使われる太い老齢樹は長さが三六メートル以上、直径が一メートル以上必要だった。このサイズの木はヨーロッパの森林からほとんど姿を消していた。米ニューイングランド地方の大地に高々とそびえるストローブマツがその解決策となった。メイン州の島々は内陸探検者の交易所となり、海岸の豊富な魚介類が征服者の食糧となった。

商業植民地主義が蜘蛛の巣のように海へ広がっていった時代、植民地情報がヨーロッパとの中間地点を経由して別の植民地へ届くこともよくあった。船で六週間から三カ月の旅になる。手紙のやり取りにこれだけ長い時間を要すると、差し迫った問題について書き送った手紙の内容を先方が知ったときにはすでに問題が解決されていることもあっただろう。こうした手紙を通じて、人々は新しい世界像をひとつまたひとつと記録し、どんな場所かを頭に思い描き、夢想し、信じていった。

ヨーロッパの現地に残った人たちは小さな焚き火のそばに腰かけ、異世界の幻想的な獣たちについて書かれた詳細な報告に目を通した。いわく、魚介類はあふれんばかりで、牡蠣の長さは三〇センチあり、アサリの大きさはパン一塊ほどもある。重さ四五キログラムのタラがいる。ムール貝やホンビノス貝などの二枚貝が何百万と獲れ、あまりの多さに、干潮時には豚の飼料にされている。ロブスターの長さは三メートルから三・五メートル、一〇尾で男性労働者四〇人の腹を満たせるくらい大きく身が詰まっているとあった。こうした報告には植民活動をさらに促す目的もあり、春と夏に書かれた報告が多かったため、永遠の豊穣という見通しはいささか誇張に過ぎただろう。彼らはひとつの季節の豊かさから次の季節の貧しさを予見できなかった。

植民地化以前からここで暮らしていた先住民の生活に、歴史は細い隙間から射し込む程度の光しか当てていない。カナダの海上からアメリカのバーモント州、ニューハンプシャー州へと至る地域には、アルゴンキン語族が大勢暮らしていた。パサマクォディ、ペノブスコット、マレシート、ミクマク、アベナキといった部族が一七〇〇年代の前半からワバナキ連邦、別名〈夜明けの民〉と呼ばれる、ゆるやかな同盟を結んでいた。

メイン州の先住民に関するヨーロッパ最初の報告は、一五二四年、イタリア人のジョヴァンニ・ダ・ヴェラッツァーノによってもたらされたが、資料の大半は一七世紀フランスの入植者やイエズス会司祭からもたらされた。こういう報告が記録されるころには、ワバナキ族〔ワバナキ連邦を構成する部族の総称〕はすでに植民活動と毛皮貿易の影響を受けていた。沿岸部の入植者によってそれまでの漁場が使えなくなり、あらたな住民が持ち込んだ病気のたび重なる流行で、ワバナキ族の三分の二から四分の三が命を落とした。

そのため、彼らの食の伝統に関する物語は断片的だ。よそ者の先入観というフィルター越しに記述された世界観でしかない。彼らが翻訳した知識は、もともと口伝と実践によって受け渡されてきたものだった。それを書き留めることで、生きた知恵は死んだ言葉と化した。

ワバナキ族は食物が最大集中する経路をたどって一年じゅう、海岸と内陸の森の間を移動していた。明るいときと暗いとき、満潮時と干潮時、下弦の月と上限の月、長い日と短い日、暑季と寒季で場所を移動した。水路は道路の代わりになり、領地の境界線になることもあった。川の変化にともなって境界線も変化した。

ワバナキ族はいちばんたくさん獲れる食材から、彼らの太陰月を名づけた。春の〈スメルト〔ワカサギに似た小魚〕月〉にはエールワイフ〔ニシン科の魚〕の群れが獲りきれないほどやってきた。銀色の背中を歩いて渡れそうなくらい大きな群れを成して。

長い夏は海岸の村で過ごした。捕まえたロブスターを熱した岩に載せ、海藻で蒸し焼きにした——おそらくこれが、ニューイングランド地方の伝統として催されているロブスター・ベイクの起源だろう。弱火で炙って乾燥させたロブスターを冬に食すこともあった。男たちは樺の樹皮でこしらえたカヌーで海へ出て、松明で呼び寄せたチョウザメを銛で突き刺した。女たちは浅瀬でウニやホタテ、ムール貝、アサリ、牡蠣、ウェルク〔大型貝〕、カニ、イカなどを手づかみで獲った。

晩夏の〈秋魚月〉にはニシン、シシャモ、シャッド〔ニシン科の魚〕、サバ、カレイ、シロギス、イワシ、カジカ、シマスズキ、スズキ、ガンギエイ、アンチョビ、ヒラメ、カレイ、カマスなどが獲れた。そのあとは、鮭の大群が産卵のため、森まで川を遡上してくる。使命を果たし終えた多くの鮭は木々の間で息絶えた。この鮭によって海から運ばれた栄養分が森に取り込まれていく。森と海は別々の存在ではなく、巨木の成長は海の生態系に依存していた。風が吹くと、森に塩の香りが漂った。

〈鰻月〉に最初の寒気が忍び込むと、巨大な鰻たちは海で繁殖の儀式を行うために大急ぎで下流へ向かい、その先の塩水暮らしに備えた。〈水流の縁に氷が張る月〉は、狩りのために内陸へ向かうときだ。新月前の月が昇って狩猟動物が乏しくなるまで、狩りに励む。海岸にはカジキやセイウチ、アザラシ、鯨、ネズミイルカなどがいて、トムコッド〔小型のタラの仲間〕の群れと氷海を分かち合った。部族民はみな、川に張った氷に穴を開けてムール貝を採集した。

〈乏しい食料が申し訳程度に提供される月〉は不安定な季節だ。男性はロブスターのはさみでつくったパイプで煙草をくゆらせた。新しい野営地へ移るときは、母親たちが火を運んだ。粉末状にしたおがくずの上に熱い石炭を置き、苔で覆う。これを貝殻に入れ、腰の革袋に収めて運んでいった。

国際法上、イギリスとフランスの最初の入植者がワバナキ族から土地を取得するには譲渡証書や契約が必要だったが、力ずくで、あるいは騙して署名させることも多々あった。先住民と植民者の間に大きな誤解もあった。ワバナキ族にとって所有権とは土地の使用権を分け与えることであり、自分たちの狩猟や漁業や採集は当然そのまま継続されるものと彼らは考えた。一方、ヨーロッパ人にとっての所有権とは土地を独占する権利だった。

沿岸部の大きな入植地では、植民活動の活発化とともにワバナキ族がそれまで使っていた漁場や採集地が使えなくなり、製粉所や製材所に電力を供給するため建設されたダムが春秋の魚の産卵を妨げた。ワバナキ族の魚介類への依存度は縮小していく。彼らはヨーロッパ人と同じように魚を塩漬けにして保存し、毛皮を取引するためのビーバー狩りに明け暮れた。

植民地化の弊害は長い弧を描いた。その後の数世紀で数多くの習慣が忘れ去られ、部族民は居留地暮らしの貧困に苦しみ、彼らの文化は劣っていると教え込まれた。国の強制的な同化政策で子どもたちは家から連れ去られた。そして一八六二年、ワバナキ連邦は強制解散の憂き目に遭う。一九九三年に連邦が復活し、二〇一五年にその議会は「祖母たちの声明」を可決して、野生の食材とそれを提供する土地と水域を守るための将来的な対策をまとめた。メイン州の部族は川や海岸で魚を獲る主権を求め、闘いを続けている。

流木に並べた生牡蠣

ミドルタイド島の波止場は外海と向き合う浅い入り江にあった。船でたどり着くには、岩に囲まれた狭い水路をそろそろと進むしかない。引き潮の入り江に入るのはまず不可能だ。メアリーの従姉妹(いとこ)でトラッカーキャップをかぶったパーセフォニという豊かな胸をした女性がエンジンの回転数を上げ、船外機付きボートの舵を取った。潮に押し返される。何度か試みた末に、ようやく外海へ出る大きな船の航跡をつかまえ、ギザギザの危険地帯を通って浅い入り江から波止場へ回り込んだ。

パーセフォニが波止場に荷物を下ろす。ビール、ホットドッグ、薪、キャンプ道具と袋入りスナックの山。船を降りるとき、彼女は牡蠣を獲るための白いプラスチック製バケツを持っていった。ダマリスコッタ川の河口から牡蠣を集めていく。川岸には数千年かけて積もった殻が山になっていた。メイン州には推定二五万立方メートルの広大な牡蠣殻の山もあるという(過去のロブスター消費量を示す最初期の証拠は消滅した。ロブスターの殻は分解が速く、考古学的な記録として保存できないからだ)。こうした殻の山が分解されるにつれ、土壌はアルカリ性を強め、カルシウムが豊富になっていく。その結果生まれた人為的環境が在来植物の生物多様性を高めることもあった。

牡蠣は何世代も前から人気のごちそうで、獲る人たちの手で意識的に管理された最古の生物のひとつだ。アメリカ先住民は一般的に、浅い水域で手か小さな道具を使って牡蠣を獲っていた。

そのおかげで比較的深い水域の牡蠣は捕獲を免れ、大きな礁を再生した。先住民は旬の季節にしか牡蠣を食べず、牡蠣集団は一年の相当期間を数の回復に充てることができた。

今日、私たちの食卓にのぼる牡蠣はほとんどが養殖物だが、いまも野生のはぐれものは存在する。大方は、養殖用の籠から逃げ出した牡蠣の子孫だ。どちらも同じ水中で生きているわけだからそのちがいは微妙だが、形や手触り、色などで区別がつく。野生の牡蠣は養殖物に比べ、規格外れのサイズになることが多い。

私はパーセフォニと浜辺に座っていた。明日開催される恒例のロブスター・ボートレースで、彼女は座席が組み込まれた空気注入式のパーティ・ラウンジをボートで牽引し、日射しを浴びながらネオンカラーのビキニでワインクーラーを楽しむ予定だという。彼女の横には牡蠣の入ったバケツが置かれていた。ここで、集めた牡蠣の開き方を私に伝授してくれるというのだ。

彼女は手袋をはめて牡蠣をしっかり握り、柄の青い小さなナイフの先端を殻が合わさるわずかな隙間に絶妙な角度で押し当てた。「ここに……突き入れて……ライターの底でビールの王冠を開けるときみたいに……梃子の力で……大事なのは梃子の力よ」

パキッと小さな音をたてて牡蠣がふたつに割れた。彼女からナイフを渡された。

骨の折れる作業だが、やりがいがあった。殻はほとんど開けられたが、割り砕いてしまうことも何度かあった。ふたりでしばらく殻を開けては、皿がわりの古びた流木の上に置いていく。パーセフォニの牡蠣はいかにも美味しそうだ。私の牡蠣はそうでもない。だらしない感じだ。なかなかコツがつかめない。ナイフの刃を入れ、貝柱を外して、すばやくひっくり返す。剝いた身の表面に殻の薄いかけらがぱらぱらついていた。

厳密にいえば、この作業中もまだ牡蠣は生きている。

口に放り込んでのどを通るときも生きている。オイスターバーで食べる殻付きの生牡蠣と同じように、まだ生きている。レストランで何度も食べてきたが、金色の南風に吹かれ、入り江の反対側から花崗岩に反射して聞こえてくるラジオに耳を傾けながら食べるのは初めてのことだった。

旅人の食欲——アオウミガメ

野生の食材についてては、魚介類しか食べたことがないという人も少なくない。ただその状況も長続きするとは思えない。魚介類の半分近くはすでに養殖されていて、それが残りの野生資源に悪影響を及ぼしている場合も多い。天然物の魚と養殖物の魚のどちらを食べるのが環境にいいのかは、まだわからない。問題が複雑なのは、〝天然物〟を捕獲するとき海の生態系を根底から覆すトロール漁業が用いられるようなケースもあるからだ。世界の漁獲高の三分の一は、持続可能なレベルを超えた乱獲によるものと推定されている。絶滅の危機に瀕している魚種を別の魚と偽って表示したり、付加価値を付けるために養殖魚を〝天然物〟と偽って販売したりする〝シーフード詐欺〟の問題もある。

アメリカは食用魚介類の九割近くを輸入に頼っている。その魚がどこで獲れたのかも、その収穫が漁場や生態系にどんな影響を与えているかも、私たちはほとんど知らない。推定値はひとつではないが、世界的に見て、年間漁獲量の五分の一以上が〝海賊漁〟や違法漁業、奴隷労働によるものと考えられている。

ロブスターはアメリカでいまでも積極的に漁獲されている数少ない海産物だ。かつては見下され、使用人や囚人にしか与えられなかったという俗説がある。週二回以上は食べたくないと、彼らが暴動を起こしたという言い伝えもある。肥料にされたとか、食べたあと、そこまで金銭的に困っているのかと思われないよう、殻を裏庭に埋めたという話もあった。たしかに、植民地時代のアメリカの一部ではそんなこともあったかもしれないが、総じてロブスターが嫌われ者だった事実はない。それに、大西洋の東部域や地中海沿岸で獲れたロブスターはヨーロッパの絢爛豪華な晩餐会でたびたび振る舞われていたから、ヨーロッパからの入植者はロブスターのことをよく知っていたはずだ。

ニューイングランド地方のロブスターと同じく、カリブ海植民地のアオウミガメも大量に獲れたため、広く食卓にのぼった。ほんの二、三世紀前まで、このウミガメがどれほどいたことか。コロンブスが初めてこの大陸に上陸したとき、海には小さな岩かと見まがうくらいの、おびただしい数のウミガメがいた。群れの上に船が乗り上げるのではないかと思うほどに。浜辺にはさらに多くのウミガメがいた。悪天候で水が濁り、船が方向を見失っても、この爬虫類が泳ぐ音に合わせて舵を切れば正しい方向へ進めるほどだった。もしコロンブスが時間をかけて数えていたら、九一〇〇万超の個体を発見していただろう。

一六世紀からカリブ海に出没していた海賊たちにとっては、アオウミガメの繁殖場所が次の略奪をどこではたらくかの決め手になった。アオウミガメが熱狂的に求められたのは、〝海で獲れる最高の食材――繊細な味わいと栄養価の高さでこれに勝るものはない〟と言われていたのと、その大量の脂肪をバター代わりにして魚を揚げることができたからだ。ドミニコ会修道士のラバト神父は海賊式の調理法でウミガメの肉を食べたという。炭で覆った細長い溝にウミガメの腹甲を置き、その中で肉を細かく刻んで調理する。〝これほど食欲をそそる味と香りは記憶にない〟と神父は書いている。私掠船を駆ったイギリスの奴隷商人ジョン・ホーキンズは、「この亀の肉は子牛に似ている」と語った。壊血病を防ぎ、カリブ海の気候をやり過ごす気付け薬になるとも噂された。

大人の男性五人を背中に乗せられるくらい大きく、一、二匹で一〇〇人のお腹を満たすことができた。空気を呼吸し、信じられない量の脂肪を蓄えていたので、新鮮な肉として船上で一年くらい保管できた。自重で窒息しないようにひっくり返され、定期的に海水に浸けて体を冷やされた。

ウミガメの肉がなかったら、大農場経済(プランテーション)は成立しなかっただろう。アオウミガメは奴隷貿易と同じようなルートを回遊し、奴隷船を運ぶのと同じ海流と風に乗って、西アフリカからカリブ海まで移動した。大西洋を横断して奴隷貿易を行ったフランス人は、アフリカの黒人を奴隷船に乗せて南北アメリカへ運んだ〈ミドル・パッセージ〉と呼ばれる道筋を航行中、奴隷たちにウミガメの肉を食べさせている。イギリスにとってジャマイカがもっとも重要な植民地だったのは、ケイマン諸島のアオウミガメ繁殖地とそこから提供される大量のたんぱく質が理由だった。ある船長は一六五七年、航海前にウミガメの塩漬け肉を二五トン備蓄していったと報告している。

カリブ海経済と植民地政策の成功にとってウミガメの肉はあまりに重要だったため、イギリスの海外領土バミューダ諸島の立法府〈バミューダ諸島議会〉は一六二〇年、史上初と考えられる絶滅危惧種保護法を可決した。〝若亀殺害禁止法〟と呼ばれるこの法律では、直径四五センチ未満のウミガメを殺すことが禁じられた。その目的は〝年齢や大きさに関係なく、あらゆる種類のウミガメを手当たり次第に捕獲して持ち去り、むさぼり食う〟輩（やから）を阻止することにあった。

ケイマン諸島におけるアオウミガメ漁規制条項を含めた英仏間のホワイトホール条約（一六八六）の締結中にも、規制の試みがなされている。それでも一六八八年までに、ヒマラヤスギ製のスループ型帆船四〇隻がウミガメ漁を行った。毎日一二〇人から一五〇人が網目の広い漁網でウミガメを捕獲した。次の五年で年間一万三〇〇〇頭近くがケイマン諸島からジャマイカへ運ばれた。

捕獲制限の努力をあざ笑うかのように、バミューダ諸島のウミガメは最初に姿を消した亀集団のひとつとなり、ケイマン諸島の漁業も一〇〇年で壊滅した。船団はほかの島々へ移っていった。

アオウミガメがイギリスに初めて届けられた時期や、アオウミガメをスープにしようと考えた人物が誰かはわかっていない。ヨーロッパの波止場と税関には、連日、桁外れの量が到着した。最初、植民地から持ち帰られた新しい食べ物は疑いの目を向けられた。植民地政策が初めて提案された一五世紀と一六世紀には、手紙や小冊子でこの計画の是非が議論されている。次々と不安が噴出した。暑い気候にさらされたとき、ヨーロッパ人はどうなるか。未知の野生動物や無秩序な植物に満ちた〈新世界〉の環境から悪影響を受けるのではないか。そうした飼いならされていない環境で暮らしたら、人間はきっと野蛮化する。現地の食べ物は人の性格にどんな影響をもたらすだろう。

とりわけ議論されたのは、故郷から遠くへ旅して異なる気候にさらされ、その道筋でなじみのない食材を食べるうちに、イギリス人は〝クレオール人的退化〟に陥り好色な振る舞いに及ぶのではないか、という懸念だ。熱帯の気候で獲れた食材は血液を活性化して〝北方人〟の体に〝動物的精気〟を生じさせると考えられた。そのため料理人たちは、こういう食材の性的活力を和らげる任務を課せられた。野生の食材を調理することで〝野蛮な心〟は浄化され、〝純粋で汚れのない豊かな精神〟を維持できる。この欲求は矛盾に満ちていた。野趣を求めると同時に、その性質を手なずけようというのだから。

「ウミガメのスープ」の正確な起源は不明だが、神話はたくさんある。ある物語によれば、イギリス最古の奴隷港のひとつブリストルで、船主である市会議員が船長からライムの樽とアオウミガメを提供された。たまたま、その日の夜に市民を招いて宴会を開く予定だった市議は、斬新な料理を出して客を驚かせようと考え、ウミガメを煮込むよう指示した。客は大喜びし、市議は九度の再選を果たすことになった。菓子職人が考案したという説もある。この職人は港で多くの時間を過ごして、カリブ海地方から届いた樽詰めの糖蜜や袋詰めの砂糖を買い込んでいた。その彼が市場を巡り歩くうちにアオウミガメを持ち帰ろうと考えた、というものだ。

アオウミガメの調理法が初めて書かれたのは、一七三二年。筆者は植物学者でイギリス初の園芸雑誌を創刊したリチャード・ブラッドリーだった。彼はカリブ海で標本を集めているとき〝バルバドス島の淑女から〟ウミガメのローストとウミガメパイのレシピを手に入れ、肉の味を〝仔牛とロブスターの中間〟と表現している。

カリブ海のアオウミガメの数が次第に乏しくなってくると、イギリスの上流階級がこのめずらしい（高価な）食材に食いついた。アオウミガメは西インド諸島から運ばれてくるため、一八世紀の中頃には海水を入れる特別な桶とセットで船が建造されるくらいの人気ぶりだった（ある新聞によれば、輸送中に船から落ちたらしく、テムズ川に体重九〇キロのアオウミガメが浮かんでいたという）。ビジネス客でにぎわう有名居酒屋〈ロンドン・タヴァーン〉は大食堂でアオウミガメの料理を出し、地下貯蔵所の大きな桶で生きたウミガメを飼っていた。〝持ち込まれたときと同じ水の中で飼えば、元気に三カ月生きた〟という。一七五五年には文芸誌ロンドン・マガジンが、アオウミガメ料理の某熱狂的愛好家について皮肉調の記事を掲載している。この愛好家宅は巨大な竈（かまど）と一七種類の調理器具を備え、彼は食べるときに特別な伸張性ズボンを穿(は)いた。アオウミガメは〝寛大な精神と善良な熱意にあふれる西インド諸島人〟の手で調理され、一般的な株式と同じようにいずれ〝亀株〟が取引されるだろうと、著者は予測している。

ハナー・グラスのベストセラー料理本『簡単明解な調理法』（一七五五年）〔未邦訳〕の第五版には、アオウミガメの調理法が懇切丁寧に紹介されている。グラスが説明する食肉処理法で生きたウミガメをさばくのは恐ろしくも後ろめたい行為だっただろう。ウミガメの解体作業は、その前夜にウミガメを水から取り出し、仰向けに寝かせることから始まる。翌朝、頭を切り落とし、しっかり血抜きをする。腹甲を外し、焼く前に腹肉に切れ目をつける。背甲から肉と内臓を取り外し、緑色の脂は焼くときのために残しておく。ひれと頭と骨をいっしょに茹でて、だしを取る。スープをつくるときは、内臓をきれいに削ぎ落とし、五センチの長さに切って、肉の塊とバター二〇〇グラム強、香辛料（赤唐辛子、白胡椒、丁子(グローブ)）、マデイラ・ワイン、だし汁といっしょに煮込む。できあがったスープは蓋付きの深皿や磁器の碗に盛られ、生臭さはほとんどなくなっている。

ウミガメのスープは瞬く間に庶民の宴に欠かせないひと皿となり、そのメニューは経済史や富の系譜として読むこともできる。アオウミガメを食べるのは、もはや栄養のためではなく、贅沢のためだった。しかし、アオウミガメが人気を博したのは希少性と高値だけが理由ではない。その身の野生味になんとも言えない魅力があったからだ。当時の哲学者たちがその神々しさを論じている。〈手つかずの自然〉に身を置き、情熱、陶酔、恐怖、畏怖、畏敬の念を同時に感じるような体験である、と。多くの断片から成る矛盾をはらんだこの感覚を理解しようと試みるとき、頭は理解力の限界を超え、その体験に自我が呑み込まれていく。これは〈手つかずの自然〉の文配を試みると同時に、自然への敬意を維持しようとする、二律背反的な姿勢だった。

荒々しく刺激的な自然の風景に似て、ウミガメのスープは日常生活に欠落している感覚を味わわせてくれた。ひと口味わうたびに、人は遠く離れた土地に降りそそぐ陽光や、海賊や、椰子の木を想像したのかもしれない。王室の科学者や市会議員は、一五〇年以上生きると噂されたアオウミガメを食べることで長寿を手に入れようとしたのだろうか。

執着と狂気の果てに

何世紀か前と異なり、ウミガメが上流階級の食に欠かせないひと皿になるころにはもう、植民地の野生環境が白人の身体に及ぼす影響への懸念はなくなっていた。心配されはじめたのは文明人の過度な暴食と、植民地政策がもたらす破壊的な影響だった。奴隷制のむごたらしさや豪商たちの常識外れの富が、ウミガメへの執着と結びつきはじめた。雑誌や新聞の風刺漫画がウミガメ嗜好を、貪欲な、自制に欠ける行為として描きはじめた。大蔵卿風の細長いかつらをかぶった男が〝王家のウミガメスープ〟と記された碗からスープを味わっているあいだ、外では腹を空かせたデモ隊が保護貿易主義的な関税で主要作物の価格が高騰したと抗議している。長いスプーンを手にした料理人がこしらえたウミガメのスープを、でっぷり太った市長が食べている。カリブ海の地図の前に痛風患者が座っている。暴飲暴食による体の不調は不徳の表れと見なされた。ウミガメを食べる人の倒錯性や鬱屈した狂気が攻撃対象になった。

その後、世界各地でさまざまなウミガメがどんどん捕獲されるようになり、そのスープは一般大衆にも浸透しはじめた。富との結びつきは失われ、一九世紀に入ってもしばらく食べられていた。いまでも、ウミガメのスープの缶詰が過去の遺物として遠く離れた辺境の地に打ち上げられることがある。今日、カリブ海のアオウミガメの生息数はわずか三〇万頭。消滅した社会の残滓と化している。

海は何世紀にもわたり略奪を受けてきた。のどにプラスチックごみを詰まらせ、死に瀕している。しかし、その破壊は遠く離れた場所で行われ、漁師しか起きていない早朝の見えない場所で行われるため、私たちは伐採された森林を見たときのような反応を起こさない。この枯渇した海が普通だと思っている。豊かさの基準が徐々にずれてきて、かつて存在した豊かさを忘れてしまう。あまりに豊かだったがために、その時代の話がみんなつくり話に思えてしまうのかもしれない。いまの自分たちがどんなに貧しいか、私たちは理解していないのだ。

長期的に見れば、海から食材を収穫する能力は着実に上昇曲線を描いてきた。しかし、収穫能力の向上は突発的な現象で、日常的に起こるものではない。偶然起こったものと必然的に起こったものが相半ばしている。

海の気まぐれさを熟知するニューイングランドのロブスター猟師は、冬のあいだはどこかに籠もっていた。ロブスターも南へ移動したり、海岸から深海へ移動したりする。猟師は風の強さや自身の体力に合わせて仕事をした。海鳥の鳴き声や魚の来るタイミングに精通していた。

その後、遠洋まで航海できる船舶が造られた結果、収穫の季節が冬まで延びた。メアリーは幼少期の多くを父親のロブスター船で過ごした。横殴りの霙(みぞれ)が吹きつける寒い日には、樽で沸かした湯にスープの缶詰を入れて温めたという。海で獲れた魚介類を生息水域のそばで食べたときにはどんな心地がしただろう。

生涯最高のロブスター

磯浜でライラック色のヘザー〔常緑の低木〕と流れ着いた流木の間に、真っ白な身をさらす海の生き物の死骸が横たわっていた。潮だまりでは青い蠕虫が寄り集まってうごめいている。

男性三人が厨房を準備した。大きな岩の陰にスチール製の巨大な平鍋を置き、本土から運んできた薪を下へ押し込む。ほかの人たちは緑色の海藻をバケツで運び、鍋に空けた。海藻を濡れた紙で覆い、黒いロブスターや、玉葱とジャガイモが半々のアルミ箔、皮を剝いたトウモロコシなどの食材を重ね、その上にまた濡れた海藻を重ねる。誰かが火をつけた。地獄を思わせる海藻の中でロブスターがオレンジ色に変わっていく。

夏の乾いた空気。遠くの入道雲。

食事中、浅い入り江の向こうからピアノの音色が聞こえてきた。長さ一・五メートル、体重一八キロで、青い体にまだら模様があって、年齢は一〇〇歳という伝説のロブスターの話を、私は思い出した。背中には樹木の皮を思わせるざらざらした凹凸があったという。長い年月を生きてきたしるしだ。

私たちは手づかみで食べた。狂ったように食べた。生涯最高のロブスターだ。

そのうち、カモメが勇気を出して近づいてきた。戴冠式の祝宴に近づいてきた物乞いのように、招かれざる客であることは心得ているらしい。ロブスターの残骸を浜辺に捨てるのは法律違反なので、鳥たちはおこぼれにありつくこともできない。

「食べるのに夢中で、息をするのを忘れていた気がする」食事の残骸を見ながら、私は言った。紙皿の上の剝かれた殻が、荒らされた王国の倒れた墓石のように奇妙な角度で積み上がっていた。手がべとべとだ。

空が暗くなってきて、薪に火がつけられた。レイヴ・パーティの会場を思わせる明るい色のボッチボール〔リキュールベースのカクテル〕を渡している人がいて、近くに置かれたラジカセからポップな音楽が流れていたが、音量は抑えられている。

周囲の会話が途切れ途切れに聞こえてきた。

「また虫を食いたいって?」ロブスターを持ってきた漁師が言った。「俺はけっこう。虫は苦手だ」

「これもみんな、メイン州ならではの恩恵だな」と、別の男性が言った。

ふたりで一本のマリファナを渡し合っていた。「ここはあれもよく育つだろうな」片方がかん高い声で言い、煙をくゆらせた。

「……ここは……ポイズンアイヴィー〔ツタウルシ〕島と呼ばれているが……ぜひとも草を植えてみたい」もうひとりがマリファナ煙草を手に言った。「きっと、ばんばん育つぞ」

アシーナという女性のしゃがれ声には喫煙者特有のざらつきが感じられた。左右の足に筆記体で名前のタトゥーを入れ、その筆跡が魚の鱗のように発光していた。彼女はロブスターを〝混じりけのない〟状態、つまりバターやソースを使わず、ほとんど蒸していない生で食べるのが好きだという。この一〇年、彼女はロブスターの周辺で多くの時間を過ごしてきた。ロブスターを満載したトラックを運転し、東海岸の沿岸地域を行き来した。仕事は嫌いでなかったが、自分にはどうにもならないことに責任を負わされるのが我慢ならなかったという。

「あれには本当にうんざり。値段が下がると、かならず私のせいにするのよ。『どうして値下がりするんだ』って。ロブスター漁師と仲買人の両方から、そう言われるの。私が知るわけないわ」アシーナはおどけたように言った。

「辞めるとき、上役になんて言ってきたと思う。『顔の手入れのひとつでもしてきたら?　爺くさいったらありゃしない！』ってね」紫煙の中で彼女はそう言って笑った。「いまは地元の猟師からホンビノス貝を買って問屋に卸しているわ。レストランで使われる貝よ。おかげでずいぶん気が楽になった」

彼女は私たちより年上で、もうすぐ五〇歳というが、ティーンに典型的な服装だった。安物のビーチサンダル、ジーンズの短パン、だぶだぶの黒いタンクトップ。明るい色のビキニの紐がちらりとのぞいていた。染め方が雑なせいで頭に白髪が目立つが、それが彼女には似合っていた。時間にあらがう心意気が感じられる。

「近ごろは、夜の浜辺に来ることがめっきり減った」私の隣の男性が言った。「子どものころはよく焚き火をやっていた。人でにぎわっていたよ。熱い灰が顔に吹きつけてね。あのころはそんな体験ができた」

「あと二〇年はあるわよ、ロブスターとこの浜辺とこんな暮らしが消えてなくなるまで」と、女性が返した。

火のまわりで男女が何組か体を寄せ合っていた。私は孤独を感じると同時に、独り身の気楽さに満足してもいた。人生の大半でこのパラドックスと格闘してきた。

流れ星が空を横切った。みんなが海に向かって歓声をあげ、暗闇を行く船が汽笛で応える。テントへ向かう途中、来るべき冬に備えている丘を柔らかな風が吹き抜けていった。死者を招き寄せるかのように、薄い月が昇っておぼろな光を投げていた。

生態系の侵食と気候変動

私たちが地球の時間と調律を脱して豊かな未来へと加速する条件を整えはじめたのは、ウミガメのスープが大流行していた一八世紀だったかもしれない。人間はそれまでほとんど意識していなかった変化に気づき、自分たちが破壊しているものを記録する言葉として博物学（ナチュラルヒストリー）を発明した。追悼の言葉で人生の終わりに幕を引くかのように。

啓蒙時代を際立たせる大きな特徴に、物事には自然な成り行きが存在するという信念があった。ほかの実験的な試みと同じく〈手つかずの自然〉も予測が可能と考えられた。統制の取れた国家のように、あらゆる部分が全体を支え、それぞれになんらかの機能を果たしていて、この世界を支えられるだけの数しか動物はストックされていない、と。つまり、博物学者は〝神の秩序〟を明らかにしようとしたにすぎない。神秘的な力が調和と博愛をもたらす構造を。

しかし、こうした研究は〝かなり不自然になっていた自然〟が土台となっていた。海と海洋標本はすでに二〇〇〇年以上、甚大な影響を受けていた――このころの海と海洋生物は、もっと過密だった〝過去〟の名残にすぎなかった。それでも、啓蒙時代の博物学者は過去を問題としなかった。〈手つかずの自然〉についての真実は不変だ。自分たちの求める〝正常〟の基準線が幻であることに、彼らは気がつかなかった。その線が足元で流砂のように移動していることに。

火山の噴火や小惑星の激突と同じく、植民者の食欲が生態系にもたらす影響も広範囲に及んだ。

アオウミガメは中枢種（キーストーン）、つまりその活動が熱帯生態系全体に変化をもたらす生物種だった。彼らが海草や海藻を食べるだけでその植生に影響が及ぶ。海草や海藻は一時的に栄養価を高め、新芽を出し、二枚貝や軟体動物、多毛類、両足類、カニ、エビ、草食性のアオブダイ、クロハギ、ウニ、小型無脊椎動物、各種幼魚を支える生態系の食材供給量を増大させる。アオウミガメの腸内には酵素をつくり出す微生物叢があるため、排便時に窒素が放出され、それが海流に乗って広範囲に堆積し、サンゴ礁の肥沃化に貢献する。

アオウミガメの寿命は長く、成熟して繁殖が可能になるまで四〇年から六〇年を要する。次世代に遺伝子を引き渡す前に、彼らはどれほどの知恵を獲得するのだろうか。それだけ長く待ったあと、海から勇躍飛び出して一〇〇個の卵を産んだときの達成感はいかばかりか。卵の相当数は孵化まで至らず、浜辺で腐敗して海岸線の植生に養分を提供し、砂が洗い流されるのを防いできた。

アオウミガメの激減にともない、岩や石に付いて生育する着生藻が増殖した。そのため海草の生産が抑え込まれ、過去一二万五〇〇〇年間カリブ海最大の個体数を誇ったガンガゼという棘の長いウニが広範囲で死滅した。サンゴはそれまでのように受精できなくなり、枝が枯れはじめた。そこから浜辺の侵食が始まった。

アオウミガメは自身をどう理解していたのだろう。多くの生活環境を左右する生物種としての自分を理解していたのだろうか。ゼラチン質のスープになることを運命づけられ、吹きさらしのカッター船で何カ月かかけて運ばれるあいだ、腹を空かせ、長年の風雨に耐えてきた山のようにじっと我慢していたアオウミガメはどうだったろうか。大海を渡るうちに精神的な冬眠状態に入り、絶望的な未来に静かに思いを馳せていたのか。ウミガメはウミガメであると同時に、それ以上の何かでもあった。緑がかった脂肪は聖であり俗でもあった。太古からの豊かな生物集団は私たち人間のすさまじい欲望によって大量に殺され、解体された。

生息環境から移動を余儀なくされた海の生物はかならず悪い影響を受ける。彼らは個別の物体ではない。生態系があるからこそ彼らが存在し、彼らがいるからこそ生態系が維持される。かつて鮭が遡上し産卵したニューイングランド地方の川や森は、遡上する個体数が激減したことでどんな生態学的調和を失おうとしているのか。今日の私たちがロブスターを食べるとき、どんな生態学的変化が起こるのか。

いまロブスター漁は持続性に最大限留意して管理されている。漁師は繁殖力の強い大きなロブスターとまだ繁殖機会を得ていない小さなロブスターを、どちらも投げ返さなければいけない。卵を持つ雌を捕獲したメイン州の漁師は、背中にV字形の刻み目を付けることを法律で義務づけられている。この雌は卵を抱えているから捕まえても投げ返すように、という合図とするためだ。

養殖の試みは進行中だが、まだ経済的な成功は見ていない。それでも、厳重な管理によって野生のロブスター漁は徐々に養殖へと変わりはじめている。ニシンなどの小魚五〇〇グラム弱を捕獲用の籠に付けるが、ほとんどのロブスターは小さすぎ、水揚げされたところで海に戻される。

メイン州には約四〇〇万個の罠籠が設置されていて、その餌がロブスターの食糧の半分近くを担っていると推定される。タラのような大型捕食魚を乱獲することで、人間は図らずも小さなロブスターに生存の大きなチャンスを与えることになった。

メイン州はこの二、三〇年、ロブスター・ブームに沸いているが、気候変動などさまざまな要因から長くは続かないだろうと科学者は警告している。特に、ほかの水域より二倍近い早さで温暖化が進んでいるメイン湾では、海面温度の上昇が著しい。温かな水はロブスターの呼吸を妨げ、免疫を低下させ、甲殻病に罹る可能性が高まる。最大の問題は繁殖だ。湾内での繁殖が難しくなった結果、ロブスターが繁栄する水域はカナダ沖のような北方へ移りはじめている。

気候変動によって天然魚資源全般が脅かされている。科学者の予測によれば、海の酸性度は今世紀末までに一八世紀比で一五〇パーセント強まる。海の酸性化は過去の海洋絶滅期の一〇倍の速さで進んでいる。五五〇〇万年前にあった前回の大量絶滅期でさえ、変化の速度は現在の一〇分の一にすぎなかった。

生物種の適応が間に合わないくらい、現在の変化は急激だ。ムール貝、ホンビノス貝、牡蠣などの外骨格（皮膚骨格）を持つ生物種はとりわけ酸性化に弱い。これがロブスターにどのような影響を与えるかは不明だが、酸性化はロブスターの嗅覚や心拍数に影響を及ぼすという証拠も指摘されている。自然状態の魚介類が次々と死に、沿岸部の生態系を外国のカタツムリが侵略しはじめている。人類はいま、長きにわたって受け継がれてきた海洋遺産の喪失に直面しているのだ。

明け方のコーヒーとロブスター

翌朝、私たちはキッチンペーパーに載せた四角いブルーベリーケーキを頬張り、コールマンのコーヒーポットからコーヒーを注いだ。アシーナは一服してから、〝フロリダ・グリーティングズ〟のマグカップでコーヒーを飲んでいた。

ピクニックテーブルには私たちの遠足で生まれたごみが散乱している。曲がったストローと、ケミカルライト。ポテトチップス、チーズイット、グルテンフリーのクラッカー。ナチュラルライト〔米国産ビール〕とジャックダニエルの空瓶もあった。ミートログ〔木の幹のような肉の塊〕の残骸に湿ったチーズとランチョンミートが交じっている。折り畳んだエアマットとメレルの靴の近くにソーラーパネルが一式設置されていて、そこでｉＰｈｏｎｅが充電されていた。

私は残ったロブスターを口に放り込む。冷たくて美味しい。

ミドルタイド島へ来たのは、過去に還り、自制のくびきを外して、野生食材をむさぼる自由を堪能するためだった。ロブスターを食べるのは、私たちが空腹で、味が格別だから。本能のままに繰り広げられるこうした宴は文明以前から変わらず、ずっと続いていたのかもしれない。

4

直火焼きした野鳥肉のサルミ

アメリカ合衆国

Salmis of Roasted Fowl

飼いならされた野生

コネティカット州ニューヘイヴン〔ニューヨーク州ロングアイランド島の北に位置〕の夏。ある暑い日、私は使われなくなったまま放置されているウィンチェスター社のライフル銃工場へ忍び込んだ。工場を取り囲むフェンスの隙間から這い進み、中庭へ歩いていくと、三方にギザギザの山のような巨大な建物が立っていた。

草地には夏の花が咲き乱れていた。硫黄キノコがつけた淡黄色の可憐な花が上向きのフランスギクに寄り添っていた。紫色の茎を持つオウシュウヨモギの茂みと群生する黄色いタンジーの間にノラニンジン（ワイルドキャロット）の花が咲き誇る。瓦礫の中にタデ、メギ、ツルウメモドキ、ノイバラが広がり、野生のブドウとイシミカワの蔓（つる）が無防備な壁を覆っている。中庭中央に幅広の平らな葉をつけたキササゲの木が立っていて、その隣にニワウルシの木があった。この日の午後はまったくの無風状態で、どの植物も照りつける真夏の日射しにさらされていた。木陰になった汚染により痩せた土壌には、ハコヤナギに似た葉を生やすヤマナラシやノルウェーカエデ、アキグミが生い茂っている。

　これらの多くは帰化外来種で、ヨーロッパの初期入植者たちが薬や飢饉用の食糧、観賞植物として持ち込んだものだ。時が経つにつれ、それが現地の生態系に溶け込んでいった。今日、こうした植物は多くの荒れ地でよく見るものとなっている。

　虫たちの奏でる交響曲に空気がざわめく。肩章のような赤い模様があるハゴロモガラスが一羽、小さな兵士といった風情でひと声鳴くと、中庭を横切り、工場の残骸の中へ消えていった。高木の上にいるコウウチョウが水の滴るような鳴き音で不気味なメロディを奏でた。自分の雛（ひな）を育ててくれるほかの鳥がいないか、中庭を見渡しているのだ。適当な預け先が見つかると、彼らはその温かな巣に托卵（たくらん）する。孵化した雛は育ての親にすさまじい食欲を示す。

　見渡したところ、鳥はほんの数羽しかいないが、いまではそれが普通の状況といえる。もっとたくさん鳥がいた昔の空はどんなふうに見えただろう。

　崩れかけた工場が立つこの場所には、かつて、未開の荒野（ウィルダーネス）があった。植民地の〝売り物になりそうな品々〟を報告した文献は、一六世紀後半から一七世紀初頭のこの地域の環境にも触れている。場所の説明は商品カタログさながらだ。〈手つかずの自然〉の描写は文字どおりの生々しさを感じさせた。丘の上から下の谷まで歩けば一〇種類以上の異なる生態系を踏破でき、大きな広葉樹が生えた野原を馬で駆けられる公園のような場所もあった。柵で囲われた畑や個人が囲い込んだ土地はなく、蒸気やごみや労働に満ちた都市もなかった。

最初の入植者がやってきたとき、野鳥の個体数は膨大で、〝潜水鳥類の直火焼き〟さえ食べていれば生き延びられる気がしたという。空は鳥の翼に埋め尽くされていた。雁（ガン）や鳩が無限に群れていた。雌鶏くらい大きなヤマウズラがいた。肉厚で甘く、体重が一八キロほどにもなる野生の七面鳥が一〇〇羽くらいで群れを成し、半日で一ダースほど仕留めることができたという。ロングアイランド島のヘンプステッド平原にはニューイングランドソウゲンライチョウ（ヒースヘン）が大量に生息し、貧乏人の食べ物と言われていた。イギリスの植物学者ウィリアム・ウッドが一六三四年、〝信じられないかもしれないが、一週間でガンを一〇〇羽、一撃でアヒル五〇羽、コガモ四〇羽を仕留めた人もいる〟と書いている。

それでも、初期の入植者で狩りをする人はそれほどいなかった。貴族以外に野鳥狩りを許さない狩猟制限法がある土地から来た人たちは、単純に狩る方法を知らなかったのだ。ほかの入植者、特に清教徒（ピューリタン）とドイツ人は、神を信じない森の蛮族についての民間伝承を何世紀にもわたって受け継いでおり、狩りを野蛮な行為と考えていた。

しかし大多数の人は、生活圏に山ほどいる野鳥と家禽を食べることは独立心と自立の象徴だと考えるようになった。家と敷地のすぐ先にある森へ銃を持って入るだけで、夕食をまかなうことができるのだから。

アメリカで最初に使われた銃はイギリスのマスケット銃だった。重くて扱いにくいうえ、雨が降ると役に立たない。一度に一発しか発射できず、弾を込め直して撃つのに四〇の動作が必要だった。弓矢とちがい、鉛の弾は骨を粉砕できたが、マスケット銃は命中精度が低く、当たったとしてもそれは腕前ではなく偶然がもたらしたものだった。しかし、それでも問題はなかった。おびただしい数の鳥が紺碧の空を覆っていたからだ。

もちろん、入植者の目に手つかずの自然と映った土地には、先住民が何千年も前から暮らしていた。食べられる野鳥が大量にいたのは、彼らの土地管理術のおかげでもあった。この地域のピクォート族、モヒガン族、クイニピアック族、パウガセット族などアルゴンキアン語族に属する数多くの小集団は、狩猟環境を向上させるため、定期的に東部の森林を焼いていた。年に一度の低温火災は森の安定を乱す破壊であると同時に、創造でもあった。多様性に富んだ森、つまり樹齢や密度、大きさ、樹種がさまざまな森の形成を促し、数多くの野鳥が生息環境を得ることができるからだ。

火事のあとにはイグサやスゲのしなやかな若芽が大量に発生する。狩猟動物の好物だ。あらたに開けた森の一画には日光が射し込み、温かく乾いた土壌に野イチゴやブラックベリー、ラズベリーが繁茂する。大量のイチゴで森が赤く染まったと語る入植者もいれば、〝周囲数キロメートルで、大きな船を埋め尽くせるほどの数を集めることができた〟と書き記す者もいた。大量のイチゴはフィンチやムクドリモドキ、コマドリ、レンジャクの餌になり、焼けた草地と保護森林に挟まれた狭い空間にそんな鳥たちが棲み着いた。

火事は低木や非木材植物を間引く役割も果たす。そのサイクルを何度も繰り返すうち、森には開放的な公園状の土地ができ、栗やヒッコリー、胡桃（クルミ）、オークなど堅果を実らせる樹木のさらなる成長を促した。浅い炎に焼かれたあと、こうした耐火性の高い樹種は再生を遂げ、焦げた根元からあらたな茎を伸ばした。オークの大木は何万年も前から森に暮らしてきた鳩の巣づくりに最適の場所だ。一度に一〇〇万羽の鳩が群れを成すこともめずらしくなく、そのために何日も陽光はさえぎられた。群れの羽ばたく音は雷鳴のようで、彼らがねぐらに降り立つと、竜巻に遭ったかのように多くの枝が折れていった。

リョコウバトの群れは捕食動物に恩恵をもたらした。地面に落ちてくる雛鳥を食べられるからだ。膨大な糞堆積物（グアノ）が地面を覆い、それが土壌を肥やし、食物連鎖全体に良好な影響ももたらした。土地の住民は祝宴の好機とばかり、柔らかな雛鳥の肉でシチューをこしらえた。

火事は焼き畑耕作用の土地を切り開くときにも利用された。木々の栄養分が灰となって土に還された。火は害獣や害虫を焼き払い、雑草を抑え、植物の病原菌を破壊した。アメリカ先住民はおもに女性が農業管理を担い、野生の生態系を模したきわめてダイナミックな栽培方法を用いる部族が多かった。トウモロコシの茎は水を集め、そこを足場にして豆の茎が地面付近から枝を伸ばし、そこに根を張った。ある植民者によれば、〝記載するのが面倒なくらい〟多くの品種があったという。豆類は土壌中に窒素を放出して大小のカボチャやユウガオに栄養を与え、大きく育ったそれらが地面に影を落とすことで土壌は湿気を保持し、有害植物を閉め出した。作物の根も強化される。土壌の侵食を減らす独創的なシステムだった。一エーカー〔四平方キロメートル強〕あたり五・四トン超の食料が生産されたという推定もある。イギリスの畑の五倍の量だ。何年か経って土が痩せてくると畑は放棄され、ふたたび森林に溶け込んでいった。

先住民族の農民は夏になると野生の七面鳥にトウモロコシを食べさせ、頃よく太った秋に餌を付けた罠で捕獲する〝野生畜産〟も行った。七面鳥は森を背に畑の端で農作物を食べ、人間とともに繁栄した。

沿岸部の塩沼（えんしょう）ではクイニピアック族が柴や粗朶（そだ）で堰（せき）をつくり、干潮時に魚を捕まえた。こういう一時的な水たまりには昆虫と魚介類が密集し、水鳥の群れを引き寄せる。時間の経過とともに、堰の一部に土砂が満ち、そこを湿地の草やスパルティナが覆っていく。これが塩沼の形成を加速させ、シギやアジサシ、ソウゲンライチョウ、オオハシシギ、アメリカウズラシギの営巣地を育んだ。女性と子どもは水鳥の卵を集めた。海岸線の宝物だ。四月と五月にはホンケワタガモやヨーロッパの雌鶏の倍もある大きなウミガモを輪縄や棍棒で捕獲した。秋には渡り鳥の黒雁（コクガン）やナゲキバト、アジサシ、オオホシハジロ、コガモなどを直火で焼いて食べた。

こういう岸辺の鳥の多くは〈大平原（グレートプレーンズ）〉を越える渡りを行った。何千年も前に初期の先住民が軽度の火入れを繰り返したおかげで、平原の生息域が自然状態より広がったことが、現在では明らかになっている。火事によって木々のさらなる土地への侵入が阻まれ、栄養素が地中へ還元され、熱を必要とする草の発芽を促した。春になると、金色、紫色、赤紫色の花が次々と平地を染め、花々の間には何百万羽もの野鳥がいた。特に美味なのはソウゲンライチョウやキジオライチョウで、スー族とショショーニ族とブラックフット族は、これらの鳥の精緻を極めた求愛儀式をヒントに踊りを編み出し、彼らへの敬意を示した。捕獲した狩猟鳥を粘土で覆った竈で焼き、羽毛をむしって内臓を取り除けば、ジューシーな蒸し焼き肉の出来上がりだ。

とはいえ、どんな人間文化も自然に影響を与えずにはおかない。アメリカ先住民と土地との関係も調和の取れたものばかりではなかった。ある部族の焚き火から火が広がって、ひと晩じゅう猛威を振るい、山腹の木々が丸焼けになることもあった。地上の火災を抑え込めず、炎に包まれた山が全焼することもあった。狩猟鳥が乱獲に遭い、翌年にはほとんど姿を消してしまうこともあった。先住民集団が暮らしていたのは飼いならされた荒野だった。自分たちが土地をかき乱していることを、彼らは知っていた。自分たちがいるために土地の軌道が変わることは織り込み済みだ。彼らが与える影響のなかには、活性化をもたらし生物の多様性と豊かさを増大させるものもあったし、一方で、自然が回復するまで一定の休息期間が必要になるようなものもあった。いずれにしても、このような土地の手なずけ方は、長期的な共存を可能にする政治と文化と技術の集約だったといえるだろう。

地図から消えた土地

工場の中庭から、蔓に覆われ錆びついた外階段を上がっていく。薄い金属板ステップの隙間から木の葉が螺旋状に伸びてきて、手すりにからみついている。二階に壊れた窓があり、ひょいと体をかがめ、そこから建物内に入った。

部屋のひとつひとつが異なる生態系のようだった。木の床は深海の海底隆起のようにたわんでいた。枯れ葉の渦が整然と、氷堆石（モレーン）のようなしわ模様に押しつけられていた。中庭に面した窓の向こうに細い巻きひげや若葉が見え、ツタカエデとアメリカヅタだとわかる。多くの窓に岩や銃弾や煉瓦の開けた穴があった。その隙間を蔦（ツタ）の葉が這い上って突き破っていた。窓の反対側の土手はアメリカシラカバのように表面が剝離していた。

長い廊下を進んでいくと、行き止まりに暗い部屋が現れた。老化した梁と床板と木のベンチが積み重なった上に天井が崩れ落ち、強烈な下降気流で木々がなぎ倒されたあとの深い亀裂を思わせた。建材が奇妙な形で重なり合い、まだ衝撃のさなかにあるかのようだ。倒木の端はシロアリと菌類のせいでズタズタになっていた。最初にチェーンソーで切り倒された木は、そのあと、放置という斧によってさらに切り刻まれていく。

ヨーロッパから来た最初期の入植者にとって、〈新世界〉はterra nullius、つまり荒れ地（ウェイストランド）だった。〝荒野（ウェイスト）〟という言葉は何世紀ものあいだ、未開の土地を表す〝荒野（ウィルダーネス）〟と同義的に使われてきた

（ラテン語の語源 vastus は、「空っぽの」「荒れ果てた」という意味だ）。土地の改良を人間の生得権と信じていたイギリスの哲学者ジョン・ロック（一六三二～一七〇四年）は、まだ財産になっていない領地という意味で〝荒野(ウェイスト)〟という言葉を使った。ここには、人間と自然両方の怠惰にヨーロッパ人が長年いだいてきた懸念が反映されている。すでに一六世紀にはイギリス政府が、既存の農地を草地に戻さないよう農家に求めていた。草地に戻れば〝大地は何もしない怠惰な状態になり、民衆にとってきわめて厄介な場所になる〟という考えからだ。

このように、多くの入植者にとって土地の所有権は、利用状況と占有状況で決まるものだった。先住民の狩猟と採集と焼き畑を土地の改善活動と認めることはできない。入植者はローマの理想に基づく農業形式を実践した。畑は幾何学模様に配置され、溝や塀で囲われた。この考え方から見れば、先住民のそれは荒れた畑でしかない。入植者の鍬が描くような直線がないからだ。

一七世紀の後半になると、ニューイングランド地方の地図は先住民の暮らす〝荒れ地〟を空白にして入植者の存在を正当化した。アメリカ先住民はいずれ〝自然に〟消滅する。そんな考えが広く信じられていた。彼らは現代を生き延びられる定めにはない、と。実際、この〝自然消滅〟を促すおもな戦術に、先住民が頼っている野生食材源の破壊があった。土地権利書の多くは、先住民が食料調達のために引き続き土地を利用できる旨を約束していたが、〝囲い込まれた土地〟は対象外だった。塀が設置され、土地が〝目に見えて改善〟されたとたん、そこに棲む野鳥を自由に狩ることができなくなった。

所有権というこの一見単純そうな概念が、生態系に大きな変容をもたらすことになる。ヨーロッパ人が持ち込んだ農業システムは、それまで北米には存在しなかった畜牛のような大型役畜に生産を頼る商品作物をモデルとしていた。畜牛の重い蹄は土を荒らして踏み固め、肥沃さと吸水力を低下させる。入植者は草地の再生能力を超えて家畜を放牧し、塩沼から水を抜いた。鋤による耕作は繰り返し起こる災害といってもよく、大地の皮膚を周期的にかき乱した。畑からイチゴツナギやシロツメクサが外へと侵入し、多くの野鳥が生息していた原生の草を押しのけた。ブタクサやタンポポも流出し、周囲の森を侵略していった。

人間の都合で鷲や鷹、山猫、狐、狼に報奨金が出され、これら捕食動物が大量に駆除されると、害獣であるネズミの繁殖を抑え込めなくなった。木材が貴重な商品になると、火は脅威と見なされ抑え込まれた。山を焼く先住民の技術が使われなくなり、森の構成も変わっていった。低木やイバラが繁茂し、害虫が大量に発生した。そうして、船で運ばれてきたネズミが森のいたるところに広がった。

木は一本残らず、何らかの用途に使われたと言っても過言でない。天候の影響を和らげてきた高木が姿を消すと、気温の変動が激しくなった。地表では冬がより寒くなり、夏がより暑くなった。風が強さを増し、土が吹き飛ばされる。すると、降雨が洪水を招きやすくなった。養分を含んだ土が洗い流されていく。夏には川が干上がり、堆積物によって湖は消えていった。

一七九〇年までに東海岸の大地は不毛の度を強め、風に吹きさらされ、疲弊していった。そのうち、予期せぬ甚大な結果がもたらされた。入植者たちはわずか数世紀のあいだに、野鳥に満ちた無限の森を寂しい草地と低木地に変えてしまったのだ。

一六七二年には野生の七面鳥をめったに見かけなくなっていた。ソウゲンライチョウはなかなか手に入らない高価な鳥となり、愛好家たちは何とかして入手しようと躍起になった。農民は畑を捨て、岩だらけになった草地を手放す。彼らは馬に鞍をつけてライフルを担ぎ、群れを成して西の辺境（フロンティア）へ向かった。鎖でつながれているのかと思うくらいの長い列になって荷馬車が進む。それでも、川の水のように空を流れていくリョコウバトの群れで朝の明るさはときおり陰ったが、おそらくかつてほどではなかっただろう。

そうするうち、平原にも文明が台頭した。馬が鋤を引く農法は時代遅れとなり、蒸気コンバインが土を攪拌し、小麦畑とトウモロコシ畑が四方八方に何キロメートルも広がった。道路が整備され、鉄道がやってきた。〝あなたは周囲を見まわし、こうつぶやくでしょう〟と、西部開拓者向けのあるガイドブックは謳（うた）っている。〝自分はたったひとりでこの荒野を征服し、混沌を秩序と文明で満たしたのだ〟

市場の過熱現象

工場北東翼の三階に巨大な部屋があった。入口に〝注意〟と、黄色い標識が掲げられている。

〝この区画では目を守ってください〟と文章は続く。だだっ広い空間を歩いて進むうち、前方で何かを引っかくような音がした。頭上のパイプの中を何かの動物が急いで走り去ったらしい。

大きな部屋を中ほどまで進むと、真ん中の柱に暗い赤色で〝ニューヘイヴンの殺人率測定計〟とステンシルされていた。

近くでアライグマが胎児のように体を丸めて死んでいた。工場の有害物質にやられたのだろう。死後硬直した前脚と尻尾が道標のように私の進むべき方向を示していた。周囲に化学的な腐敗臭がたちこめ、目が見えづらくなった気がした。そこで私は、自分が侵入者であることをようやく思い出した。鼻と口を塞ぎ、息を殺して先を急ぐ。

四階へ上がる階段の壁にメッセージが繰り返し現れた――〝RA〟〔放射能〕と。RA、RA、RA、RA……青と赤とラベンダー色の鮮やかなスプレー塗料で大量に記されていた。階段をもうひとつ上がるあいだも、蹴上げと踏み面にRA、RA、RAと叫び声を響かせている。一〇〇〇人の労働者の手で磨かれた手すりには、ひとつだけなんとかRAが判別できた。

一九四〇年代のピーク時、ウィンチェスター社の工場には従業員が四万人以上いた。工場の敷地は九つの街区(ブロック)にまたがり、その面積は三二万八〇〇〇平方メートルに及んだ。近くに鉄道と道路が走っていた。工場内には製造、保管、管理、輸送など、用途別にさまざまな部屋があった。道路の先、松の木がそびえる八七万四〇〇〇平方メートルの沼地には大きな池が五つあり、そこに弾丸用の粉末弾薬が貯蔵されていた。ライフルを撃つとき肩に当てる銃床部分は国内産の黒グルミ材で、ミズーリ州とカンザス州の計九〇ヘクタールにわたる特定地域から調達された。

しかし、綿繰り機の発明者イーライ・ホイットニーがマスケット銃の大量生産のために会社を興した一七九八年、最初の契約は一万挺を二年以内に政府に納入する、というものにすぎなかった〔ウィンチェスター社はこのホイットニー社を一八八六年に買収〕。ホイットニーは当時の銃より精度と耐久性に優れ、修理しやすいだけでなく、迅速かつ安価に製造できる銃を生み出したいと考えた。そのためには精密機械で規格化された交換可能部品をつくり、忠実な労働部門で工場を組織化する必要がある――銃の製造がまだ手作業を中心に行われていた時代としては、かなり斬新な考えだった。

ホイットニーは工場を発展させていくなかで、こんなことを書いている。

〝おもな目的のひとつは、道具をつくり出し、道具自体が仕事を形成するように持っていくことだ……これを果たせたら、並外れた統一性がもたらされる〟

銃の製造効率が上がるにつれ、鳥を仕留める能力も高まった。

ホイットニーも産業資本家の支配により急成長を遂げていた市場経済の一員だった。規格化だけでなく、生産地からより遠くの消費者へ製品を届ける努力も、この新しい経済構造の土台となった。一九世紀初めの市場(マーケット)を実現したのは、それまでにはなかった時間と環境の変化だ。道路網、運河網、鉄道網が人口の少ない辺境地と密林と耕作地と成長都市をつなぎはじめた。これによって、ある地点から一六〇〇キロメートル西で売りに出された品が、同じ地点から東へ何百キロメートルか離れた消費者の手に届くようになった。

市場がこうした活動すべての中心だった。北の森林地帯や西の大草原、南の湾岸から届くめずらしい品種や希少な品種で市場はあふれた。一九世紀中頃までに、東部大都市圏の消費者はアメリカ全土から多種多様な野鳥を買えるようになった。

その多岐にわたるバリエーションを見ると、今日の選択肢がずいぶん乏しく感じられるだろう。ある作家が一八六七年にニューヨーク、ボストン、フィラデルフィアの公共食品市場で売られていた野鳥一一九種の目録を作成している。

アメリカコハクチョウ、ナキハクチョウ、マッドグース、カイツブリ。カラフトトライチョウ、アシナガシギ、オオキアシシギ、コシグロクサシギ、オニクイナなど、何百万年にもわたる進化の展示場さながらだった。ホオジロガモ、クロガモなど、鴨（カモ）は四〇種もいる。繊細な味わいのヨタカ、コマドリとアオカケス、コメクイドリ（ボボリンク）、ヒメレンジャク、チドリ、シャクシギ、クイナ、ツグミモドキ、ツグミ……。鷲までが籠の中で剝製にされるときを待っていた。

お金で買える鳥が増えるにつれ、急成長中の中産階級の主婦層に向けて、料理本に野鳥の調理法が載るようになった。雁や鴨やヤマシギを玉葱やセージや少量の胡椒で味つけする。鳥の煮込み用ソースは、鳥のレバーを少量の酒と合わせてすり潰し、レモンの皮とバターを加えて煮詰め皿に注ぐ。ヒドリガモとコガモを煮すぎるのは禁物。強火で一五分以上煮ると肉汁が抜けて食べにくくなる。煮すぎた鳥はサルミ〔火を通した肉をスライスして、ソースと合わせる料理〕に転用が可能だった。キノコと狩猟鳥と（手に入れば）トリュフを材料に香辛料をたっぷりきかせた、ワインベースのラグー（シチュー）だ。よほどの大食漢がそろわないかぎり、大きなソウゲンライチョウ一羽の肉で家族全員分の食事がまかなえる。ライチョウにコーンミールとブランデーで練った生地を詰めれば、美食家もうなる逸品が竈（ドウ）から現れる。ただし、良質の鳥に不健康な鳥を交ぜて売っている不誠実な売り手もいた。羽を引っ張って簡単に取れるような鳥は敬遠しなければならない。不健全な肉はいやな臭いがするから、鼻でも感知が可能だ。

　鳥類はもはや、素朴な自給自足の象徴ではなくなった。一大消費現象になっていた。野鳥はシンプルに、かつ大量に、食卓に盛りつけられる。ニューヨークの野心的な某ホテルは、鷺（サギ）や白頭（ハクトウ）鷲（ワシ）、禿鷲（ハゲワシ）、梟（フクロウ）の料理を出した。禿鷲以外はみな食用に適していた。ニューヨークの有名な老舗高級レストラン〈デルモニコ〉の鳥メニューは一〇ページを超えたという。

　鴨の中でもオオホシハジロの味は極上で、セロリの草を食べて風味を増したチェサピーク湾のものが最高とされた。アオウミガメを食べた一八世紀の人たちと同じく、オオホシハジロを好む大食漢は、本当のちがいなどわからない食通気どりと揶揄された。味の劣るアヒルの肉を盛りつけた皿にオオホシハジロの頭を飾っている店もいくつかあった。何も知らない客が料理を平らげ、空になった皿が戻ってくると、次の注文にその頭を使い回したという。

　本物のオオホシハジロの需要が高まるにつれ、その値段は二羽三ドルに上がった。一八八五年には二羽五～六ドルになった。値段の上昇を受け、猟師の情熱はいっそう高まった。

狩猟鳥を初めて市場（マーケット）に持ち込んだ狩人（ハンター）は辺境の民だった。美しい川と渓谷で知られるアディロンダック山地や五大湖周辺で生まれ育った人たちだ。野鳥の需要が高まると、ライフルを持つ人みんなが利益にあずかりたいと考えた。

猟師（マーケットハンター）は効率のいい捕獲手段を模索した。旋回砲。ブリーチローダー式射撃銃。毒物。鳥もち。鈍い音色の鐘やホイッスルで鳥を呼び寄せる。湖に木のおとり（デコイ）を散りばめる。生きた鳩にロープを付けて訓練し、空中を飛ばせて群れをおびき寄せる。投網を一回投じるだけで何百羽も生け捕りにできた。一日に七万五〇〇〇羽以上が市場に出回ることもあった。

最大口径の散弾銃は驚異的な捕獲数を可能にした。パントガンは五センチ以上の口径を持つ特注のショットガンで、重量にして四五〇グラムほどの散弾を一度に発射できた。大人の男性ふたりが倒れるくらい反動が強く、船に取り付けて使われるのが通例だった。引き金を一回引くたび最大五〇羽を仕留めることができた。船を八隻から一〇隻並べて連携射撃を行うこともあった。午後の一回で五〇〇〇羽の水鳥が屠られた。群れひとつを収穫する集団処刑だ。

こうした荒っぽい狩猟が行われていたにもかかわらず、現在の鹿やアライグマと同様、短期間ながらも繁栄を続ける野鳥もいた。ソウゲンライチョウだ。〈大平原（グレートプレーンズ）〉にはまだ農場がまばらにしかなく、その周囲には未開発の草原があった。渡りの季節が来ると、足首まで羽毛が生えた柔らかい肉と豊かな風味を持つソウゲンライチョウの大群が野原に棲み着く。食料源となる農作物があり、ねぐらになる草で覆われた丘がそばにある絶好の環境で、雛鳥はすくすく育っていく。

雌鳥は土地のあちこちで一度に一二個から一五個の卵を産んだ。そのすさまじい鳴き声は数キロメートル先まで届いたという。連れ合いを探す雄鳥からブーミングと呼ばれる求愛の声があふれた。雨を呼び寄せているかのような雄大で伸びやかな連続音だ。塀の支柱の上にとまった鳥たちは、朝夕、農場を一周した。まだ収穫されていないトウモロコシ畑のまわりに集まり、千羽のソウゲンライチョウが何エーカーもの作物を食い荒らした。

こういう野鳥が農作物を求めてうろついていたため、大草原はいっそうわびしく感じられた。鳥たちは人間の文明化努力を無視するだけでなく、略奪品に群がる野蛮人のようにそこから恩恵を手にしていった。鳥がなぜこれまでにないくらい増えたのかと、みんなが不思議に思った。猟師たちの間にもさまざまな疑問が生じた。そもそもソウゲンライチョウはこの国が原産なのか。トウモロコシ畑ができる前はどうやって暮らしていたというのか。

駆除をするのと引き換えに、猟師とその馬には無料で食事が提供された。その狩りはじつに壮大だった。一六万平方メートル強の野原にアメリカ北部州の全都市が一カ月かけても食べきれないくらいの、おびただしい数の鳥がいたのだから。

鉄道が西へ延伸したため、大草原の鳥は午前中に撃って午後氷漬けにすれば二、三日後にニューヨークで〝旬の食材〟として食べることができた。千鳥やシギ、ソウゲンライチョウやウズラ、鴨、ナゲキバトなどが短い季節に大量に葬られた。死んだ鳥は氷上で冷却されて、保冷用の木箱にぎっしり詰め込まれ、二、三日かけて列車で運ばれる。箱を開けると、冬の冷気を保持した鳥が八〇〇羽出てくることもめずらしくなかった。

野生の鴨の取引は一大産業だった。ロングアイランド島のある仕入れ業者は男性二〇人を雇い、一シーズンで火薬二三樽を使い果たした。鴨は樽に詰められ、蒸気船でニューヨークへ出荷される。週平均一五樽から二五樽が出荷されたが、三一樽が出荷される驚きの週もあった。

鳥への投機はアメリカ各地で盛んに行われており、狩猟鳥は現金や国債と同じくらい手軽に取引された。鳥は数が最大のときに捕獲され、キャンバス地の袋で地下冷凍室に保管された。市場への供給量が減るオフシーズンには、満を持して解凍された鳥が高値で取引された。それでも、東海岸の市場には連日大量の鳥が運ばれてきて、多くが味落ちの憂き目を見た。

いっとき、都市はひとつの繭（まゆ）と化して市民を包み込み、彼らの激しい渇望を忘れさせた。地方の鳥の枯渇は都市市場の豊かさに覆い隠された。消費者は値段のわずかな上昇が全体的な個体数の減少とつながっていることに気がつかなかった。野鳥には始まりも終わりもない気がしていた。しかし、枯渇の一途をたどるこの鳥たちは不吉な前兆（オーメン）のように、人間の貪欲さが招く暴力性を予言していた。不安定な暮らしから逃れたい私たち人間は、安定に対して貪欲になった。本来〝荒れ地〟を意味したwasteはこうして別の意味を帯びるようになっていった――人間の勤勉さがもたらす消耗や浪費、無駄遣いといった意味合いに。

この時期、アメリカ国内では一〇〇〇トン単位で野鳥が消えていった。

退役軍人たちに広がった狩猟熱

工場内の一角によどんだ水が満ちていて、その下にはまだら色の藻類が群生していた。ブドウの蔓に覆われた窓が混沌とした植物相に格子状の影を投げていた。壁は大理石模様の緑色と化し、爬虫類の皮膚のような淡い青色やオレンジ色の染みがついていた。かつて労働者が手を洗いに集まった赤いコンクリートの噴水一面には蜘蛛の巣が張っていた。そのさまはヨーロッパの別荘を飾る新古典派のさびれた水生植物園を連想させた。もう子どもの養育費を捻出できないと、男爵夫人が涙ながらに訴えている場面が目に浮かぶ。

工場内のこういう空間を歩いていると透明人間になった心地がして、誰にも見られていないことへの高揚感を覚えた。無人の森を駆け抜けるときに感じる自由(フリーダム)と同じ感覚だ。wasteと同様、freedomという言葉も市場経済の台頭を受けて定義し直された。何世紀かのあいだ政治的主権に基づく概念だった〝自由〟が、一九世紀の中頃には、個人が多様な商品を購入できる力という意味でも使われるようになった。都市部の美食文化拡大が個人主義の高まりにつながったのだ。その状況を受け、こんどは市場のほうが〝個人の自由〟という感覚を土台に、多様化と拡大を遂げていくことになった。

しかし、当時の超越主義哲学者にとって最高の自由は〝己を知る能力〟で、これは〈手つかずの自然〉の中で達成されることを極みとした。原始的本源と触れ合うことで人は内なる真実を見つけることができると彼らは考えた。鳥をめぐるこの狂騒の中で、個人を解放する最高の形になったのが、自然と触れ合う観光だった。

裕福な実業家が大自然への小旅行にのりだした。彼らはアディロンダック山地〔ニューヨーク州〕やホワイト山地〔ニューハンプシャー州〕で、意図的に原始的状態を保った宿に泊まった。隅に置かれたウイスキー樽がバー代わりだ。森で爽快な一日を過ごしたあと、ホテルのダイニングで野生の鴨のひと皿を前に解放感を味わい、完全な消化とはどういうものかを身をもって体験する。とはいえ、荒野という気付け薬の乱用は賢明でない。たしかに、健康を増進してスタミナをつけ、内省の心を養い、ありのままの自然を楽しむ、つかのまの冒険は必要だろう。だがそれは、あくまでもあらたな活力を得て自分の芸術活動や執筆や製造業へ戻っていくための、かりそめの時間でしかない。

そこには、過去への郷愁と未来の科学技術への純粋な楽観が混じっていた。人々の想像の中では開拓時代のマウンテン・マン〔一九世紀前半、アメリカの山中にいた毛皮猟師〕と機械文明が衝突していた。ソローの言葉を一気呵成に引用するロマン派がいるかと思えば、蒸気コンバインの美点を主張するハイテク信奉者もいた。裕福な人たちは〈手つかずの自然〉の牧歌的風景と永遠に続く技術的発展、どちらにも価値があると思った。

だが貧しい人々、特に発展途上の南部の貧困層にとって、自然は心の平穏を求める場所ではなく、生きていくために必要な食物を見つける場所だった。南北戦争以前、奴隷を所有していない南部人の大多数は狩猟と採集で食事を補っていた。基本的な栄養の摂取と空腹の隙間を野生の食材が埋めていた。

奴隷にされた人々にとってはなおさらだった。逃げ出した人たちにとって沼地は避難場所で、野鳥は生き延びるための食糧源だった。彼らはヤマウズラを捕まえるためにサトウキビでピラミッド形の罠をつくり、窪地で礼拝し、水路沿いに通路をつくって、自分には奴隷の身分にとどまらないアイデンティティがあるのだと己に言い聞かせた。白人の権力者が振るう暴力と自由の狭間に〈手つかずの自然〉があった。

南北戦争中、軍人はみな飢えていた。野鳥を撃って弾を無駄遣いすることは禁じられていたが、多くの兵士がこっそり禁を破った。南部の湿地帯にはまだ、猟師の捕獲を免れた水鳥がどっさりいた。ヴァージニア州スタッフォード近くに駐屯していたニューヨーク第一〇一志願兵隊の食肉係は太った立派なコマドリを獲ってきて見せ、大佐が弾をくれたらこんどはシギの食事を振る舞うと請け合った。野生の七面鳥はトウの茂み以外ではめったに獲れなかったが、獲れたときは最高の食事になった。兵士たちは七面鳥の羽ペンで戦況や空腹の状況をしたため、故郷に手紙を出した。

戦後、故郷の農場へ戻ってきた何千人もの軍人たちは貧しい暮らしのなかで南部の豊かな水鳥のことをよく思い出したという。南北戦争以前、狩猟愛好家の数は多くなかったが、戦後はその数を大きく増やした。二五万人もの死者を出した戦争を生き抜いてきた彼らは、ある程度制御された状況で生と死のドラマに満ちた荒野を体験し直したいと渇望したのかもしれない。

娯楽としての狩猟（スポーツハンティング）は言うなれば、節度ある暴力だ。様式や規則や専門用語に支えられた野遊びだ。南北戦争で銃の精度は向上し、狩猟愛好家は何百羽もの群れの中から一羽を撃ち落とせるようになった。一撃一撃が自分の技術と倫理観を測る試金石だ。彼らは公明正大に獲物を追跡した。獲物を殺す必要はなく、それによってこの娯楽はいっそう純粋化された。恐怖と新鮮な空気、狩りのスリルと焚き火を囲んだときの多幸感、特別な挑戦や獲得した戦利品を振り返る時間から得られる熱い思いに勝るものはない。

野鳥狩りの冒険自体がひとつの商品だった。彼らは助言を交換し合い、狩猟にまつわる話を読み、必要な装備や付属品について人気の雑誌や本で学習した――象牙のボタンがついたシューティングジャケット、広いつばがついたパルメット帽、二重銃身の短い鳥撃ち銃、小さな火薬入れ、最高の弾薬。

鉄道会社がスポーツハンティングの旅の宣伝を開始した――鳥たちが力強く飛び交い射撃のスリルが味わえる、南部の未改良地へ！　こうした旅は解放された元奴隷たちの労働力に依存していた。自由の身になったかつての奴隷は枝のたわんだ柳の木の間を巧みな操船術で通り抜け、町から来た人たちに現地の鳥の習性や特徴を教え、犬の世話をし、テントを張り、夕食をつくり、火を焚き、芸やもてなしで客を楽しませ、じつに社交的だった。彼らはそのたびに〝真の南部黒人〟に期待されるあれこれを提供した。

多くの狩猟愛好家がこのスポーツを上流階級の立派な娯楽として正当化しようと、女性にも射撃を始めるよう働きかけた。何世紀にもわたって女性は陰の存在だった。子どもを抱っこしてトウモロコシを手に園芸作物の間に立ち、台所に隠れ、レストランの別室に隠れ、婦人用の帽子で顔を隠し、レースやシルクや大きなひだを何層にも重ねた長いスカートを穿いていた。彼女たちの自由は腰と同じくらいきつく締めつけられていた。女性をスポーツハンティングへと衝き動かしたのは狩猟欲などではなく、平等になれる期待感だった。ほんのひとときの遠足でも、つかのま自由になれる。町に比べて周囲に有形財が少なく自然豊かな田舎で、女性はいっとき、単なる所有物としての役割から解放された。狩りに出かけることで彼女たちは、裕福な白人男性が文明生活で惜しみなく与えられていた自由を享受することができたのだ。

破壊と再生

研究室の残骸に足を踏み入れてみた。その荒廃ぶりは工場内のどこより不吉さを感じさせた。私たちが生きているあいだに遺物となった空間だ。ベンチの上に電気バーナーや錆びついた機械が見えた。抜かれたコードが床で死んだ蛇のようにとぐろを巻いていた。鋼鉄の作業台は放置に逆らおうとしたかのように、大きく反り返っている。窓のいくつかはプラスチック製の白い日除けで隠れていた。剝ぎ取られた日除けもあった。ゴムホースから水が漏れていた。床のリノリウム・タイルはもうきちんと接着していない。引き出しや食器棚の扉は開いたままだ。慌ただしい撤退だったことをうかがわせる。

一九世紀末には、〈手つかずの自然〉はもはや自給自足の自由を求める場所ではなく、過酷な自然や生き物の命と向き合いそれを乗り越える自由を求める場所となっていた。野鳥の個体数の激減にいち早く気づいたのは、獲物を撃つためにどんどん遠くへ行く必要が出てきたと嘆く狩猟愛好家たちだった。狩猟愛好家にとって猟師（マーケットハンター）は、〈手つかずの自然〉を脅かす存在だった。彼らは自然を荒らし、大酒を飲み、ろくに仕事もせず、鳥の羽ばたく空中に弾をまき散らしていた。狩猟愛好家と猟師はウィスコンシン州からテキサス州までのあらゆる岸で鳥を追った。同じ獲物を奪い合うなかで、暴力に訴える脅迫や銃弾飛び交う小競り合いもありふれた光景になった。

野鳥保護の思想はまず北から広がって、西へ進み、最後に南部に落ち着いた。狩猟法は野鳥保護のための法律だったが、ほとんどは狩猟愛好家に利するために書かれていた。それでも、猟区の管理人はおおむね猟師に同情的だった。猟師たちと同郷を自認する彼らは、取引業者から賄賂を受け取って便宜を図ることもよくあった。〝密猟者〟や〝乱獲者〟は、ある州で販売が禁じられている鳥を法律のゆるい隣の州へこっそり運び入れた。フクロウと称して雉（キジ）を売り、〝鴨〟と記した箱にライチョウやウズラを入れて出荷した。船の荷主から大量の違法狩猟鳥が押収され、取り上げた品で猟区管理人がひと儲けすることもあった。

生息地の破壊も鳥の数が減った要因だった。一八五〇年からの六〇年間で森林は驚くほど減少し、国土の約一割が皆伐された。かつてカリフォルニア州のセントラル・ヴァレーはおびただしい数の野鳥が生息する、広大な水辺の生態系だったが、一八九〇年代に農地が広がるにつれて、豊かな草原は縮小していった。

自然保護活動家は再生と純粋性にこだわった。祖先が穢(けが)した森や草原をきれいにして〝原始〟環境へ戻すことには、ある種の喜びがあったからだ。新興の自然保護倫理によれば、人間の仮借ない貪欲さから生まれた問題を解決するには、原生地域から人間を完全に締め出す必要があった。逆にいえば、純粋とされる状態に保たれた地域があるかぎり、産業による破壊が続く可能性があった。

アメリカで初めて国立公園が創設されたときは、現地先住民が強制的に追い出されるケースも少なくなかった。不況期に増えた密猟は〝公共の利益〟と〝国家の共有地〟を脅かす行為と見なされた。また、現金経済の辺縁で暮らす人たちへの配慮は皆無に近く、先住民は隔絶された資源の乏しい居留地に閉じ込められ、力ずくで伝統的慣習の根絶を迫られた。州が発行する狩猟免許を取得するには大きな出費が必要で、土地の利用も制限されていたため、先住民の多くは狩猟や釣りに訪れた欧米人やカナダ人の案内人を務める一方で、彼ら自身が狩猟や漁業に食料を頼る機会はどんどん減っていった。

工業化へ向かう途上国から生まれた富は、観光と冒険の欲求を優先した。〈手つかずの自然〉それ自体が高価値商品となり、狩猟鳥は肉となって食卓にのぼるより生きているほうが経済的価値が高くなった。一九〇〇年にはレイシー法で州境を越えた野生動物の輸送が禁じられたが、そのときにはもう多種の狩猟鳥が大幅な個体減に見舞われていて、狩りをしたところですでに採算は取れなくなっていた。商用狩猟（マーケットハンティング）は一九一八年までに施行された一連の連邦法で、完全に非合法化されるに至った。

残った鳥たちを救ったのは人々の嗜好の変化だった。市場のあらたな流行は華やかな希少鳥種へと移っていった。

今日、私たちのほとんどは野鳥食の楽しみになじみがなくなっている。オオホシハジロは生き残っているが、もはやチェサピーク湾を移動していない。ソウゲンライチョウは絶滅の危機に瀕している。リョコウバトは食べ尽くされて絶滅した（ニューイングランドソウゲンライチョウ、カササギガモ、オオウミガラスも同様だ）。野生の七面鳥は一九五〇年代にふたたび脚光を浴びたが、いまは先祖が暮らしていた野原を求めて郊外の通りをさまよう臆病な動物、というあつかいになってしまった。

狩猟愛好家の多くはいまも湿地や水鳥の生息地を守る活動を続けているが、彼らの中には民間の特別保有地で狩猟の楽しさを初めて知った人が多い。鳥たちは囲いの中で育てられたあと、死をもたらす銃弾と出合うために空へ解き放たれる。

ニューメキシコ州に暮らす何人かの私の友人はいまも鳥を狩っている。ある日の夜、そのひとりがヒメハジロという鴨の仲間の手羽先料理を振る舞ってくれた。噛みごたえのある甘い皮をかじると、歯がガチッと硬いものに当たった。肉に埋まった銃弾のかけらだった。

いろんな意味で、自然保護法には効果があった。個体数を回復した鳥種も多く、いまでは厄介者あつかいされるまでに増えた鳥もいる。その一方、保護区外ではいまなお土地の開発で鳥たちの命が脅かされている。この五〇年だけで推定三〇億羽が消えた。そのほとんどはフィンチ、クロウタドリ、雀（スズメ）などのありふれた種だ。

アメリカ先住民が故郷の土地から姿を消したとき、彼らが料理に用いた言葉や独創的な野鳥の調理法が失われただけでなく、それ以上に重要な人間と自然との関係も断ち切られた。いま私たちはやっと、先住民が独特の慣習で大自然との関係を維持してきたことと、そのあまたの手法を認識しはじめたところだ。近年、全米各地の部族が食の伝統を構築し直しはじめている。スー族はかつて存在した鳥たちを取り戻したいと願い、大草原回復プロジェクトに取り組んでいる。もういちど草原を焼くようになったのだ。

工場という名の生態系

錆びた細い梯子（はしご）を上って、北側の屋根へ向かった。梯子を壁に固定している細長い鉄片に、もはやボルトはなく、構造を支える部材の多くが年月に蝕まれ、腐食していた。細い手すりを軽く握って淡緑色の壁を乗り越え、明るい光に照らされた小さな広場に出た。私が上っていくあいだ、梯子はずっとガタガタ揺れていた。
軒（のき）に腰を下ろし、南に広がる風景を見つめた。脱工業化した街。一九七〇年代のゴシック建築。午後五時の夕日に輝くコンクリートと煉瓦。遠くで鳴り響くパトカーのサイレン。頭上には、夕闇に向かって加速していく大空が広がっていた。

反対の方角に青緑色に見えるのは森林に覆われた遠くの丘だった。管理の行き届いた〈東部〉の森は救われた森だ。ここ何世紀かの衰退期に比べ、急速に成長して元の状態へ向かっている。しかし、かつて多くの鳥を支えたのと同種の森ではない。こうした森には、樹木の生態系に大きな影響を与え、いまだにその全容が解明されていないリョコウバトの姿がない。火事も起きていない。火事のない森では、ノイバラやツルウメモドキの蔓が木を根こそぎ倒してしまう。暗く湿った空間が増え、ダニが増殖する。カエデの木はツヤハダゴマダラカミキリの攻撃を受けている。栗の木は胴枯れ病でほとんど全滅した。まばらに単樹で生えているホワイトオークの巨木だけが、私たちの失った植民地時代以前の遺産の名残をとどめている。

老朽化した工場にはそこはかとない美しさを感じるが、私の頭には工場を生み出し最終的に凋落させた、途方もない暴力しか浮かばない。かつて夕暮れの森がどんなに輝いていたかを想像する。白いひらめきのようにサーッと湖面に着水する鴨の群れ。私の目には、血まみれのエプロンを着けた男性や、重い籠を背負った女性、野鳥のねじれた体が見える。鳥たちの飛行に終止符を打った、列車と氷と銃が見える。命を落とした数多くの鳥の羽毛の間に、野生の辺境を追い求めてきた人間の歴史全体が隠れている。

資本に見放され、放置されたこういう空間が、未来の野生の辺境になるのだろう。置き去りにされた工場は自然の所有物となり、自然の棲み処となり、自然に占拠されていく。

植物や動物もまた、私たち人間の活動がなくなった場所で己の運命を見つけていく。野鳥はこの工場のような、かつての森とは異なる廃墟で生きる道を模索している。繁殖期になると儀式のようにここへ戻ってきて、新しくできた不規則な隙間に植物の種を落とす。崩れかけた人工の地盤から芽を出したナギナタガヤやヒメムカシヨモギ、スパイクオート麦、エノコログサをその小さな瞳で見つめながら。工場の壁面を炎のように広がっていく蔦は、管理の手を逃れたビロードの落書きのようだ。制御が利かない、廃れた経済が根こそぎにした空間で傲然と繁茂している。これこそ野生の空間の定義ではないか。そこには意思の強い土地の独立心がある。

時間が経つにつれ、私は工場という生態系の中のオブジェとなった。ここの主（あるじ）は〈手つかずの自然〉だ。探索に明け暮れた午後、暮れていく日の光が弱まってきた。

私はこれ以上進めなくなるまで工場を進んでいった。

第2部

欲望の対象

Subjects of Desire

5

森の狩猟肉、根菜添え

コンゴ民主共和国

Forest Flesh
with
Roots and Tubers

ハンターとの出会い

盛夏。私はセスナに乗り込み、コンゴ川流域の鬱蒼（うっそう）とした熱帯林上空を飛んでいた。操縦士はガースというプロテスタントの宣教師だ。高度が上がると、ガースは運んできた物資について教えてくれた。自転車一四台、オートバイ四台、山羊（ヤギ）七頭、血液と薬品が入った無数の小瓶。ガースの眉毛は長く垂れ、口元へ移動したがっているかのようだった。眼下の川はゆっくりなめらかに蛇行しながら森の間を流れていく。

ここへ来たのは、コンゴ民主共和国（DRC）の森からパリに至る野生動物肉（ブッシュミート）取引の流れを追うためだ。コンゴ盆地で狩られるブッシュミートの違法取引問題は、この四〇年近く自然保護活動家を悩ませてきた。軍事衝突の多発に小火器の取引がからみ、解決は困難と考えられていた。かつて農村部の貧しい人たちが生きていくために最低限必要だった野生動物の肉が、いまや都会の贅沢品に変わりつつあるせいだ。

アフリカ最大の熱帯雨林保護区の端で、セスナは明るい草原に舞い降りた。私は皮の薄いアボカドを両手で抱えてタラップを下りた。セスナが給油のため小さな集落に寄ったとき、何ドルかで買ってきたものだ。

そこで、いっしょに小さな男の子をひとり拾ってきた。自分の村を出たことがないという。プレスのきいた青いズボンに白いボタンアップシャツ。セスナに乗り込んだときは恐怖と興奮が入り混じって、口を開くどころではない感じだったが、高度が上がると、包みから白いロールパンを出して、私にも分けてくれた。質素なパンをふたりでかじりながら、周囲に広がる雲をながめた。

私はここで降りたが、男の子はそのまま機内に残った。小さな鞄と無言の勇気だけを手に、操縦士と帰っていく。

セスナのまわりに人垣ができ、手が伸びてくる。郵便物や物資が下ろされていくうち、私も見知らぬ人たちの列に呑み込まれた。彼らの中にいる〈ハンター〉は簡単に見分けがついた。ラモーンズの色褪せたロックTシャツに、防水キャンバス地のつば広なブッシュハット。帽子は使い込まれ、革のような輝きを放っている。豹の歯を黒い紐に通して首からかけていた。とりあえず私は荷物といっしょにバイクタクシーの荷台に乗り、宿へと向かった。

夕方近くになって、宿舎に落ち着いた。共同事業体の一員として国立公園の管理に手を貸している国際的な自然保護団体が提供してくれた宿で、公園の隣にあった。ハンターが宿に立ち寄り、小村の散策に誘ってくれた。彼は別の自然保護団体に所属し、国立公園の警備員、軍人の両方と連携して公園内の密猟を防止する巡視活動の調整役を務めているという。ブッシュミートの取引についても幅広い知識があるらしい。

フェンスに囲われたゲート付きの敷地を出ると、すぐ子どもの一団に取り囲まれた。「きみが僕の奥さんか知りたがっているんだ」とハンターは言い、子どもたちがクスクス笑った。ハンターは子どもたちのからかいに笑顔で応え、にっと歯をのぞかせた。歯並びは悪いが、かわいい感じだ。歳は私より上で、背は少し高いくらい。肩まである縮れ毛は深みを感じさせるハニーブラウン色。まばらな白髪といっしょにきらきら光っている。がっしりとしたあごは均整が取れていて、大きすぎず、短い無精髭を生やしていた。薄い唇は完璧な山のように中央でアーチを描き、峡谷の壁を思わせる深い笑いじわに囲まれている。青い瞳は優しい感じで、どこか悲しげだが、最初はそこに気がつかなかった。

ここは大きめの小村（グラン・プティ・ヴィル）で、学校と診療所がひとつずつあった。中心部へ向かっていくと、サッカーの試合をやっていた。そこからさらに未舗装道路を歩き、人の群れから離れていく。空気がおだやかになってきた。ボクングという巨木の陰で、軍人たちが半円を描くようにしてプラスチック製の椅子に腰かけていた。夕食を終えたばかりらしく、女性が何人か、水中で踊っているみたいにゆらゆら体を揺らしながら宴の残り物を片づけていた。

道路は草に覆われた小さな道に変わり、くねくねと曲がりながらコンゴ川の支流へ向かっていった。岸から張り出した木の枝葉が川面に影を落としている。鮮やかな藍色の蝶が岸に群れていた。長方形の古びた平底貨物船が座礁した鯨のような角度で泥に沈んでいる。この川を航行してきたとは思えないくらい大きな船だ。丸木舟（ピローグ）と呼ばれる細長いカヌーが何艘（そう）か、横の砂地に引き上げられていた。一本の木をくり抜いて造るという。材料の広葉樹は腐りにくく頑丈で三〇年くらいもつが、大きなものになると一〇〇年近く使えるものもあり、年月とともに木肌の灰色が濃くなっていく。

「村で使える川はここだけ。人が行き来する要路だから、ときどき公園の警備員が検問所を設置するんだ」と、ハンターが言った。「象牙の密輸人は牙を一五センチ強のサイズに切り分けて、ピローグの舟底に取り付けた木箱に隠していくことが多い。だから、警備員はあらかじめ準備したロープで通りかかる舟の底をこすって、でこぼこしていないか確かめる」

上り坂を少し進んで、ハンターの住まいを訪れた。

「あまり冷えていないけど、プリムスだよ」何度も再利用されてラベルが擦り切れているベルギービールの茶色い瓶を手渡してくれた。ふたりでぬるいビールを飲みながら、沈みゆく太陽が投げる光の中で鶏が虫をついばんでいるようすをながめた。

ハンターはスウェーデン人宣教師夫妻のもとに生まれ、このコンゴ民主共和国（DRC）で育った。両親とも現地人に比べ抜きんでて背が高く、厳格さにおいても他の追随を許さなかった。

彼は大学院生のとき、野生のボノボ〔ピグミーチンパンジー〕の行動を何年か観察した。年がら年じゅう交尾したがる点で、私たち人間によく似た類人猿だ。密猟者や野生動物のペットを売買する業者のせいでどれほどボノボの生存が脅かされているかを目の当たりにした彼は、一刻の猶予も許されないと判断して、学業を捨てた。

「みんな、自然保護のことなんて考えていられないのさ」彼はそう言って、ビールをひと口飲んだ。「朝起きて、顔を洗ったら、次は何かお腹に入れたい。ここの住民たちにとって、森は生き延びるために必要な場所だ。腹が減っては自然保護どころじゃない」

彼はのどを鳴らすようにして話した。

「でも、ここでは自然保護はいい仕事なんだ。数少ない成長産業でもある。人里離れたこの土地の住人と現代社会をつなげる、数少ない手段のひとつだ。国際的な自然保護団体はお金と発電機とオートバイを持ち込んでくる。衛星インターネットもね」

迫る夜気には蛍（ホタル）の発する光が満ちていた。

「彼らの関心はきみが運んでくるお金に注がれているのさ」と、彼は続けた。「もはや動物保護の問題じゃない。保護活動は何をしてくれ、どんな物質的な豊かさを村にもたらしてくれるのかという話さ。有形財がもっとたくさん欲しいという欲望を、自然保護はかき立ててるんだ」

眉をひそめて私に顔を向ける。「汚職にまみれてるよ。どこもかしこも腐敗だらけだ。多くのお金は本来行くべきところへ届かない。予算が大きくなるほど効率は悪くなる」苦虫を嚙み潰したように言った。「その合間にも、森から動物たちが消えていく。ブッシュミートは毎週何トンも国立公園から運ばれていくんだよ」

「その肉はみんな、どこへ行くの」と、私は尋ねた。

「多くはこの国の東部だ。小規模の闇キャンプがあって、採鉱や伐採に従事する人たちがいる。以前は簡単に近づけなかった森にそのための道路ができて、土地を切り開いていく。そんな場所が一夜にして現れるんだ。また、住人たちが村から森へ移動すると、そこでも食料が必要になる。だから、肉の需要はとても高い。猟師から肉を買い付け、ダイヤモンドの採鉱地に一〇倍の値段で売って大儲けしている中間業者もいる」

「それだけじゃなく、都市部には高級品の市場も出現している」ハンターは続けた。「アフリカのほかの国はもう自国の動物を食べ尽くしてしまい、ブッシュミートを食べたければ輸入するしかない。DRCはまだそこまで行っていない。理由のひとつは、大きな森が存在しているからだ」

この国立公園はコンゴ盆地に広がる巨大熱帯雨林のほんの一部にすぎないが、それでも広大だ。面積は三万二三七五平方キロメートルとベルギーより広く、世界のボノボ個体数の四割ほどが生息している。多くは比較的近づきにくい場所にいるため、生息域をすべてカバーするだけの警備員はいない。ハンターは年に四回、公園の奥深くまでパトロールに分け入るという。

彼が履き古したチャコのサンダルを指差した。

「森を歩くときのお気に入りでね。警備員はみんなブーツを履いていて、蛇がいるのにサンダルで歩くなんてどうかしていると思うらしい。でも、こっちのほうが進むのに楽なんだ」

「いままでたくさんの野生動物を見てきたんでしょうね。森で長い時間を過ごしているんだから」

「いや、熱帯雨林で動物と出合うことはめったにないんだ。小さな生き物が多いし、たいてい群れで行動するわけじゃないうえに、夜行性だから。捕まりにくいように進化してきたのさ。僕が目にしたことがあるのは、ほとんど、死んでいるか罠にかかって死にかけている動物だけだよ」

彼は土の床にビールを置いた。「密猟は木にとっての脅威にもなる。森の生態系全体が変わってしまうからね」

たとえば、たがいに離れていたほうがよく育つ樹種の種を運んでくれるのは、おもに動物と鳥と蝙蝠(コウモリ)だ。彼らが木の実や果実を食べ、別の場所で排泄された種が新しい苗木になる。あとで取りに戻ってこようと隠し場所に埋める動物もいるが、実際に戻ってくることはまずない。表皮に粘着性や棘を持つ種を動物が毛皮につけて運ぶこともある。こうしたプロセスがないと、ある種の木は増殖できない。

特に森の象は果実をどっさり食べて、広い範囲に種子を排泄し、森林の多様性を高める役割を果たしてきた。また、象が食事をして地面を踏みつけることで、成長の遅い大きな広葉樹に刺激を与え、森全体の成長を促すことも明らかになっている。広葉樹は針葉樹に比べてより多くの炭素を蓄えることができるからだ。もし象を失ってしまったら、コンゴ盆地の森林炭素蓄積量は劇的な影響を受けかねない。

「科学者はこれを〝誰もいない森症候群〟と呼んでいる。音楽の聞こえない森になってしまうんだ」と、ハンターは悲しげに言った。

ふたりともしばらく黙り込んだ。私は彼の人生について考えてみた。狩猟の季節を中心にして活動の時期が決まるのだろう。彼の右目の下に、あばたのような小さな傷があることに気がついた。起伏に富んだ顔立ちの中ではいちばん目立たない特徴だ。

空が暗くなってきた。西の空に嵐雲が集まってきて、雲の中になんともいえず美しい稲光が走る。雷光がひらめくと、亡霊のような木々の姿が浮かび上がった。

「ここにいるときが、いちばん心がくつろぐ」と、彼は言う。「それでいて、かならず疎外感に苛(さいな)まれる。スウェーデンに帰っても、やっぱり場違いな気がするんだ」

「同じよ」と、私は言う。「近ごろは、我が家のように感じられる場所がなかなか見つからなくて。世界じゅうが巨大なショッピングモールになってしまった。何だって売られているし、すべてが観光化してしまったわ。そんな世界で本物の人生を送れるものかしら。そもそも、本物っていうのがどういうことなのか」

「ここでは、ときどきそれが叶うんだよ」と、彼は答えた。「お気に入りの時間は、夜明け前だ。夜行性の動物は眠りについて、ほかの動物はまだ目を覚ましていない。そんなときの森は動きひとつなく、しんと静まり返っている。驚嘆するほかない。静かになって初めて、森がいつもどんなに騒がしいかに気づくんだ。小さな焚き火でコーヒーを淹(い)れ、日が昇ると、森はふたたび息づいてくる。そのわずかな時間はとても特別なものだ。一瞬の静けさ。そして一日の始まる音に耳を傾ける」

嵐の音が大きくなってきた。雲はすぐ近くまで来ているようだが、まだ雨は降ってこない。身を切るような風が吹きつけてくるだけだ。「森にはいまも、数多くの魔法がある。霊的領域と日常生活との間に隔たりがない場所なんだ」と、彼は空に語りかけるように言った。

ハンターの存在感に圧倒され、時が経つのに気がつかないほどだった。たがいの声に耳を傾け、語り合うだけで、ふたりとも満ち足りていた。ほかにはなんの必要もない。川の向こうでは、成熟した熱帯雨林が風でさざめいている。

終わりはとつぜんやってきた。オートバイが中庭へ駆け込んできて、一種暴力めいた強烈なヘッドライトが闇を照らした。誰かが私を迎えにきたらしい。

コンゴ盆地の深い熱帯雨林には、神秘的な生き物がたくさんいる。赤水牛(アカスイギュウ)、白い縦縞模様が美しいボンゴ、猿（無数の種類がいる）、アカカワイノシシ、そしてダイカー（ウシ科の動物）は色とりどりだ。青いのもいれば、黒い縞模様のもの、背中が黄色いもの、全体が赤っぽいものもいる。

鼻先が細いクロコダイル、アフリカタケネズミ、ドロガメ、薬効があるとされ闇市場で巨額の取引が行われるセンザンコウもいる。ボノボはヒトと同じく性欲盛んな類人猿だ。立派な牙を持つため密猟者に苦しめられている象たち。沼地に生息し、優雅に湾曲した角を持つシタツンガ。逃げ足の速いコンゴクジャク。絹のような毛皮を持つツメナシカワウソ。目が退化した洞窟の川魚。

林床に生息する生き物はいっそうバラエティに富む。一枚岩のようにそびえ立つシロアリの巣。動植物の死骸を食べる腐生性真菌。つややかなグンタイアリは集団で行軍して狩りをし、道を横切る獲物を片端から捕まえる。その名を口にするだけで恐怖に身がすくみそうな、凶暴で危険な蛇もいる。ブラックマンバだ。この名前を耳元でささやかれた子どもたちは、かならず悪夢にうなされるという。

種（しゅ）は周囲から孤立して存在することはできない。ひとつの種と別の種を隔てる境界はなく、それは幻想のようなものだ。だから、それぞれの動物に名をつけて分類するだけではじゅうぶんではない。それぞれの種がどのようなタペストリーに織り込まれているか、そのグラデーションを理解する必要がある。

森の中では、何千年も前に堆積した岩が砂質の土と微生物豊富な腐植土に覆われている。こういう土壌で育つ植物はタンニンやフラボノイド、カロテン、フェノール酸、アルカロイドなど二次代謝産物と呼ばれる化学物質をつくり出し、これがさまざまな機能を果たす。信じられないくらい複雑なシステムで、いまだ完全には解明されていない。人間は長きにわたり、二次代謝産物を含有する植物を病気の治療や食べ物の風味づけ、布の染色、農作物の保護に用いてきた。こうした植物を食べる動物もまた、腸内寄生虫の駆除薬や繁殖力の増進剤としてこれらの化学物質を利用している。それを食べた野生動物の肉に独特の風味をもたらす、大切な要素でもある。

コンゴ盆地の森林生態系はたえず変化している。およそ八〇万年前から、縮小と拡大の長いサイクルを経てきたが、どちらにもあらたな進化の好機があった。この地域は周期的に乾燥に見舞われ、およそ一〇万年ごとにその時期が到来しては去っていった。寒冷期には北方で氷河が発達し、熱帯雨林は干からび朽ちていった。そのあとには開放的な草原が広がり、島状に残った森が草原に棲めない生物種の避難場所となった。気候が温暖化すると北方の氷河は縮小し、湿度の高い森がふたたび広がった。このような長い分裂の歴史を繰り返した結果、地球上でもっとも生物学的に豊かで多様性に富んだ場所が生まれた。ほかのどこにもいない数多くの生物種がここで活動してきた。

一万一〇〇〇年くらい前、完新世と呼ばれる温暖期の始まりとともに森はさらに広がった。草原の衰退によって一五種近い大型草食動物が絶滅した。新しい木々を食べて苗の成長を阻止することで彼らは草原の維持に寄与していたが、これらの動物の消失を受け、森は湿度の高い密林に変わった。昆虫と魚と小型哺乳類の進化に有利な条件だ。

木々の間を流れる水が合流して川になり、そんな川がさらにいっしょになって、水の大動脈が生まれた。こうした水路網から湿地や沼地が生まれた。ある種の陸生動物にはこの水路が移動の障害になったが、私たち人間にとってはこの川が交通網となり、歩いて渡れないくらい濃密な植生も通り抜けていけるようになった。

このような熱帯雨林に、トゥワ族と通称される背の低い複数の狩猟採集民族が暮らしていた。トゥワ族という名前自体、外の人間が押し付けたものだ。彼らは一〇万年ほど前の中石器時代から、ずっとコンゴ盆地に暮らしていた。

この何千年か、どの共同体がいつどこで狩りをしていいかは慣習上の土地所有権によって定められ、それは半遊牧民的な人々の生活様式に合わせて時とともに変化していった。この戦略は森の特定地域が枯渇するのを防ぐ狩猟肉管理の手法でもあった。獲物の捕獲には槍や毒矢が使われた。狩猟は一年を通して行われたが、獲物になる動物がいちばん多いのは雨季だ。雨が降ると低地が水浸しになり、動物は高地へ集まってくる。乾季には川の水量が減って浅瀬に魚があふれ、槍の餌食となった。

当時は人間も森の共同体に属し、食べるという行為も共生的だったため、動物の肉は社会をひとつにまとめる接着剤だった。たとえば、アカスイギュウにひとつの共同体が養われていた。この食材はたんぱく質が豊富で、炭水化物が少ない。狩猟動物の肉は低脂肪なので、いちばん脂肪の多い部位が最高のごちそうとされた。慣習上、女性には特定の部位をもらう権利があり、部族の長（おさ）が獲物を切り分けることもあった。

紀元前二〇〇〇年から紀元後五〇〇年にかけて、一連の民族移動によりアフリカ北西部からコンゴ盆地へバントゥー族（バントゥー語を話す何百もの異なる民族の総称）が流入した。農耕生活者である彼らは焼き畑農法を実践した。森の一部を焼き払い、そのあとにアブラヤシや野生米、自然薯など比較的耐陰性の作物を植えた。しばらくするとその地域を一掃して森に還し、遺棄されたかつての農地を再生させた。

バントゥー族がトゥワ族の多くを奴隷にし、追い払い、殺した史実があるのは確かだが、トゥワ族による野生動物の燻製肉と武器や陶器や農作物を交換する交易網もまた広く存在した。これは〝後援関係〟だったとする文献もある。トゥワ族の狩人がバントゥー族の特定有力者に仕え、有力者はその狩人を獲得することで一種の威信を獲得する、という図式だ。

一頭から大量の肉を得られるため、象は広範囲で食べられていたが、用心しないと呪術医が人の魂を象に投げ込み、その魂は生存中も死後も象から逃れられなくなると信じる部族もあった。それゆえ、野生動物を殺すのはきわめて神聖な行為だった。ボノボ食を禁じる共同体もあった。ボノボは祖先のいる霊界とつながっていると見なされていたためだ。成長に時間がかかり乱獲に弱い動物を保護するために、こうした文化的信仰がひと役買っていた。

人間の手がいっさい触れていない原生熱帯林はもう存在しない。存在しなくなってすでに長い年月が経つ。古い成熟林にも、消えたかつての人間社会の痕跡がある。土中の木炭の破片、墓場、手斧、矢尻、石器の残骸。これらは過去の争いの名残だ。人々が忘れたあとも、森はこれらの記憶をとどめている。

スパイの嫌疑

オートバイで迎えにきた〈ヴァーチュー〉〔美徳の意〕はコンゴ人だが、アメリカのアイヴィーリーグ校で修士号を取得し、私の受け入れ先になった自然保護団体でプロジェクトの総括責任者を務める人物だった。毎朝、森のハチミツを入れたお茶を飲んでいた。暗褐色の液体をペットボトルに入れて持ってくるのだ。森のハチミツは毒を中和すると考えられていた。コンゴの政治家が頻繁に毒を盛り合っていた時代にさかのぼる慣習で、ヴァーチューも当時の政治家と同じような被害妄想に駆られてか、手間のかからない習慣に日々いそしんでいた。

「夜、あんなふうに外を出歩いてもらっては困る」ハンターの住まいを訪ねた翌日の朝食中、私はヴァーチューからお小言を食らった。「我々にはきみに対する責任があるのでね」けだるそうに笑うと彼は口を閉じ、走ってきたあと息を整えているかのように長く息を吸い込んだ。

朝食が終わると、彼は村長のところへ連れていってくれた。いまにも崩れそうな煉瓦造りの建物があり、村長はその玄関ポーチでタイガービールを手に、フィルターのない両切り煙草を吸っていた。黒い袖なしシャツを着て、パーニュという柄付きの腰布をサロンのように巻きつけている。指はすらりと長く、爪先はなめらかだ。隣に妻が座っていて、夫と同じ布地のヘッドスカーフとパーニュを着用していた。私には興味がなさそうで、認識しようとしない。もうひとつの椅子に陸軍司令官がいた。彼は茶色と緑の長靴下を膝まで引き上げていた。

この国には複雑な言語事情がある。ヴァーチューは主要言語のひとつリンガラ語で三人に挨拶した。ＤＲＣの公用語はフランス語だが、軍ではおもにリンガラ語が使われる。ヨーロッパ人が到着する以前からバントゥー語族が使っていた言語で、もともとはコンゴ川沿いに暮らす数多くの集団が交易に使用していたが、カトリックの宣教師とベルギー植民地政府の両方が行政目的でこれを採用したことから広まった。現在、このリンガラ語を話す人は中央アフリカ地域で七〇〇〇万人以上にのぼる〔数字は諸説あり〕。

私は自己紹介だけすると、何が話されているのかわからないまま会話を見守った。彼らが話しているあいだ、椅子の脚の間をオレンジ色の子猫が盛んにくぐり抜けていた。帰るとき、ヴァーチューが私に顔を向け、にやりと小さな笑みを浮かべて口を開いた。「きみをスパイに使うつもりじゃないだろうな、と念を押されたんだよ」

王たちの権力

野生動物は総称的にただ鹿肉（ヴェニソン）と呼ばれることもあれば、鹿、エルク、ヘラジカとそれぞれの名前で呼ばれることもある。動物の数が多すぎていちいち名前で呼ぶのは面倒だからか、肉（フレッシュ）、たんぱく質（プロテイン）、食肉（ミート）と言われることもある。

野生動物を殺して食べたのが白人だと、その行為は〝狩猟動物の狩り〟と呼ばれるが、殺して食べたのが黒人だと〝ブッシュミートの密猟〟とされる。同じ狩りがなぜ密猟だとか、違法なブッシュミートだとされるようになったのか、その物語は古代の王たちの権力から始まる。

まず一一世紀、ヨーロッパの王たちは自分の狩る動物を保護するために、最初の森林法を制定した。この法律を無視したり破ったりすれば、恐ろしい報いを受けた。征服王ウィリアムは〝赤鹿や猪、あるいは小さなウサギであっても、手にかけた者は目をくり抜かれる〟と定めた。ヘンリー二世の治世下では、無罪の立証が熱鉄審などの神明裁判で行われた。有罪判決を受けた密猟者は目を潰されたり睾丸を抜かれたりした。

こうした規制は何世紀も受け継がれ、タペストリーや絵画にさまざまな形で登場した。数多くの便覧や法律に記述されたうえ、王たちの手で次々ゆがめられ、血と欲望の余韻を後世へ伝えていった。

だが、土地を持たない貧しい人たちにとって、密猟は不平等な制度への対抗手段だった。一五世紀には銃器の普及につれて違法な狩猟が増加し、徐々に組織化されていった。すると密猟集団どうしが猟場をめぐって争いを始め、森林管理人が王の法律を執行すべく戦闘に突入することもあった。イングランド議会は一四一七年、こういった密猟団が反政府組織の一翼を担っているのではないかと議論している――狩猟で培われた技術が巷(ちまた)の商人や使用人の蜂起を促し、反乱分子が狩人を装うのではないか、と恐れてのことだ。革命への危惧と相まって、森林法はさらに厳格化され、密猟者は国外追放や死刑に処されることもあった。

多くの制限を盛り込んだがゆえに、法の厳正な執行は容易でなかった。汚職に手を染めて賄賂を受け取る森林管理人も数多く現れた。

コンゴ盆地の森にヨーロッパ人宣教師が初めて足を踏み入れた一八世紀、彼らは〝森は人間に害をなす暗い場所〟だという考えを携えてきた。実際にいくつもの神話めいた話がでっち上げられた。フランス人司祭リエヴァン・プロワイヤールは一七七六年、宣教師たちが「直径一メートルほどもある爪痕に出くわした」と報告している。

遭難した探検家デイヴィッド・リヴィングストン博士を発見して有名になった英ウェールズのジャーナリスト、ヘンリー・モートン・スタンレーは、一八七四年から〝息が詰まりそうな荒野〟であるコンゴの森へ探検を敢行した。ヨーロッパに戻った彼を召し抱えたのは、中央アフリカの広大な土地を私的植民地にしようと目論むベルギー国王レオポルド二世だった。スタンレーの探検と交易によって、レオポルドは競合する他国に先んじてこの地域への足がかりを得ることができたのだ。

一八八五年五月、国際社会（イギリス、フランス、ドイツ、ベルギー、イタリア）はレオポルド二世を、〈コンゴ自由国〉という広大な地域（私有地）の主権者と認めた。レオポルド二世はそれまでの土地区分に何ら配慮せず、新しい領土を分割した。川沿いに散らばっていた村々は退去させられ、あらたに建設された道路沿いに集められた。こういう力ずくの再定住と移動制限が、半遊牧民的な暮らしを送っていた農民を支配するおもな戦術となった。

土地と住民に、支配者たちの科学の目が向けられた。純粋な好奇心と植民地支配欲の両方が、彼らを駆り立てた。口髭をたくわえた男たちが蒸気船で川の探検にのりだし、水路を航行できるかどうか、詳細な報告書を作成した。めずらしい動植物が集められ、分類したうえで本国へ送られ、コレクションされた。この地域にいる数多くの民族に対しても同じことが行われた。社会構造、受け継がれてきた慣習、外見に至るまで、あらゆる情報が念入りに記述され、目録化されていった。

レオポルド二世は大西洋岸とレオポルドヴィル（現在のキンシャサ）の間に鉄道を敷き、港を建設させた。資材を運び入れるため、川の上流に大規模な航路網を整備した。ベルギー政権は開農雑報の準備に奔走した。森の深くまで道路が通された。コーヒー、綿花、ゴム、パーム油など換金作物の大農場（プランテーション）用に広大な土地が開墾され、栄養価の高い腐植土の薄い層が侵食を受けた。コンゴの人たちは悪化する一方の環境下で、農作業や象牙の取引を強いられ、おとなしく従わないと手や腕を切り落とされた。

一九〇〇年、国際的自然保護条約の草分けとなる〈アフリカにおける野生動物、鳥類及び魚類の保護に関する条約〉が調印された。この条約は野生生物そのものの命を尊重するものではなく、ヨーロッパが独占的に開発利用できるようアフリカの自然状態を保つ点に主眼が置かれた。ヨーロッパでは何世紀ものあいだ、森林法の規定により、富裕な大地主にしか狩猟が許されていなかった。だから、何も考えずにアフリカの地にもその法律を適用した。現地の人々は、それまで利用していた森を使ってはならないと命じられ、食肉が手に入らなくなった。コンゴ人は栄養源を根菜類とピーナッツとパーム油に頼り、でんぷんを多く摂るほかなくなった。食肉は従来にも増して、権力と勢力の大きな象徴となっていった。

レオポルド二世は現在の価値で一一億ドル超の個人資産を蓄えた。彼の治世のうち一八八五年から一九〇八年にかけて、一〇〇〇万人以上のコンゴ人が殺されている。ベルギー政権はこの国をモデル植民地に仕立てると同時に、西洋人のあらたな観光地とする構想を練りはじめた〔一九〇八年に国王から買い取り、ベルギー領コンゴとした〕。当時、多くの植民地に国立公園が生まれて自然保護活動が始まり、保護活動家は野生動物保護区の設置を推奨した。すべてはお金を落としていく観光客を惹きつける方便としてのものだ。レオポルド二世の後継アルベール一世はアメリカ西部の国立公園を視察したうえで、一九二六年、コンゴ東部に同様の保護区を指定することを決めた。一九三八年と一九五六年にも保護区は追加された。

一九五〇年代までにアフリカ各地で独立運動の機運が高まりはじめると、政権交代後に野生生物はどうなるのかが植民者側の一大関心事となった〔一九六〇年にベルギーから独立してコンゴ共和国が成立〕。一九六一年、この問題を議論するため汎アフリカ自然保護シンポジウムが組織された。その目的は、野生動物が人類共有の美であり富であるとアフリカの新しい指導者たちに認識させることだった。しかし、一九六五年のコンゴ独立革命で政権を握った軍事独裁者モブツ・セセ・セコは、ベルギーが制定した法律に驚くほど似た数多くの原生地域保護法を成立させた。彼は拡大させた国立公園を個人的な狩猟場として利用した。

一九九四年、東の隣国ルワンダで大量虐殺が始まると、住民が大挙して西へ逃げ出し、コンゴの森は反乱軍の兵士と武装難民に蹂躙（じゅうりん）された。彼らは人質を取って、現地の村人に食料と避難所（シェルター）を強要した。その後、一九九六年には、コンゴ民主共和国で内戦が勃発し、危機と飢餓と絶望が全土に広がった。飢餓の蔓延によって、ボノボを食べてはならないというかつての禁忌（タブー）も消えた。森に身を隠した地元の武装集団は野生動物の燻製肉や象牙、麻薬を備蓄し、それと交換に必需品や小火器を手に入れた。

こうした暴力的な状況で狩猟に歯止めをかけようとしても無駄なことだ。反乱軍が国立公園の警備員から制服と武器を剝奪し、森林保護活動は崩壊した。森に自動小銃が持ち込まれ、狩猟の収穫効率は二五倍に上がった。密輸団が森の奥深くに拠点を築き、人里離れた地域に現金が流れ込む。紛争によって野生生物の捕獲速度は取り返しがつかないほど上昇した。

今日、その土地は保護活動を行うNGOによって、ふたたび一種の再植民地化を受けている。生態系に発電機やオートバイのあらたな騒音が持ち込まれた。森林保護区やその近隣に暮らす住民は、自然の秩序を乱し野生生物を脅かす存在と見なされている。

森は権力の亡者に取り憑（つ）かれてきた。眠っている霊魂を目覚めさせることを恐れて手や腕を切り落とされた祖先たちの霊を避け、亡者たちの話を語らず、なかったことにしてはならない。

猟師たちの疲れた目

私の受け入れ先の団体が地元の猟師を集めてくれた。男性が一五人、茅葺きの建物に座っていた。取材に応じる見返りにそれぞれ五〇〇〇コンゴフラン（約三ドル）が支払われる。手っ取り早い現金収入と考えた人もいるだろう。自分の番まで一日じゅう待たされる人もいるはずだ。いずれにしても、賃金労働が皆無に近いこの土地で現金は歓迎された。

ほとんどの人は国立公園に隣接する村から歩いてきた。森林保護区とその近隣には一八万人近くが暮らしている。村が七一六、町が四つ。国立公園内にはふたつの集団の全部もしくは一部が住んでいた。ひとつは宗教一派のキタワリスト、もうひとつは半遊牧の狩猟採集民族イヤエリマだ。後者の人々は法律上〝野生生物〟と定義され、公園内にいることを認められていた。

ブッシュミート食はおおむね合法だが、違法とされるケースも多々あった。各州で独自に定められた狩猟法にはちがいがある。法的枠組みの不調和と長年の土地利用に関する慣習法の存在で、規制の実態は複雑にからみ合っている。狩猟法の多くは植民地時代の遺物だ。チンパンジー、ゴリラ、ボノボ、象など〈絶滅の恐れのある野生動植物の種の国際取引に関する条約〉（ワシントン条約）が保護対象とした動物は殺してはならないが、闇市場では高値で取引されている。

国立公園内での狩りは禁じられているが、公園境界上には回廊地帯の利用が認められる村もあった。「回廊」の多くは混作地か、原生樹の伐採後に再生した二次林と呼ばれる森だ。象などが通り道を開く原生林とちがって、分厚い樹冠により低木の茂みに日が当たらない二次林は歩いて渡るのが難しい。村の猟師は長年かけてつくったトンネル状の細い道をくぐり、藪（やぶ）を切り払いながら進んでいく。

彼らは森を歩きながら罠を仕掛けていった。小さな穴を掘り、罠の棒に引き絞れる輪状にしたオートバイのケーブルやナイロンの紐をつけ、それを葉っぱで覆い、ダイカーやアフリカタケネズミのような小中動物を捕獲する。罠は動物の移動経路と考えられる地域に設置された。動物が穴にはまると脚や首が絞めつけられる仕組みだ。罠が無駄に終わることもあった。猟師の確認が一、二週間後になったときには動物は死んで食べられない状態になっているからだ。

回廊地帯に大型野生動物はまずいないが、食用昆虫や野生のハチミツ、薬草などは多く見られ、採集されている。猟師が大きな動物を仕留めたいときは禁じられた国立公園内で狩りをする。彼らにとっては違法行為ではないのだという。森は祖先の活動拠点だったのだから。

取材に応じて集まった人たちは年齢も服装もさまざまで、ほとんどの人が私のためにいちばんいい服を着てきてくれた。話すときは立って話す。ブレイズという語学教師が通訳だ。彼は腕に電卓付きの時計をはめていた。

取材中にも噂が広まり、私と話をしようと、さらに何人かやってきた。

彼らのほとんどは子どものころから狩りをしてきた。銃は所有していないが、獲物を分けるのと引き換えに村人から一二番径のものを借りていく。弾薬は村へやってくる町の商人から年に何度か入手するという。

仕留めた動物を解体するとき、皮膚は剥がさず残しておく。枝を二本ずつ交差させた枠に胴体を広げる。赤道熱帯雨林ではすぐ肉が腐るため、何時間か燻(いぶ)して燻製にする。時間の経過とともに外側に分厚く硬い皮ができていく。湿度が高いため、四、五日ごとに弱火で乾燥させる。じっくり焙るのは、トマトと香辛料を使った濃厚なシチューで煮込んだときに柔らかく繊細な味わいになるからだ。口に放り込んだとたん、肉がほろほろとほぐれる。

このように調理された狩猟動物の燻製肉は、ときにブカン〔燻製の意〕と呼ばれる。カリブ海タイノ族の言葉に由来するフランス語で、もともとは「ゆっくり調理した肉を保存する木枠」を意味した。フランスの私掠船はスペインの貿易船を襲い、野生の豚やウミガメを捕獲すると、カリブ地方の手法でその肉を燻製にした。船底で宝物のように大切に保管され、これらの食べ物からフランス人の彼らはブッカニエ〔海賊〕と呼ばれるようになった。ジャマイカに入植したイギリス人の場合は、英語的にブッカニアーと呼ばれた。

来てくれた猟師たちは小さな声で話をしている。みな繊細な美しい顔立ちをしている。ブレイズが訳してくれた内容を私は書き留めていった。「狩猟肉の値段は上がってきている」ハーレーダビッドソンのシャツを着た男性が言った。「もう、象やアカスイギュウはあまり見かけなくなった」別の男性はフォーマルな靴とスラックスを着用し、それとは対照的に、椰子の木とヨット、海に沈む夕日が描かれたTシャツを着ていた。彼が話すあいだ金鎖と金時計がきらきら光っていた。「私が狩るのは猿とネズミと羚羊（アンテロープ）です」

仕留めた動物を家族や村人に分けることもあるが、商人が来るまで備蓄しておくことが増えたという。商人（コメルサン）は遠くの大都市から農村部へやってくる。ときには何週間か滞在して、最高の獲物を手に入れるための交渉をしていく。

野生動物の肉は現金以外にも石鹸や塩、コップ、服、煙草、銃弾と交換される。獲物で現金収入が得られると、子どもの学費や家族の病院代に充てる。売れなかった残りの肉は家族で食べる。「みんな暮らしに窮しているから、狩りをすることが増えてきた」と、茶色の大きなシャツを着た牧師が教えてくれた。「狩りをしたくてしているわけじゃない。生き延びるための手段なんです。それ以外に方法がないので」

別の男性はキタワリストの信者で、白ずくめの服装だった。ナイキのサンダルを履き、ラミネート加工した教祖の写真をペンダントにして、首から掛けていた。子どものころ、村に猟師はひとりかふたりしかいなかったが、市場の需要が高まったことで「いまでは村の男性は、子どもも大人も、みんな猟をする」と言う。ダメージデニムに刺繍のついた緑色のシャツという男性もいた。「たくさん獲っても全滅したりはしない。動物はいつでも繁殖できる。ただ、森に猟師が増えすぎたからか、怖がってすぐ逃げていってしまうんだ」

サッカージャージーに緑色のズボン姿の男性は、「私たちの森には対立がある」と言った。ときには現地人どうしの諍（いさか）いもあるが、たいていはよそ者たち（移民、難民、密輸人、短期伐採者、失業中の鉱山労働者）との軋轢（あつれき）だ。外部の人間でいちばん暴力的なのは、AK-47で武装して高度に組織化されている密猟団だという。

村の猟師は森で何日か過ごすだけで、運べるだけの動物しか持ち帰らないのに対し、密猟団は森の奥深くにキャンプを張る。猿の群れやカワイノシシの群れを一網打尽に撃ち殺す。燻製にした肉はしなやかな若木でつくった大きな籠に入れ、森の端近くまで歩いて運ぶ。運搬を請け負うポーターには猿五匹につき一匹が与えられる。

適当な川が見つかると、村の猟師は仕留めた動物を丸木舟（ピローグ）に載せる。見つからなければ、改造した自転車に載せていく。未舗装道路や丸木橋を何キロメートルも押して運ぶ。二、三週間かけて八〇〇キロメートル移動したこともあるという。

鼻先に老眼鏡をのせた男性が言った。「軍隊が来る前は、動物がたくさんいたし、食肉（ミート）もたくさんあった」二〇〇〇年代初頭に国際的な自然保護NGOが来るまで、国立公園の警備員は定期的な支払いを受けていなかった。何カ月か未払い状態が続くこともあるため、彼らは手短に狩りをして糊口をしのいだ。密猟者から賄賂を受け取ったり、村の友人に狩りを委託して肉を分けてもらったりもした。

二〇〇〇年代後半まで、国立公園の広い範囲に反政府勢力が潜伏していた。地元民を拘束しては恐喝や拷問を行い、物資を没収し、武器を集め、ブッシュミートや象牙の売り上げを活動資金に充てた。二〇一〇年、ある準軍事組織が森を出てムバンダカの町を占拠した。どこで武器弾薬を手に入れたのか断定はできないが、退役軍人や公園管理官（パークレンジャー）の手を借りた可能性が高いという。大統領がこの状況を問題視し、将来的な反乱を防ごうと、〈プロジェクト・ボノボ〉を立ち上げた。国軍（ＦＡＲＤＣ）から三〇〇人を警備兵として投入し、森林保護区の巡視や違法な武器の押収、密猟容疑者の拘束に当たらせた。それによって、食肉数千キログラムとアサルトライフルなど高性能火器一一〇挺が押収された。数多くの密猟容疑者も拘束された。軍が来たことで象の全体数は大幅に増加したように見えたが、取り締まりが手薄な地域へ密猟者が移っただけかもしれない。

生きていくための食料を求めて狩りをする人たちと密猟者では、野生生物に与える影響は大きく異なるのに、ＦＡＲＤＣは両者を取り締まりの対象とした。村のショットガンは徴発された。所有許可証を持っている村民はほとんどいなかったからだ。明確なルールもなく法外な罰金が科された。軍人が強姦、拷問、殺人に及んだという告発もあった。かつてブッシュミートは屋外で公然と売買されていたが、いまではもう簡単には手に入らない。売買には暗号（コード）が必要になる。軍が没収した肉はこれ見よがしに大きな火で燃やされた。村民は空腹のまま眠りに就く。

話をしてくれた猟師は一様に、自然保護はいいことだと口にした。でも、このインタビュー協力金を払うのは自然保護団体なのだから、彼らとしてはそう言うしかないのではないか。この人たちは本当に、食べていくためだけに狩りをしているのだろうか。それとも、大掛かりな密猟と裏でつながっているのか。私は幾重にも重なった欺瞞と誤解のベールをかき分け、真実を探ろうとした。

「この人たちは野生動物の肉を食べて育った。それしかなかったからだ」通訳のブレイズが言った。「いまは家畜の肉、つまり自分たちで育てた豚や鶏を食べることが増えた。野生動物の肉を食べたいのは山々だが、もう無理だから、家畜で代用する。家畜は銀行に預けたお金みたいなものので、困ったらそれに頼るんです」

彼らの疲れた目は〝助けてください〟と懇願していた。私の白い肌と取材力で助けてほしいと。私にはその力があると彼らは信じていた。あるのかもしれない。でも、夕刻の日射しの中、私は自分が歴史の小さな駒にすぎないような気がしていた。運命にあらがう術(すべ)はないと感じている彼らと、そんなに変わらない。みんな未来にあまり期待していないし、不安定な暮らしに陥る不安につねにつきまとわれているのだと思った。

最後のひとりが帰っていった。いつしか、聴き取りをした木のテーブルの前には小柄な男性が立っていた。傾いた日が小さな高窓から射し込み、白塗りの土壁に水面のような揺れ動く影を落としている。男性は古めかしい鋳物のアイロンでシャツをプレスしていた。植民地時代の工芸品だ。腹の部分に収めた炭が赤々と輝いていた。彼はゆっくり、ていねいに仕事をする。私に背中を向け、折り目をなめらかにしながら、小さく鼻歌を口ずさんでいた。私が見ていることには気がついていない。

二匹の蛙のラブソング

その夜、私は宿舎にひとり閉じ込められた。ハンターを訪ねて今日取材した人たちの話をしたかったが、誰かの付き添いがないと敷地の外へは出られない。女性であることと外国人の身分に縛られている心地がした。めったに経験したことがない、もどかしいくらいの疎外感。私は警護すべき人間なのだ。誰かから何かをされないように。そして、何もしでかさないように。

どこからかゴスペルの賛美歌が夜空を漂ってきた。見えない声の優しいハーモニーの合間に太鼓のビートが炸裂する。裏庭へ出てみた。サボテンに似た木が高くそびえ、三日月を背に、優雅に葉をそよがせている。隅っこから二匹の蛙が恋の歌（ラブソング）を鳴き交わす声が聞こえた。夜気には、赤道で味わうとは夢にも思わなかった肌寒さが感じられた。

翌朝、ハンターが訪ねてきた。「ゆうべ、会いたいと思っていたの」と、私は言う。

「行こうかと思ったんだけどね」彼は答えた。

知り合ってまだ二日くらいなのに、もう彼に魅了されていた。内なる衝動、理性では抑え込めない本能的な欲望、ある種の自由を探す心が、私を彼のほうへ引き寄せていく。強烈な魅力というより深い親近感に近いものを覚えていた。ちょっと宝探しに似ている。人生のそこかしこで彼へとつながる小さな手がかりを見てきたような気がした。見知らぬ人の笑顔や、かつての恋人の愛撫、夢に出てきたうろ覚えの人、何もかも永遠に続きそうな気がした春の日のそよ風。そのどれもが、将来彼が出現することを暗示するパズルのピースだった気がする。ずっといっしょにいたような気までしてくる。

このあと、彼がそばにいることが増えた。それが運命だったかのように。

ナイトクラブへ

熱帯雨林にも、日没の時分から出現する騒々しい空間があった。ある晩、私はハンター、ヴァーチューと連れ立って砂地の小道を歩き、村のナイトクラブへ向かった。軍の駐留が増えたため、この村に加わった新しい施設だ。自然保護団体が押し寄せてきたことであらたな雇用が数多く生まれた。ほとんどは男性の仕事だが、少数ながら女性の公園警備員もいる。

棕櫚(しゅろ)葺きの壁に囲われた土の庭の周囲に色とりどりの照明が吊るされていた。ダンスフロアらしき一角ではディスコボールがレーザー光を投げかけている。壁の向こうに隠れている大きなディーゼル発電機の音はコンゴ・ポップのビートをしのぐくらい騒がしい。

軍の環境警備兵がふたり座っている簡素な木のテーブルに、三人で着席した。ジャック隊長は小柄だが、長い睫毛と人懐こい笑顔の持ち主だ。対照的に、大尉は長身で、端正な顔立ちをしていた。ふたりとも私服姿だが、クラブの周辺には下級衛兵が何人か、袖章をピンで止めた軍服姿で立っていた。背中にアサルトライフルを吊り下げている者もいた。「まるでニューヨークでしょう！」ジャック隊長が長い睫毛をぱちぱちさせ、優しげな笑顔で私を見た。発言の他愛のなさにテーブルのみんなが笑った。空気は柔らかく、湿度は高い。

ヴァーチューがみんなにビールを運んできて、わざわざ私たちの前で栓を開けた。コンゴの慣習なのか、それともヴァーチューの被害妄想がなせる業なのか。いずれにせよ、これでビールに毒が盛られていることはなく、混ぜ物も入っていないことが確かめられた。「一五年前にはビールはなくて、あるのはヤシ酒だけだった」とハンターが言い、プリムスのビールをひと口飲んだ。

「ああ、そのとおり、私たちは成長しているんだ」と、ヴァーチューが返す。

「僕らの仕事がうまくいっていないということさ」ハンターが嘲（あざけ）るように返した。「昔はたくさん象がいた。めずらしい白い象まで。いまは、その代わりに……ビールがある」

「きみはとても興味深い時期にここへ来た」ヴァーチューが私に言った。「ブッシュミートが高級市場へ移行しつつあるときだ。もちろん、コンゴ人がみな狩猟動物の肉を食べるわけじゃない。西部でみんなが肉を食べるのは、祖先が森に暮らす狩猟民だったからだ。私は東部の出身でね。狩りをする伝統はない。みんな魚を食べている」

「私は政界入りしたい」ヴァーチューは目をわずかに膨らませて続けた。「父は教師だが、私にはもっと大きな野心がある。いま、うちの組織で働いているのは一六人。これを二八人に増やす。ゆくゆくは国会議員に立候補したいと思っている。ICCN（コンゴ自然保護協会）の現会長には力がないからね」

「去年、地方の知事が、種類を問わずすべての狩猟を完全に違法にしようとした」ハンターが口を挟んだ。「ところが、ICCNの前会長が大の狩猟好きだったせいで、法案は通らなかった」

「困ったことに」ヴァーチューが言う。「国立公園の警備員の給料は雀の涙ほどで、支払いも不規則なんだ」

「軍の警備兵も給料が高いわけじゃないが、少なくとも途切れることなく支払われている」とハンターが言葉を継いだ。「警備兵は公園の警備員よりずっと本格的な訓練を受けているが、一方で警備員は軍による密猟を摘発できる立場にある。だから、両者の間には緊張があるにちがいない」

「たしかに、ブッシュミートの取引に軍が積極的に関与しているという噂はあるが、軍は現政権の支援母体だから、大統領は厳しく取り締まれないんだ」

「木材や象牙も同じさ」とハンターが返す。「法律を破って資源を手に入れる連中は将軍と反乱軍、両方の保護を受けている。こういう賄賂網を断つのはとても難しい。二年前、ここで軍事活動を統括していたトップは機関銃を大量に密輸していて、それが見つかるのを防ぐために軍需品保管施設をひとつ爆破した。この国の究極の捕食者は、国家なんだ。ずっと前からそうだった」

ハンターはビールをひと口飲んで続けた。「独裁者モブツが権力の座に就いたとき、彼は演説でこう言った。『少し受け取ったら、少し置いていけ』汚職は道徳的な問題ではなく、賄賂はお金を分配するひとつの方法でしかないと明言したわけさ。同時に、他人の利益の前に立ちはだかるくらい悪いことはない、とも言った。その結果、あらゆることが取引化した。ここでは、どんなことでも交渉次第だ」

ハンターが私に目を向けて言った。「モブツが初めて政権の座に就いたときは、誰も銀行にお金を預けていなかった」こんどはヴァーチューに視線を戻す。「それで、彼はすべての紙幣の色を変えた。青色を緑色に、緑色を青色に。国民に古い紙幣の交換を義務づけた。僕の父は宣教師用機を飛ばしてキンシャサへ現金を運んだよ。年老いた神父たちが小屋やマットレスの下にいくら隠していたか知って、仰天したそうだ。遠隔地にお金が戻ってくるには一年半かかった。一方、モブツはこれで余剰現金を手に入れ、その価値を統御することに成功した。こうしてあの男は、いまなお続いている倫理観を生み出した。与えられたチャンスをつかまないのは愚か者、という価値観をね」

男性ふたりの会話が続いた。初めは、私のために密猟の現状を教えてくれているのだと思っていたが、話を聞くうち、このふたりは話し合っているようには思えなくなった。ふたつ別々の独白だ。交互に演説しているだけなのだ。

色とりどりの光が回転する。大尉は隅の暗がりでミニスカートの女性の前に立っていた。私はぬるくなったビールを飲んだ。そして、ライオンを思い浮かべた。捕食動物であるライオンは生態系を前進させる。彼らの鋭い爪をかわすために、獲物たちは神経と速力をフル回転させ、感覚を研ぎ澄ます。

ここで起こっている悲劇はけっしてめずらしいことではない。幾層もの暴力が長く森と結びついてきた。二流市民あつかいされている女性は公平な分け前を受け取っていない。女性の体は家庭内暴力や、反政府活動がもたらす激震、内戦の影響を繰り返しまともに浴びてきた。そのひそやかな痕があちこちに見えた。彼女たちの運命は森の運命でもある。

密猟者の監獄

ある日、私は、象の肉を持っていて捕まったふたりの男を訪ねた。軍の仮設刑務所に収容されていた。木材をかき集めて、兵舎の隣に手っ取り早く建てられた粗末な小屋だ。真昼の炎天下、周囲には緑色の制服を着た衛兵が銃を構えて立っている。

象は森で自然死したもので、所持していた肉は燻製にして運ぶのを手伝ったお礼に村長からもらったものだ、と彼らは主張していた。不機嫌そうな顔に、ぼさぼさの髪。夢も希望もない目で私を見た。

油まみれの木製テーブルに象の燻製肉が置かれていた。琥珀のような節くれだった塊が、四つ。この硬そうな茶色い肉がかつて象だったとはとうてい思えない。戦利品を見下ろすかのように大尉がその前に立ち、意図のうかがい知れない笑みを浮かべていた。

その翌晩、ハンターと私は兵舎でサッカーのワールドカップを観ていた。裸電球の下に置かれた小さなテレビに兵士たちが群がっていた。緑色のピッチを動く選手たちは蟻のようだ。あの囚人ふたりはいまも茅葺き屋根の小屋に監禁されているのだろうか。のどが渇いているだろうか。

翌朝、ブーツを履こうとすると、中に砂色のサソリがいた。皮膚は薄く半透明で、不気味だし、脅威にはちがいないけれど、小さいし、それほど恐ろしいとは思わなかった。

無言の教え

今朝は〈国境なき医師団〉(ＭＳＦ)の飛行機が私を拾うために、ここへ立ち寄ることになっていた。私は首都キンシャサで市場調査を続けるつもりだったが、キンシャサへは飛ばないとのことなので、まずはコンゴ川流域の港町ムバンダカに何日か立ち寄り、そこから首都へ向かうことにした。ヴァーチューもキンシャサへ戻ることになり、私に同行するという。

飛行場の端で迎えの機の到着を待つあいだ、隣に小さな男の子が三人座っていた。椰子のような植物の太い茎から皮を剝がしていき、淡い色をした内側の芯を大きな葉の上に積み上げていく。言葉を発するわけではないが、私にやり方を教えてくれる。仕事に気が向いていないらしく、クスクス笑いながら作業していた。集めている甘いごちそうをときどきひとりが食べてしまうのだが、あとのふたりは笑ってそれを許していた。

ハンターがオートバイで轟音を撒き散らしながらやってきた。いつもかぶっているキャンバス地の防水帽の下からぼさぼさの髪をなびかせて。深緑色のダッフルバッグを背負い、前にフェールラーベンのリュックを抱え、首にはカメラをぶら下げている。革の鞘に収めた大きなハンティングナイフを茶色の簡素なベルトで腰に固定していた。

彼もキンシャサへ戻るのだ。知らなかった。なんだか気分がもやもやする。彼にはどこか私を酔わせるところがあった——あらがえないほど魅力的とは言わないまでも。高温多湿の異国で年上の男性に恋する若い娘。なんて陳腐な話だろう。なのに、ここに彼がいるだけで胸が躍り、ひとり微笑んでしまう。

飛行機は三〇分前に到着するはずだったが、もともときっちり時間が決まっているわけでもない。この国では何もかもが相対的で、何事も別の要因に左右される。飛行機が到着すれば、ここからのフライトは一時間程度。現地の人と同じようにピローグで旅をしていたら、三日はかかるだろう。

眼下を流れる小さな川が密林のポケットをゆっくり流れていく。大きな支流に合流して川幅を広げ、沼沢地へと分かれていく。川は氾濫原に立つ高床式の小村をいくつか通って、その後、〈大河(ル・フルーヴ)〉の呼び名で知られる世界最深の水路へ流れ込んでいく。

密猟動物を運ぶコンゴ川

ムバンダカ空港に着き、バイクタクシーで町の中心部へ向かった。私が後部座席、ハンターがそのすぐ後ろに座った。運転手が加速すると、私たちは身体を押しつけ合ってバランスを取った。体が触れ合うのは初めてだ。背中に当たる彼の胸が温かい。柔らかな風が耳をくすぐる。広い環状交差点（ラウンドアバウト）を回るあいだに、彼はネパールとインドで敢行したハイキング旅行の話をしてくれた。バイクがスピードを上げて平坦な野原を通り過ぎるときには、高山の農家で作物の植え付けの手伝いをして何週間か過ごした話。細い路地と小さな木造家屋が混在する町へ入ったときは、石造りの家の床で幾晩も寝た話。バイクが急カーブを切って宿泊先のゲストハウスの中庭に入ったとき、私たちはバランスを失わないようまた身体を押しつけ合った。

宿は植民地時代の修道院で、修道女が運営している。夕刻にそれぞれの部屋へ落ち着いたあと、ハンターと私は一杯やろうと、コンゴ川を見晴らすホテルへ歩いて向かった。川を望む屋外のコンクリートデッキに腰を下ろす。未完成の円柱から鉄筋が突き出していて、灰色の曇り空を背景にしたシルエットは殺風景だ。このデッキはいつとも知れない将来、建設費を払えるくらい客が来たときに完成を見るのだろう。

眼下の土手に大きなピローグが十何艘かもやわれていた。どれも長さは六メートルで、幅は九〇センチ。船荷の積み下ろしに精を出す人たちが舟と舟の間に渡された板の上を歩いている。赤色とオレンジ色のTシャツを着た人たちが長い管状に丸めた茶色のフォームロールやマットレスを運び、段ボール箱や、縫い目がふくらんだ白布編みの米袋、木のお椀、食べ物を蒸すときに使われる新鮮な葉っぱの束、魚を獲る手づくりの仕掛けなどの横に積み上げていく。土手の上には、ピーナツの赤い袋や小さな丸いタピオカブレッドを並べた大きな金属トレイを頭に載せている人たちがいた。子どもたちに囲まれて座っている女性が女の子の髪を編んでいる。からし色のスカーフを巻いた女性が身をかがめている。男性がふたり、竹の柵にもたれかかっていた。ひとりは紙切れを手に、頭をのけぞらせて笑っていた。そのそばを、蛍光色の布で赤ん坊を背負った女性が歩いていく。

「ここへ物資を運び入れるのは、そんなに難しいことじゃなかったし、費用も高くなかった」

私が眼下の光景に魅せられていることに気づいたらしく、ハンターが言った。「昔、コンゴはとてもうまくいっていた。モブツの時代、道路はきちんと手入れされていた。主要な川には人と乗り物を運ぶ国営のフェリー網があった。ところが、一九九〇年代の内戦後、経済全体が崩壊してすべてが変わった。ガソリンは不足し、道路と橋は瓦解した。たくさんのフェリーが破壊され、放置されたまま腐っていった。いまでは、川を渡る方法がピローグしかない場所も多くて、渡してもらえるのは自転車とバイクと歩行者だけだ」

小さなピローグに立つ男性ふたりが黒い木に彫刻をほどこした細長いパドルを駆使して、大きな船の間を勢いよく進んでいく。

「以前、森の奥深くをパトロールしていたとき、一九七〇年代にキンシャサの銀行に勤めていたという密猟者に出くわした。行員時代は毎日バスで通勤していたそうだ。三〇年後、その男は密林でネズミを罠にかけて食いつなごうとしていた」彼はそう言って首を横に振った。「DRCはよく、〝地球でもっとも豊かで、もっとも貧しい国〟と言われる。森と鉱物がこんなに豊かなのに、その特権はほんの数人の手に握られているんだ。庶民は貧しいまま、多くがその日暮らしだ。品物はここの人たちに売られるわけじゃない。運んだ先で転売を重ねて、少しでも利益が出るようにするのさ。〝裏ルート〟と呼ぶ人もいるけど、その表現は間違いだ。交易網はちゃんと整備されている。特に、ブッシュミートの交易網は」

鋼鉄製の巨大な平底艀（はしけ）がゆっくり川を下っていた。大きさを把握するだけでも大変だ。川のこのあたりは幅が広く、艀は流れがいちばん速い真ん中を進んでいく。布製テントや色つきの防水シート、縞模様の傘で飾られていて、カーニバル会場さながらだ。乗客の一部は頭上高くまで積まれた荷物の上に立ち、活気に満ちた下の光景をながめていた。

「あの船なんか、水に浮かんだ村のようだ。人は船上で暮らし、船上で死ぬ。結婚もすれば、出産もする。船上で暮らす人たちはしばらくすると、考え方まで川に似てくる」と、ハンターが解説する。「彼らは情報通で、上流から下流まで至るところで売買をする。プラスチック製品、剃刀の刃、付け毛、銃弾、衣服といった売り物を載せて上流へさかのぼり、芋虫やカブトムシの幼虫、塩漬けの川魚、麻袋に入れた炭の束、籠に入れた狩猟動物の燻製肉なんかの森の品々を持ち帰るんだ。生きた動物も運ぶ。自然の産物と産業の産物を交換するんだ。都市が上流の田舎へ持ち込まれ、反対に、田舎が下流の都市へ持ち込まれるというわけさ」

彼は私を見て続けた。

「貧しいときは文明の産物にあこがれる。金持ちになると必要が満たされて、自然の産物が欲しくなる」彼は間の抜けた笑顔を見せた。いま、きみの研究を要約したからもう研究を続ける必要はない、別の話をしようか、と言わんばかりに。

「そのとおりね」と、私も微笑む。「だから、私は野生の食材に興味を引かれるの。人が野生の食材を食べると、過去の自然の豊かさと物質的貧困、両方への郷愁が押し寄せてくる。人間であることに現在とちがう意味があった時代を経験し直したい。そんな思いがあるのよ。いつでも好きなときに、快適な文明へ戻れる恩恵を手にしているからこそだけど」

「過去は現在より単純に見えるものだ」と、ハンターは返した。「だけど、昔の人たちもいまの私たちと同じく、未知のものに取り組まなくてはならなかった」

「そこが魅力なのね」私は川を見つめながら言う。

船上の人たちを見ながら、ふたりともしばらく黙り込んだ。夕日が水面に千変万化の影を落とし、だまし絵のような情景が生まれて、目の錯覚で、そこにないものが見えた。光が地平線に収束し、やがて平面的な像だけが残る。ぼやけた模様と色が、悲しみや喪失感と一体となって黄金色に染まっていく。

ハンターがふと私のほうに顔を向けた。そこには、この世の驚異を目の当たりにしたような喜びと感嘆の表情が浮かんでいた。彼のそばにいることに、一瞬、感謝の念が湧き出てきた。と、そのとき、彼の顔を疑念の色がよぎった、自分は私の情報源にすぎず、人をつなぐパイプ役とか、後日私が書く体験談の断片でしかないのではないか、と疑うかのような面差しだった。

どこか傷つきやすそうなその表情に、キスしたい衝動に駆られた。それを押しとどめ、彼の疑いの瞳をのぞき込み、目で語りかけるように安心させた。そして心の中でつぶやいた。何年か経ってこのときのことを書いたとしても、それは小さな寓話のように思えるだろう。美しい川をながめながらふたりが分かち合っている大きな現実を凝縮した、寓話のように。

ブッシュミート市場へ

翌日、川岸に並ぶ食品卸売市場へ、ハンターと歩いて向かった。トプルカという自転車タクシーが、後ろの台につけた色彩豊かなニットのクッションに身なりのいい男女を座らせ、私たちの前を突っ走っていった。

多くの商人はこの市場でブッシュミートを買い付け、ホエールボートと呼ばれる木製の貨物船で下流へ運んでいく。首都キンシャサで、彼らが運んだ品々には長く厳しい旅と数多くの中間業者を反映した値段がつけられる。狩猟肉の燻製には捕獲された村の四、五倍の値段がつくという。

切り分けられた燻製肉はコンパクトで軽く、野菜とちがってすぐには腐らないため、とりわけ価値が高い。

それでも、相当量の肉が輸送中に傷む。そのため近年では、河川網ではなく飛行機で物資を運ぶケースが増えてきた。狩猟肉を売るレストランにはフルニスールと呼ばれるバイヤーがいる。彼らはここで定期的に肉を調達し、貨物機か旅客機に積んで送り出す。ムバンダカ発キンシャサ行きの民間旅客機には、狩猟肉や魚独特の匂いが漂っている。

港の主要な市場ではキャラメル色をした野生のカワイノシシの仔がプラスチック桶に納まっていた。足元で小さな脚を縛られている。生きたセンザンコウを丸い木の板に縛りつけて売っている女性がいた。その隣の女性はアレンモンキーを売っていた。死んだ猿や燻製にされた猿もいて、その変形した体が細い枝でつくった十字架に縛りつけられていた。

「猿の燻製は前足を見ないと見分けられないことが多い」ハンターがそう言って、肉を調べるためにしゃがみ込んだ。「ブッシュミート市場でどんな種(しゅ)が売られているかを見れば、森の健康状態がわかる。たとえばアカコロブス属の猿は密猟で壊滅的に減少した最初のひとつで、彼らがたくさん市場に出ていれば森は比較的健康であって、猿はかつてパトロールが盛んに行われていた国立公園や保護区から来たものだとわかる」

彼は羚羊(アンテロープ)の燻製肉を売っている一角に目をやった。「ブッシュミートの新鮮度は押してみればわかる。硬く乾いていたら、何カ月も前に獲られたものである可能性が高い」

狩猟肉（ジビエ）の燻製が入った木箱を男性たちが降ろしていた。オオトカゲにヒラタヤマガメ、山積みの川魚も見える。生きたナイルワニが太い撚り糸で口をぐるぐる巻きにされ、オートバイの後ろに縛りつけられていた。緑色のサンダルを履き〈中部ミシガン・フットボール王者〉と書かれたTシャツを着た男性が、赤錆色と灰色の毛皮がついた、殺されたばかりの猿を二匹運んでいた。長い尾を結びつけて持ち手にしている。片手で猿を二匹、もう片方の手で携帯電話を持って市場を歩いていく。猿の手足はだらりと垂れ、男性が歩くたびに小さく揺れた。

午後、修道院の宿に戻ったあと、ハンターの部屋に招かれた。ツインベッドの上に蜘蛛の巣のような蚊帳が吊られていた。そのそばにある薄青色の壁はところどころ欠けていて、剝き出しの木の十字架が釘で打ちつけられていた。気温も湿度も高すぎてとても爽やかとは言えないが、開け放たれた窓から風が入ってきて、コットンのカーテンをわずかに揺らしていた。

椅子がないのでベッドに並んで座った。ブッシュミート取引の話を続けるのだろうか。私は、ふたりを引き寄せるあらがいがたい力を感じ、身を固くした。研究の情報提供者を好きになるのは賢明なことだろうか。この野生が染みついた男性に心を開くのは。

ハンターが私にキスした。昔からの習慣で大声を出さないようにしている黒人の修道女たちが、窓の外の屋根付きバルコニーの下を歩いていく。彫刻がほどこされた軒先には植物の鉢植えがぶら下がっている。私は唇を押しつけられたまま、洪水後の木の枝のように反り返った。

ドアをノックする音がして、ハンターとふたり、人工光に照らされた動物のように凍りついた。またノックされた。一度目よりしつこい感じで。私はパッと立ち上がって隠れようとした。ところが、そのときにはヴァーチューが勝手にドアを開けて、部屋の中をのぞき込んでいた。「携帯の充電器を探していてね」彼は言い訳をするように言った。思いがけず私がいて、とまっているのか、ゆがんだ喜びを覚えているのか、目の表情からはわからない。ハンターは憤然とした面持ちだ。

それからキンシャサに着いてすぐ、私は彼と暮らしはじめた。運命に導かれるように。

6

羚羊（アンテロープ）の肉、トマトとスパイス煮込み

コンゴ民主共和国

Stewed Antelope in Tomatoes and Spices

ベル・ヴューでの同棲

コンゴ民主共和国（DRC）の首都キンシャサにあるベル・ヴュー複合住宅で、ハンターと暮らしはじめて一週間近くになる。彼の同僚女性が所有する一室だ。ここを貸してもらえることになったのは、彼女がいま国外にいるからだ。毎晩、彼女の身の回り品に囲まれて眠りに就く。洗面所のカウンターには化粧品がぎっしり詰め込まれ、クロゼットの中には服があふれていた。ナイトスタンドに彫刻が飾られ、ベッドの上の空間には色とりどりの幾何学模様が描かれたタペストリーが吊るされている。ベル・ヴューは分譲マンションで、全部で一〇一戸あり、アメリカの郊外のように外壁の色調はパステルカラーでまとめられていた。施設内のスポーツセンターにはサウナがひとつとプールがふたつあり、レストラン、バー、水煙草（シーシャ）ラウンジまで完備されていた。午後になると、青いつなぎの服に黄色い派手なゴム長靴の人たちが歩道を掃除する。落ち葉が枯

れはじめる前に、彼らの長靴と同じ黄色に染まっている湿った葉を掃き集めていく。複合住宅を取り囲む壁の外では名もなき人々が苦しい暮らしに甘んじていた。枝分かれした街路に人がひしめき、コンクリートの都市景観はぎらぎらした欲望に満ちている。

入口の警備員たちは給料が低いとこぼすが、不定期払いが常態化しているこの街で彼らの給与は定期的に支払われていた。月一〇〇米ドルは学校教師や警察官の平均給与と同じくらいだという。昼食は、赤みを帯びた燻製ポークの厚切り肉に緑のハーブを散らし、そこにピリピリと呼ばれるチリと塩が混ざったオレンジ色の調味料をかけたものだ。一ドル以下のファストフード。町のあちこちで売り歩いている女性から買う。もっとお金があれば狩猟肉を食べる選択肢もあるのだろうが、値段は六倍だし、街にブッシュミートを売り歩く人はいない。

ベル・ヴューに住んでいるのは、国連やＮＧＯ、ダイヤモンド鉱山、資源会社、銀行、慈善団体などで働く人たちだ。中国の建設会社のお歴々やレバノンの資金洗浄人、外国の外交官、コンゴの大臣、そして彼らの妻子が暮らしていた。さまざまな国籍が入り乱れている。黒曜石のような漆黒やパールホワイトに輝く高級ＳＵＶが、しばしば敷地から、大きな深い穴が開いた埃っぽい道路へゆっくりと出ていく。ハンドルを握る者はきれいな広いアスファルトをすっ飛ばすところを夢見ているのだろうが、ここにはそんな道路は存在しない。

毎日、でっぷり太った中国人男性が三人、朝と深夜に敷地内を散歩している。彼らがここにいるのはこの国のインフラ整備を請け負うためだ。未来をもたらすため、という表現を彼らは好んでいるようだが。ある夜、この三人をバーで見かけた。高級そうなクリスタル皿でアイスクリームサンデーを食べながらワールドカップを観戦していた。真ん中に座った上役は立てつづけに煙草を吸い、賭けているのかスコアカードに目を凝らしていた。

水曜日の夜には、例の青いつなぎに黄色い長靴の人たちが来て、殺虫剤を撒き散らしていく。騒々しい音をたてて回転する機械を引きずりながら石畳の道路や石の歩道を行き来し、そのあとには裏庭や網戸の隙間から蚊よけの噴霧がぼんやりと漂う。マンションの窓には金色の反射材が付いているので、視覚的なプライバシーは守られている。また壁と門、警備員と鏡窓が、泥棒や物乞い、そして一般人から住人たちを隠していた。

ベル・ヴューから通りを少し進んだところにあるスーパー〈ストップNショップ〉は、明るい照明とエアコンを完備している。中に一歩入ると、多種多彩な食品に満ちていた。優雅なガラス瓶にはハーブを散らしたパテやホワイトアスパラガスが入っている。豚肉と鶏肉はビニール包装されていた。ベルギービールや南アフリカ産ワインもあった。アメリカから輸入されたお菓子も見かけた。ひとつの通路全体がマーガリンと豚肉製品を並べた売り場になっている。ウィータビックスのシリアルもある。みずみずしいピンクグレープフルーツはふたつで五ドルだ。

それなりのお金があれば、コンゴでも世界の都市と同じような暮らしができる。

味の嗜好を変える挑戦

ジャスティンはほっそりとしたアメリカ人女性で、私の受け入れ先の自然保護NGOで働いている。ある晩、彼女からワインのお誘いがあった。住まいは高級街にあり、ゲート付きの入口に警備員がふたり配置されていた。一九三〇年代か四〇年代、ベルギーから植民地に送り込まれた将校たちのために建てられたものだ。コンゴの独立後ある軍指導者に贈呈されて、その人物が後日改修した。

「それがね、〝独裁者様式〟だったのよ」とジャスティンは言い、金の飾りがついたロマネスク様式の装飾的円柱と、天井の複雑な白い刳形（くりかた）を指差した。「モブツがこれに似た宮殿をどこかに持っていたから、配下の軍人たちもそれに倣ったってわけ。いまではこの偽天井も、ネズミが隠れる絶好の場所になりはてたけど」

リビングにふたりで腰を下ろし、ブッシュミートをめぐる危機を論じ合った。私の向かいに置かれている低いソファに身を預けた彼女は、寝そべった猫を連想させた。くつろぎながらも、何かに興味をそそられたとたん、パッと動きだすかのような。

「平和部隊〔米国の長期ボランティア派遣プログラム〕にいたころは、四時間並ばないとママにコレクトコールをかけられなかった。いまの子たちは毎日家にメールできていいわね」彼女は冷えた白ワインをひと口飲んで言った。

ジャスティンはアフリカのいろいろな場所で長期にわたり活動してきた。銃撃戦や反乱や牧畜紛争に巻き込まれたこともある。彼女の後ろの壁には長年かけて集めた品々が飾られていた。AK-47の銃弾でつくった牛の装身具。狩猟用の簡易弓。草で編んだ籠。彼女が話すあいだ、私はそれらをながめていた。

「こういう森はもぬけの殻だと私たちは思いがちよね。人がいないって。科学者は動物の数をかぞえて、動物がいればそこに保護区をつくろうとするだけ。でも、森にはずっと前からそこを利用してきた人たちがいる。たとえば、セレンゲティ〔タンザニアの国立公園〕ね。あそこの人たちはかつて、移動する動物を追って暮らしていた。乾季も暮らしやすい場所じゃなくて、雨季は移動が難しくなる。でも、半乾期には動物が水を求めてやってきて、人間はそれを追っていた。そんな人たちが何千年もあそこで暮らしていたのに、私たちはその人たちに素知らぬ顔をしようとする。人がいるところには欲望が生まれるわ。みんなが現代的なものを求め、ラジオやテレビを欲しがるようになる。だからある程度、節度を保つ必要があるわね。そうしないと、野生の生物がいなくなってしまうから」

彼女は少し色を失った顔で、わずかに私のほうへ体を寄せた。

「私たちは世界の終わりに直面しているのかしら。そうよ、終わりかけているの。生態系の崩壊危機が迫っている。象が消えた。めったに見かけなくなったという意味だけど。自然保護団体に、この状況を劇的に変えるだけの資金はないわ。金やダイヤモンド、石油、希少鉱物の採掘、木材や木炭を手に入れるための伐採、それに森林を脅かす数々の破壊的な力に直面しているっていうのにね。大市場向けの木炭産業は巨大なもので、マフィアやテロリスト集団によって運営されている……」

彼女は身をのりだして私にワインを注ぐと、自分のグラスにも注ぎ直した。

「ここにいると、すでに気候変動が進んでいることを痛感するわ」苦々しげに、彼女は口をすぼめた。「乾季に雨が多くなり、雨季に少なくなったから、川の水位が一年じゅうあまり変わらなくなったの。漁師はそれまで、水位が下がったとき、浅い水底を泳ぐ鰻に似たマダラトビエイを長い槍で突いて捕獲してきた。でも、水位が高いままだとそれも叶わない。そしたら、彼らはどうする? より多くのブッシュミートを食べるようになるわよね。結果、保護活動への支持は低下する。みんなが私たちに言うの。『これだけ動物がいるんだし、私たちは飢えているんだ。仕方がないだろ』って。つまり、資源が枯渇すると緊張が高まり、状況が不安定になるの」

彼女は自分の話している内容に少しいらだったのか、ソファに深々と背中をあずけた。でも、落胆を見せたのはつかのまで、たちまち次の考えに火が灯り、また明るい表情で体を起こした。

「誰ひとりたんぱく質を摂れない村がいくつかあるの。パンとマーガリンしか食べられなくてね。獲れた肉は全部輸出されてしまうでしょ。昔は、食事で炭水化物をじゅうぶん摂れるかどうかが問題だった。でも、いま不足しているのはたんぱく質。だから私たちは、ブッシュミートの消費量を埋め合わせるたんぱく源の確保に取り組んでいるの。年間八万キロの肉が生産可能な養鶏場をつくってね。ブッシュミートの三分の一くらいに値段を抑えられるようにしたい。家畜からたんぱく源を手に入れるには飼料が必要なんだけど、大豆とトウモロコシを生産したくても森の小村では工業規模の農業は不可能でしょう。だから、お隣のコンゴ共和国で大豆の生産を始めたところ。それが動きだすまではブラジルからの輸入に頼るしかないわ」

彼女はいちど言葉を止め、ワインを口にした。

「ただし、都市部でブッシュミートを求める人々のことを考えないと、商業密猟との戦いに負けてしまう。自然保護活動家は長いあいだ、取引の供給源を絶つことしか考えていなかったけど、それじゃうまくいかないのよ。需要先に目を向けないと」彼女はそう説明した。「だから、私たちはこう問う必要がある。キンシャサの人はなぜブッシュミートを食べるのか。貧しいからなのか、贅沢のためなのか」

彼女はソファの上で少し上半身を起こした。「市場は分化され、特定の種の価値が高いことを私たちは知っている。猿は羚羊(アンテロープ)や水牛(バッファロー)ほど高くない。新鮮なブッシュミートは贅沢品よ。キンシャサの周辺にはもう大型動物がいなくて、空輸しなければ手に入らないから。で、次の問題。どうして裕福な人たちはブッシュミートを食べるのか。ほかに何もないからか。ある意味、そうともいえる。でも、本当は嗜好の問題なの。ブッシュミートは地位を測る物差しだからよ。親戚をびっくりさせたいとき、野生動物の肉を用意する。お祝いや結婚式や祝日に出される特別な料理としてね。それぞれの家に家庭の味があるの。アメリカで感謝祭のときに食べる七面鳥みたいに。でも、ブッシュミートはコカインと同じように違法に取引されている肉だから、いっしょにするわけにはいかない」

彼女は早口で声のボリュームを上げ、その言葉に決意を込めた。

「みんなのお腹が空かないようにする必要はあるけど、違法な贅沢という選択肢を野放しにしてはだめ。この問題の対処法はふたつね。法に基づいて刑を厳しく執行するか、みんなの考え方と行動を変えるかよ。都市に暮らすいまの第二世代にとっては、私たちは伝統に立ちはだかる人間かもしれない。でも、その一方でここではアメリカ文化が尊ばれてもいる。みんな、ジョージ・W・ブッシュが大好きだったわ。アフリカにいっぱい援助金をくれたから。それ以来、新しい中間層には欧米人の真似をしたがるところがあるの。ジュリア・チャイルドという料理人（シェフ）がいたでしょう。アメリカの女性に『みなさんにも高級なフランス料理をつくることができるんです』と初めて言った人よ。ここでも似たことができるかもしれない。

新鮮で安い鶏肉を市場に持ち込んだら、料理コンテストやテレビ番組でそれを広めるチャンスが生まれるかもしれないわ。これまでとはちがう鶏肉の調理法を教えるの。チキンオムレツのつくり方を紹介したりして。女性の売り子と手を携えて新しい市場を創り出す。アメリカの食料品店みたいに味見をしてもらい、そういう場面を撮影する。ブッシュミートを求めたみたいに、食生活の幅を広げてみたいと思っている人たちに、こう伝えるの。鶏肉にはあなたたちの知らない調理法がたくさんある。鶏肉はつまらない食べ物なんかじゃないって。大金持ちが鶏肉に舌鼓を打っているところを見せてあげるの。食材にはいろんな食べ方があることを知ってもらう。〝合法的な食材を食べるようにしよう。象は食べない、ゴリラも食べない。それがコンゴの誇り！〟というふうにね。祖父母の世代は食べていたけれど、いまはクールじゃない。鶏肉を食べるのがクール。野生のチンパンジーやゴリラは病気を持っているリスクもあるから、その肉は食べないよう教える。民間企業との協力も選択肢のひとつね。鶏卵キャンペーンを張ってもいい。豚肉キャンペーンでもいい。そういうことをこの中央アフリカでもやってみる。家畜の肉を食べることの価値を高めるの。森の状況を少しずつ理解し、意識してもらえたら、ゆくゆくは大きな変化を起こせるかもしれない」

ふたり掛けのソファにふたたび深く体を沈めると、足を引き上げて膝の上にグラスを置いた。

「アメリカで環境倫理の議論が始まったのは、すべてを失ったあとだったけど、ここはまだ間に合う。この国の人たちは、野生動物はたくさん残っていると誤解している。だから、環境を守ってと言う前に、環境への危機意識に目覚めてもらうほうが先かもしれない。そして、そういう動物を救いたいと思えるくらい生活に余裕を生むためには、現地の発展が欠かせない。問題はお金よ。現地の人たちの金銭問題を解決しないと、自然保護なんて無理な話なのよ。現地の人たちに森に面した国立公園を支えてもらう必要がある。彼らに仕事を与えなければいけない」

それを聞いて、つい最近訪れた国立公園の村のことを思い起こした。

「開発と自然保護のバランスを取るのは本当に難しいのね」私は言った。「それに、破壊行為の多くは現地の人じゃなくて、市場で取引をする猟師たちがしているんでしょう」

「ええ、もちろん、外の人たちはいまでも問題よ。外国の武装勢力がコンゴ国内の猿を片端から殺していくのをどう防いだらいいのか」と、彼女は返す。「都市部には野生生物保護法と狩猟法を執行する人がどこにもいない。野生生物保護法が何かさえ、裁判官は知らないの。ウガンダでは最近、収監されていた大物密売人が釈放された。強力な軍隊に守られた権力者たちはみずからの利益になる現状を維持しようとする。だから、政府に自然保護という倫理観を持たせるには経済的な動機づけしかない。たとえば、観光業みたいな。死んだ動物より生きている動物のほうが価値は高いという評価を突きつけるの。ルワンダはいま、国を挙げてゴリラの保護に取り組んでいるわ。ケニアでは観光ロッジが現地人の生計の大半を占めているし、東アフリカでは野生動物観光業に何百万人もの現地人が雇われている。なのに、この国では、白人は午後四時までに家に帰って警備員を外に配置しないと安全が確保できない。観光とはまったく無縁な状況なのよ」

ジャスティンは実年齢より若く見えるせいか、これだけの経験を重ねてきた女性とは思えなかった。子どものころの自分と大人の自分が繰り広げる心の葛藤と闘っているような印象を受ける。

「いまのところ、中央アフリカに自然保護の倫理観は皆無と言ってもいい。アメリカと同じようにはいかないの。善良な人がいても撃たれてしまうだけ」

これまで読んできた、世界各地で公園管理官や保護活動家が殺されたという数多くの報告を思い出す。コンゴ民主共和国はとりわけ危険な場所なのだ。東部のヴィルンガ国立公園では過去二〇年間で一六〇人近い管理官が銃撃されている。

つかのま部屋が静かになった。蚊が何匹か、クーンと子犬のような音をたてている。「研究者がここへ来ることはめったになくて」彼女は立ち上がり、ワインを探すためにキッチンへ向かった。「あなたは本当に、久しぶりの研究者よ」

そう言って私を振り返った彼女の目には、驚くほどの強さが宿っていた。自分が語った悲劇と真っ向から向き合い、襲ってくる無力感を押し戻そうとするかのように。

「目下のところ、私たちの最大の問題はバター危機」自然保護の話はひと区切りとばかりに、彼女は愉快そうに笑った。「輸入の問題があって、いまキンシャサはバター不足なの。どこへ行っても見つからないのよ！ さあ、晩ごはんにしない。料理をつくりすぎちゃって。食べ残しを出したくないし」

ハンターがマラリアに

数日後、私の運転手を務めている自然保護団体のルシアンが仕事のあと、ハッピーアワーをやっているという店へ連れていってくれた。太った体におだやかな表情のルシアンは、いつもにこにこしている。今日はルイ・ヴィトン風の灰色のスーツを着ていた。お洒落こそ人生の平凡さに対抗する手段とばかりに、たいていいつも身なりがいい。助手席のドアにへこみがついた古い白のランドローバーでブッシュミート市場を案内してくれるときにも、きちんとボタンを留めて、デートに出かけるときのような服装でやってくるが、しょっちゅう故障する車を修理する気はなさそうだ。

唯一、お洒落をしていない彼を見たのは、コンゴ川沿いの散歩に付き添ってくれた朝のこと。ジョギングに出かけるような赤いトラックスーツを着ていた。この散歩中に、ルシアンは家庭生活に問題を抱えていることを私に打ち明けた。妻のことは愛しているが、自分は仕事に忙殺されていたし、たまの休みも体調が優れないことが多かったという。彼には娘がふたり、息子がひとりいる。彼自身は若いころ電気技師になるために勉強していたが、いろいろあって学費を払えなくなった。いまの仕事には大きな誇りを持っている。コンゴで欧米系ＮＧＯの仕事に就くのは大変なことだ。住まいは二部屋の小さな家で、給料は安いが、子どもたちには自分より大きなチャンスがあると信じている、と彼は言う。

店では、薄暗いコンクリートのポーチに座って飲んだ。ＮＧＯで働いているコンゴ人の男性四人も同席した。蛾や甲虫が周囲をわんさと飛び交っている。

「ラファエルの隣人は猿や羚羊（アンテロープ）の小さな切り身を買ってきては、小分けにして、近所の人たちに売っている」事務所の半端仕事を一手に引き受けているラファエルという年配の男性が話す内容を、隣にいるジャスパーが通訳してくれた。「ちょっとした小遣い稼ぎだ。それで好きな食べ物とか、ちょっとしたおやつをときどき買う」

ジャスパーはキンシャサ育ちだが、大学で学ぶためにベルギーへ渡り、語学に堪能だ。地理情報システム（GIS）の空間分析員をしていて、シャレの名人でもあった。気さくな性格で、鷹揚な笑い声をあげる。

「皮膚の下を流れる血は、僕らだって同じ赤色だ」彼は自分の腕を指差し、そのあと私の腕を指差した。

「もちろんよ」私は答える。

「だろ！　だから、きみも僕も同じ人間だ」と、彼は熱っぽく語る。

私たちは共通点を認め合って微笑みを交わした。彼のような男性と私のような女性を区別し、異質の存在あつかいをしてきた家父長制や人種差別の構造を、いつか打破できるかもしれない。でも、彼の最初の言葉が私のお腹の底に張りついて離れない。それは真実であり誤りでもある気がした。どんな人間にも同じ血が流れている。たしかに、きわめてまっとうな考えだ。でも、迫害との闘いには長い歴史がある。私たちの願いとは裏腹に、彼の意見で過去の歴史まで消すことはできない。

ビールを飲み終えて、ハンターのことを考えた。

「ルシアン、そろそろ帰らなくちゃ」と、私は言った。「思ったより長居しちゃった」

「そんな！　もう一杯やっていってよ」とジャスパーが言い、ビールを取りに立ち上がった。ルシアンは肩をすくめて優しく微笑んだ。

ようやく帰り着くと、ハンターはベッドに横たわり、びっしょり汗をかいていた。顔をゆがめている。マラリアだ。熱が高く、震えている。マラリアの病原体である原虫が血流に渦を巻き、また来たかと体が防御姿勢を固めているのだ。

これまでにも、彼はこの病気と何度も闘ってきた。熱帯雨林の真っただ中にひとりでいるときに罹ったこともあると聞いていた。せせらぎの音が聞こえる小川のそばでキャンプを張っていた。ハマダラカから逃げ込める場所はロイヤルブルーの蚊帳しかなく、仲間は高木の上のほうから声をかけてくる猿だけだ。何度も感染を繰り返してきた彼の身体にはそれなりの免疫があるせいか、今回の症状は比較的軽そうだ。それでも安心はできない。

「どこにいたんだ」彼は目を閉じたまま、哀願するように小さな声で言った。私は彼のそばに座り、手を握った。「出かけていたの。でも、いまはここにいる」ハンターは私が貴重な獲物であるかのように、子どもが安心感を得るため肌身離さず持ち歩く〝安心毛布〟のように——私の太腿の上のほうをつかんだまま眠りに落ちた。

翌日目を覚ましたときはかなり快復した様子で、私はほっと胸を撫で下ろした。このときからハンターは私のことを、英語の〝ダーリン〟に当たるスウェーデン語で〝オルスクリン〟と呼ぶようになった。キスを意味する〝プッス〟も冗談半分に使った。それはあだ名であると同時に、私への誘いの言葉でもあった。きみの美しい全身にキスしてぎゅっと抱きしめよう、という。

毅然とした女性たち

キンシャサはコンゴ川沿いのなかでも幅の広い曲がり目に位置し、少なくとも一四〇〇年代からずっと国際的な交易地だった。一九二三年にベルギー領コンゴの行政中心地となり、当時はレオポルドヴィルと呼ばれていた。植民地政府は若い男性労働者だけに定住を許可した。住むためには労働許可証が必要で、財産の所有は認められず、特別な区域での居住を強制された。ヨーロッパ人が所有する畜牛や農地に囲まれた隔離タウンはこうして誕生した。

村のほとんどの労働は女性が担い、特に食料生産と子育てには彼女たちが欠かせなかったため、都市部へ移り住まないよう強い勧告を受けていた。都市への移住に興味を示すと、高級売春婦になるつもりだという噂を広められた。カトリック教会もこういう見方に与した。市内に住む未婚のフェメ・リブレ（自由女性）には年間五〇フランの植民地税が課された。

しかし、一九三〇年代の中頃になると植民地政府は首都の〝収容所めいた〟雰囲気と、男女比の不均衡に懸念を示しはじめた。売春を根絶して労働者の暮らしを安定させるため、コンゴの女性はベルギー人の〝家政婦〟（仕事に性的な奉仕が含まれるかもしれないという暗黙の合意の下）になるか、結婚する場合に限り都市への移住を許され、またそれとなく勧められるようにもなった。男女比の不均衡によって女性が複数の求婚者からひとりを選べるケースもあり、ヨーロッパ人との結婚で経済的、社会的地位を大幅に向上させる女性も現れた。

ベルギーはコンゴ人男性を医者や弁護士、行政官、官僚として訓練し、開化民(エヴォルエ)という新しい中産階級を創出した。アフリカのほかの植民地の二倍、教育を受けた賃金労働者を生み出そうという試みだ。しかし女性に関しては、上流階級に属していてもめったに教育機会は与えられなかった。裁縫や編み物、料理など、家庭内活動に習熟することばかりを奨励された。家庭に閉じ込められて夫に従属する女性は、タダ働きしてくれる大きな労働力だ。植民地国家はこの状況を失いたくないため、女性が家庭外で仕事に就くには夫の許可が必要という法律までつくった。その結果、女性は急速に拡大していく近代経済から締め出されることになった。

雇用機会が限られていたため、女性に開かれた数少ない手段はみずからの起業だった。違法ではあったが売春もひとつの手段で、大きな成功を収めた女性はその収益を合法的なバーや不動産に投資した。食料生産業に着目して、男性があえて手を付けようとしない小規模な非公式取引に参入する女性も出てきた。村の女性は農地に縛りつけられて移動すら制限されたが、レオポルドヴィルの女性は次第に一定の自立を見いだすようになっていった。

一九四〇年代から五〇年代にかけてレオポルドヴィルは急速に発展を遂げた。都市の拡大にともない、女性たちは森林の産物を都会へ運ぶ輸送と交易にも徐々に関わるようになる。食料生産者や料理人の役割を担ううち、自然とブッシュミートについても習熟していった。開化民として デスクワークに縛られた夫たちは旅に出る時間が減ったが、女性はときおり郷里の村へ里帰りした。村から食料を持ち帰ると、自分たちで食べる以外のものを売って家計を助けた。

ただ、女性にはそのつど旅行許可証の所持が義務づけられていたから、旅に出たり首都へ戻ったりするにも夫や父親の許可が必要だった。この制限を避けるため、女性たちは賄賂の技術を磨いた。植民地政府の役人と親しくなり、自由な移動と引き換えに利益の一部を提供する者も多かったという。以来、長年のうちに女性がブッシュミート取引網を利用するシステムが発達し、そのルートは母から娘へ受け継がれ、暗黙の知識が育まれた。

コンゴ独立から親米モブツ政権へ

一九六〇年にコンゴがコンゴ共和国として独立を果たすと、ベルギー人は速やかに国外へ退去した。国内に権力の空白が生まれ、五年に及ぶ悲惨な内戦に突入し、支配権をめぐって数多くの閥(ばつ)が争った（あのチェ・ゲバラまでが、あるグループを支援するためにキューバ人ゲリラ兵を率いて森へ入った）。こうして殺伐とした様相を見せる地方を人々が離れ、比較的安全な首都へ逃げ込んだため、キンシャサは空前の人口増となり、都市として肥大化した。

一九六〇年代の中頃までにアフリカ全土で同様の独立運動が起こり、欧米列強はこの大陸が共産主義の要塞になるのではないかと漠然とした不安を抱いた。前年に国名を改めたコンゴ民主共和国では一九六五年、アメリカの支援を受けたモブツがクーデターで政権を握る。彼の政党〈革命人民運動〉は一党独裁体制を確立し、文化的生活のあらゆる面に関与した。モブツが反共を掲げているというその一点で、アメリカも暴力と搾取を用いた彼のグロテスクな統治方法に目をつぶった。

一九七三年までにモブツは絶大な権力を握った。議会の権限を縮小し、地方議会を停止し、キンシャサに支配力を集中させた。警察の指揮権を握り、政敵と見なした者は残らず処刑。外資産業をすべて国有化し、都市部や鉱山へ大きな投資を行うと同時に換金作物への課税率を上げた。これらの政策は大都市と地方の貧富差を拡大させ、人々の農村部からの脱出傾向にいっそう拍車をかけた。

モブツはカリスマ的な指導者だった。鼈甲（べっこう）の眼鏡をかけてピンストライプのスーツに身を包み、豹皮のフェズ帽をかぶる粋ないでたちを好んだ。ヨーロッパで休暇を取り、欧米の大統領や首相を訪問した。一九七四年には〈密林の決闘〉（ランブル・イン・ザ・ジャングル）と銘打ち、キンシャサでモハメド・アリ対ジョージ・フォアマン戦を開催し、〝モブツイズムの勝利〟と自画自賛。ジェイムズ・ブラウン、B・B・キング、ビル・ウィザースらが出演した三日がかりの音楽フェスティバル〈ザイール74〉が、この一戦の前宣伝を務めた。

欧米の後ろ盾を受けたモブツは国から植民地時代の影響を排除しようと、真正（オータンティシテ）という国家の公式イデオロギーを打ち出した。国名をザイールと改め〔一九七一年〕、欧米のかつらの使用を法的に禁じ、開化民たちに〝真正〟コンゴ人の方式に則った服装と話し方と食べ方を強要した。これを機に伝統料理が再発見され、またつくられるようになった。定給を手にした都市部の人々は、伝統的な食肉に高額の代金を支払うことを厭わない。そうして野生動物の需要は急増した。象は牙ではなく肉を手に入れるために殺され、象肉を食べることで男らしい力が得られると考えた高官たちの、威信のひと皿となった。少なからぬ軍の有力者が中心になってこの取引を差配した。薄給の歩兵や国立公園の警備員に村人から獲物を強奪させたり、また多くの将校が妻に肉を密売させた。キンシャサの市場には象の肉が山と積まれ、蠅のたかる屋外で売られた。

暮らしはまだ独裁者の支配を受けていたが、何世代にもわたり感じることのなかった自由の空気があった。コンゴはアフリカ大陸における文化的進歩の道標となり、キンシャサは驚異的なルネッサンスの中心地となった。国民はアフリカ全土で最高レベルの教育を受けた。アールデコやソ連式のブルータリズム、未来派、村の小屋の幾何学的デザインなどを組み合わせた実験的スタイルで野心的な公共建築物がいくつも建てられ、近代アフリカ国という新しいアイデンティティを表現した。

音楽、芸術、ファッション、文学が爆発的に花開き、国際的にも評価されはじめた。キューバのルンバの変形として一九四〇年代のベルギー領コンゴで発展した多楽器ダンス音楽スークースの人気が復活。ミュージシャンはシンセサイザーを使った実験に着手し、ロンドンやパリのクラブで演奏した。レコード店にアシッドジャズやサイケデリックファンクが流れる。土曜の夜は、〈フレンチ・クラブ〉の隣にあった〈ホテル・ヴィーナス〉の高級バーが名所となった。

一九八〇年代半ばになるとモブツの支配力は衰えを見せ、ザイールは広範囲に及ぶインフレと不安定性の増大に直面しはじめた。冷戦の終了により、アメリカはもうモブツと同盟を結ぶ必要がなくなり、彼の政権に対する国際的な支持も薄れていった。一九九六年に勃発した内戦は二〇〇三年まで続き、軍隊や支援を提供したアフリカ諸国を巻き込んで〝アフリカ大戦〟とも呼ばれた。およそ五四〇万人が死亡、四〇〇万人が住居から強制退去させられた。

森に広く武器が出回り、それが常態化した。強姦（レイプ）はとりわけ効果的な、計算されたテロ戦術となった。傷ついた女性はコミュニティから疎（うと）まれる憂き目に遭った。山村部の紛争からふたたび人が逃れてきて、都市はさらに膨張。ヨーロッパへ逃れられる人は、みな出ていった。

この国の女性は長らく家父長制、植民地化、独裁政治の遺産に脅かされてきた。この三つから生まれた法律が女性の成功を大きく阻んできたのだ。中央アフリカの中でもコンゴは女性の財産保有率と家畜所有率が低い。女性は社会構造も信用も高等教育も利用できず、事業を始めるにも、銀行口座を開設するにも夫の許可が必要になる。こうした男女格差への反発もあって、女性は集団行動を取りはじめた。国内の某女性組織は、すでにアフリカ最大級の人数を擁している。

一方で、女性はいまも野生動物肉経済の中核を成している。起業家精神が旺盛な人たちは賄賂や物々交換、取引を牛耳る武装勢力との交渉などにもあたり、微妙な駆け引きで利益を得る技術を変わらず実践している。

屋外市場の露店で

コンゴ川の流れに似て、野生動物肉の取引ルートもまた蛇行していた。川が最後に海へ流れ込むように、肉の大半がたどり着く終点はキンシャサだ。

街の中心部にある〈マルシェ・セントラル〉という広大な野外市場では、拡声器を手にした男性が棒付きのアイスキャンディを売っていた。一〇歳から一二歳くらいの男の子たちが転売できそうなビニール袋を探して、ごみをあさっている。手足が変形した男性や、身体的特徴から大きな痛みにさらされてきたとわかる人たちが、客の間をあてどなくさまよっている。自分に化粧をして化粧品を売っている男性もいた。まぶたに青い筋。頰にはピンク色がかった紫色。その溌剌(はつらつ)とした精神に浴そうと、女性が列を成していた。ひっくり返された亀の一群が元に戻ろうともがいている。埃まみれの市場は、亀たちが生まれ育ち捕獲された密林の林床とはかけ離れた場所だ。桶の中で丸々と太った虫がうごめいていた。露店の高いところに記念の服が吊るされていた。植民地時代の大物たちが倒された〝六月三〇日〟に、多くの人がいまも虐げられている国で果たされた独立を祝う服だ。

私は市場の管理人に会った。大柄な女性で、黄色の花柄ドレスと絹のショールをまとい、王冠のように三つ編みを頭に巻いていた。窓の下で女王然と横になり、書類の積み上がった机の小さなテレビで、医者を取り上げた番組を見るともなく見ていた。部屋は暗く、薄緑色のココナツ柄のカーテンで仕切られている。ドアのそばの椅子で、大きなサングラスをかけた男性がうたた寝していた。科学研究技術省長官の署名と押印がある研究許可証を私が手渡すと、彼女は怪訝そうな顔でしわの寄った紙を指でいじくった。彼女の事務所を出ると、右目が濁った感じの男の子があとをついてきて、そのあとずっと市場をついて回った。

目に入った動物の名前と値段を、私はメモしていった。通訳のジャックが訳してくれた内容を小さな黒の手帳に書きつけていく。ジャックは黒いスポーツジャケットと幅の広いディスコ襟（カラー）がついた赤いシャツを着ていることが多く、首の上のほうでボタンを留めていた。薄い口髭を生やし、鼻の真ん中に読書用眼鏡をかけている。必要な道具というよりは、お洒落アイテムらしい。ジャックは仕事熱心で、心配性で、親切だったが、通訳してくれる言葉にはわかりにくいところもあった。

調査助手を務めてくれるパトリスは環境科学を学ぶコンゴ人の学生で、こういう市場で問題なく過ごせる自信はなさそうだった。顔の汗を拭くティッシュをいつも携行している。臭いと土と煙に圧倒されかけた日も何日かあったようだ。パトリスは孤児で、男四人と女ひとりのきょうだいがいる。信心深く、話すときにほんの少し吃音（きつおん）がまじる。田舎育ちの彼は口にこそ出さないが、幼少期は戦争でつらい日々を送ったことだろう。

ある朝、某教授へのインタビューでキンシャサ大学へ向かう途中、車がひどい渋滞に巻き込まれた。交通量の多い道路は濁流の川のようだ。あちこちに瓦礫があり、私たちの車はのろのろ運転をしている車の前にさっと入り込んでは目的地へ向かって進んでいった。オートバイがタクシーの隙間を縫ってくねくね進み、道は人であふれ返っている。

「田舎にいると気持ちが落ち着きます。空気はきれいだし、風景も美しい」パトリスが後部座席で窓の外をながめながら、途切れ途切れのフランス語で言った。「都会はストレスが多い」

乗合タクシーの横を通り越した。扉の前に男が立って道路に背を向けていた。人が乗るのに手を貸しているのか、それとも、こっそり抜け出す客がいないよう立ちふさがっているのか。

「この街にもいいところはあります」と、パトリスが続けた。「中国の投資で新しいきれいな道路や学校、病院、競技場ができました。国にとっていいことです。発展という意味では」

彼はため息をつき、そのまま窓の外を見ていた。「でも昔は、限られた市場でしか狩猟肉を売っていなかった。いまはどこにでもあります。需要が増えたので」

子どもが何人か、小さな子を抱えながら渋滞の隙間を縫って私たちの車に近づいてきた。「ドアをロックして。誰にも話しかけず、笑顔を見せないで」パトリスがとつぜん緊迫の面持ちで言った。私は前の助手席にいた。ためらう私を見て、ルシアンが怒ったような顔でドアをロックするよう促した。

「盗難が多いの？」私は簡単なフランス語で尋ねた。

パトリスがまた口を開き、かん高い声で言った。「ええ。でも外国人には手を出さないのが普通です。コンゴ人からしか盗みははたらかない」

「どうして」

「外国人を尊敬しているからですよ」

ある日の午後、パトリスが私を自宅へ招いてくれた。庭先で彼の姉妹が仮設美容院を開いていた。塩漬けの魚や、パトリスがいつも持ち歩いているポケットティッシュも売っている。

家族一二人の食事を毎日つくっている長姉に話を聞いた。みんな、猿や羚羊(アンテロープ)の肉が好きだという。マルシェ・セントラルで売られているセンザンコウも好んで食べる。前者よりセンザンコウの肉のほうが品質は良く、種類も豊富だが、値段は高い。このあたりでは、結婚するとき狩猟肉を食べる習慣があるそうだ。「それが自然でしょ」長姉は目を輝かせて言った。「余裕があれば、毎日食べたいわ。子どものころはもっと食べていた。田舎で暮らしていたころはね」調理法はいたって簡単。水に浸けて軟らかくなった肉を取り出し、香辛料とブイヨンを加えて長時間煮込むだけだ。

薄汚れた港の市場

街外れの港にある〈マルシェ・インフラマーブル〉という卸売市場は薄汚れた感じだった。上流から来た貨物船は遺棄された金属製艀の錆びた残骸をよけて、水に浮かぶごみや腐敗物をかき分けながら接岸しなければならない。密集した船の甲板にはそれぞれ商品が山のように積まれている。男も女も、岸に渡した木の板の上でバランスを取りながら商品を降ろしていく。水際にたまった臭いごみを一匹の豚があさっていた。

船から渡した急勾配の板を渡りきったところで、何人かの女性が地べたに座って木炭の小さな山を仕分けていた。手も服も顔も炭の粉にまみれている。脱穀したトウモロコシの大きな山にかがみ込み、大量の粒の中からていねいに小石を取り除いている女性たちもいた。

キンシャサの多くの地域と同様、この市場も煙のにおいがした。さまざまな火がそこかしこにあった。煙をあげる炎、くすぶる火の粉、食べ物を焼く炭火、庭の一角や空き地で燃やされている火。土の燃えるにおいが漂っていた。それが鼻孔に入り込んで一日じゅう離れない。プラスチックを燃やしているような化学物質のにおいも鼻をつく。

大量のブッシュミートのそばで、壊れたビーチパラソルの下に座っている三人の女性に話を聞いてみた。いつしかまわりには物めずらしそうに男性たちが集まり、私のしていることについて何やら意見を交わしはじめた。聴き取りが終わると、ジャックが猿の燻製肉を私に渡し、ポーズを取って女性たちと写真に納まるよう促した。私は三人の前にしゃがんだ。彼女たちの顔から笑顔が消えた。私は死んだ動物を掲げ、カメラが遠ざかるや彼女たちはふたたび優しく陽気になり、私たちは言葉を発することなく身ぶりで冗談を伝え合った。

この市場には密輸のアジトになっている酒場があり、経営者の姉妹に会えることになった。バーカウンターは簡素な再生木材、天井は低く、土の床は剝き出しのままだ。壁の穴から光がわずかに射し込んでいた。空気は煤まじり。プラスチック製のテーブルと椅子のまわりに細かなプラごみが舞って、渦を巻いていた。パトリスは銀行員のようなかっちりとした服装をしている。水色のシャツに、ピンストライプのズボン、先のとがったドレスシューズ。ティッシュを鼻に当てて私の横に立っているそのたたずまいは、状況に圧倒されて気絶しかけている南部美人といった趣だった。「父は交易商人だったわ」と姉のほうが言った。髪は短く、濃いアイライナーでキャットアイメイクをし、黒い口紅を塗っていた。赤いTシャツと縞模様が入った灰色のベストを着て、色鮮やかなネックレスをかけ、イヤリングとブレスレットがおそろいになっている。「大きな船を持っていて、いろんなものを売っていた。妹とふたりで、その仕事を引き継いだの」

「年に二回、川を上流までさかのぼって、こっそり持ち込んだ弾丸と肉を交換するの」と妹が続けた。ピンク色のリボン付きヘアバンドが目を引く。それにピンク色のブラウスを合わせていた。〝A〟と金文字の入ったネックレスが豊満な胸のすぐ上にのっている。「あちこちの村を訪ねて商売相手を探すのよ。母はまだ村にいるわ。いずれいっしょに住むつもり」

　姉妹は笑顔こそ見せないが、気前よく、びっくりするくらい率直に答えてくれた。

「前はライオンの肉が手に入ったけど、いまはもうだめね。たまにチンパンジーや象みたいな違法の肉が手に入ることもある。そんなときは合法の肉でくるんだり、トウモロコシやフフ（キャッサバからつくる中央アフリカの主食）に隠したり……」

「同じ手で象牙を隠すこともあるわよ」と妹が口を挟む。

「捕まるのは怖くない？」

姉は表情ひとつ変えずに言った。「軍といい関係を保っているから、大丈夫。ときどき賄賂を渡すこともあるわ」

妹が同意する。「兵隊さんたちは協力的だけど、信用はしていない。友達じゃないから」

母たち、姉妹たち

中心部のマルシェ・セントラルへ戻ると、目に入るのは母親と姉妹、祖母と娘、叔母と姪といった女性の姿ばかりだった。そして、ほとんどの人は読み書きができず、レイプされた経験のある人が多かった。彼女たちの話だけで本が一冊書けるだろう。貧困、疎外、教育機会の喪失、抑圧、レイプ、侮蔑といった苦難に耐えてきたネガティブな面だけではなく、生き生きと暮らしていく方法を彼女たちは知っているからだ。

私は市場の露店の間を縫うように歩きながら、そんな女性たちに話を聞いていったが、誰も名前は教えてくれなかった。状況はまちまちで、過ごしてきた人生もさまざまだが、野生動物肉稼業という同じ仕事でみんなが結ばれている。

彼女たちが肉をさばく動きは速く、身体の一部のようにマチェーテ〔ナタのような山刀〕を振り回す。

「私は二〇〇〇年からやってるわ。信用で売ることもあるし、卸売業者に直接現金払いすることもあるわよ」と、ある女性は言った。「自分ではあまり食べないけど、ここで売られている家畜の肉より好きね。でも、値段が高すぎる。特別な食事なのよ。キンシャサであれを食べるのは偉い人たちだけ」

近くに動物の頭を詰め込んだ袋が置かれていた。

そこに身なりの整った女性客が近づいてきた。「いろんな種類が欲しいの。バッファロー、猿、アンテロープとかある？」と尋ね、売り物の肉を吟味している。「狩猟肉が好きなのは、自然だから。家畜は自然な食べ物を与えられていないでしょう。こういう森の動物はきれいな水を飲んでいる。神様に近い存在よ」

古株らしき女性はゆっくり慎重に肉の山を並べては置き直していた。燻製肉をつまんで新鮮さをアピールしながら手八丁、口八丁で味見を勧めている。

「もう四四年になるわ」と、彼女は言った。「この稼業のことは知り尽くしてる。このところ状況は厳しいわね、競争が激しくなって。でも、ほかのものを売る気はない。これでじゅうぶんよ」

〈マルシェ・ガンベラ〉では女性が売り物の肉を三つの山に分けていた。それぞれ、種類と値段が異なる。彼女が着ている紫色のナイトガウンは大きすぎるせいか、生地を結び合わせていて、肩に小さな結び目がいくつか見えた。赤いブラ紐と赤い爪はおそろいだ。眉毛は細く描き足してさっと跳ね上げ、お祝いメイクめいた雰囲気を醸している。

「何軒か先で、妹も売っているわ。私たちの前には母が売っていた。二、三カ月に一度、ムバンダカへ行って、大きな籠で肉を買い込んで、飛行機で持ち帰るの。内緒で象の肉も買っているけど、ここで売るのは怖くない。軍は見て見ぬふりをしてくれるから。ホテルやレストランが象の肉を買っていくんだもの」

海賊みたいに、細長いナイフを空中でくるりと回して見せた。パトリスは隣に立ったまま、几帳面にメモをびっしり書き留めている。すぐそばできらめきを放つナイフに不安の表情を浮かべながら。

「軍と直接関わったことはないけど、地元の顔役が軍にお金を払ってるのよ。顔役は猟師からお金を受け取り、私たちは猟師にお金を払う。法律外の税金がかかるってわけ」

バッファロー肉の大きな山に妊婦が見とれていた。値段は二〇米ドルくらいだ。

「そんなには払えなくて」と、妊婦が言う。

「特別に値引きしてあげる。お腹の赤ちゃんに必要だものね」

直取引にはまだこういった遊び心があった。商売の本質である〝相互利益〟はいまも廃れていないようだ。

政府職員の女性が近づいてきた。狩猟肉の値段と目方を確かめている。統計用の数字として商務省に持ち帰るのだ。彼女はてきぱきと仕事をすませ、次の物売りのところへ離れていった。

この市場では、いきおい、体をかがめることになる。屋台が低く、通路が狭いからだ。ナイトガウンの女性は毎週土曜日に猪を籠四つ分、猿を籠六つ分受け取るという。両親が飛行機で送ってくれるのだ。「赤道上の森からいっぱい食肉が飛んでくるの。でも一〇年前のほうが流通の便はよかったわね。いまより頻繁に船が行き来していたから」

今日の特売品を見ていってちょうだいと、彼女が常連客をこっそり手招いた。コシキダイカー〔羚羊(アンテロープ)の一種〕の肉と称してチンパンジーの肉を隠していたのだ。一等市民(プルミエール・シトワイヤン)が買っていくという。バッファローのシチューが好物だという客と、彼女は五分くらい交渉した。食べすぎると通風を起こすから、自分の子どもにはあまり狩猟肉を食べさせたくない、と彼女は言う。

フリースの毛布にくるまった年配の女性は、いちばんの上客であるカトリック司祭のために燻製したての猿をよけてあった。これまで見てきた店より良質の肉が多い気がした。「うちに来るお客さんはうちでしか買わないの。うちで買ってからヨーロッパへ持ち込むのね。前よりお客が減ったから、こっちから値段を提示したり工夫しているわ。おまけに、最近仕入れ値が倍になったし。猟師の数も減っているし、彼らはこっそり猟をしなくちゃいけないでしょう。いまは乾季で狩猟が認められていないから。雨季のほうが肉は手に入りやすいのよ」

積み重なった大量の亀を、彼女は見せてくれた。

棒に巻きつけた蛇の燻製も売られていて、焦げた鱗がきらめきを放っている。

こんどは生きているクロコダイルを引きずってきた。口を太い撚り糸でぐるぐる巻きにされていて無抵抗だった。

義母に商売を仕込まれたのだが、夫の許可が得られなくてもう買い付けの旅には出ていない、と彼女は言った。私の質問に答えるのは、そろそろ打ち切りにしたそうだ。

「政府が禁じたら食べません。法律には従うわ」と、ある客は言った。暮らしに余裕があればもっと食べたい、とも。モブツの時代に比べて買う機会は減ったという。「収入が減ったし、何もかも高くなったから、みんな大変なの。信じられないくらい物価が上昇して！　特に狩猟肉の値段はね。これじゃ生きていけないわ」

〈マルシェ・サンカントネール〉には壁画があり、〝近代革命〟と筆記体で大きく書き添えられていた。屋根のない通路に屋台がところ狭しと軒を連ねている。騒がしい往来で人と人が身体をぶつけ合っていた。

この市場で話を聞いた肉売りの女性は、若いころから狩猟肉を食べてきたという。「父親が猟師だったからね」里帰りして親類を訪ねるたびに、新鮮な肉を仕入れて飛行機でキンシャサへ持ち帰り、自分で燻製にする。羚羊（アンテロープ）を買うときは一頭買いしているという。

「食べるときは祖先のことを考えるわ。どんな暮らしをしていたのかなって。祖先がどんなふうにしていたか、自分の子どもたちに見せてあげたい。だから、自分で燻製にするの。料理の仕方を子どもたちに見せてあげるためにね」

金色の服をまとった彼女は黄色い壁の前に立って、どの質問にも真剣に考えて答えてくれた。いわく、二年前から肉を売っている。友人に誘われてこの仕事を始めた。商売を拡大して、いつか薬局を開きたい。以前は薬局で働いていたし、薬剤師になるための勉強もしたからだ。

時間を割いて話をしてくれた人たちにはお礼のお金を払ってきたから、彼女にも一〇〇〇コンゴフラン（約六〇セント）を渡そうとした。でも彼女は受け取ろうとしない。

「どうしてお金を払う必要があるの。私たちは同じ人間よ」彼女は頭に巻いた布を外して黒髪を指差した。

芽吹くときを待つ春の植物のような、秘めた力を彼女に感じた。また霜が降りるのでないか、本当に冬は終わったのか、もう花を咲かせていいのかと、警戒をゆるめずにその日が来るのをじっと待っている。

彼女は女王のように威風堂々と野生動物肉の向こう側に座り、木の切り株のような茶色いしわが寄った顔で、官能的な戦利品を満足げに見渡していた。

市場を出ていくとき、私と入れ替わりに家畜の肉を運ぶ冷蔵トラックが入ってきた。

ハンターとの日々

ハンターは〝無生物に囲まれた安心感〟とは縁のない環境で育った。自然の風景が彼の〝我が家〟で、その風景は生気に満ちていた。とてもよくわかる。彼と私ははるかな距離を隔てた別々の場所でまったく異なる子ども時代を送っていたが、どちらも荒野をさまよい、裸足で自然を探検していたからだ。ニューメキシコ州の丘と乾燥した小峡谷(アロヨ)が私の友で、どちらもつねに、刻々と変化していた。私の中に野生すべてに対する敬意が根づいたゆえんだろう。

ハンターと恋に落ちたとき、私は彼を形づくった自然環境と恋に落ちたのだ。彼の時間には有機的体験が連なっていた。直線的に進むのではなく、成長する植物のように根茎に支えられて、同時に複数のことが起こっている。そんな豊かな時間が彼の中には積み重なっていた。そう理解するうち、私はあちこちで神秘的な兆しに気がつくようになった。窓辺で細かな身づくろいをしているスズメバチ。誰もいない玄関ホールを進んでいく足音。早朝の川にかかった霧……。

日中は市場を訪ねて取材を続けた。埃まみれの空気が、感傷という名の煙った膜で都会の喧騒を覆っていた。記憶される間もなく忘れ去られていく行商人たちと目が合う瞬間、私は愛を感じた。死んだ野生動物の目録をつくるときの大きな悲しみにも愛を感じ、そこにつかのまハンターへの思いが割って入る。

ベッドでふたり寄り添ってピザを食べ、映画を観た。高級レストランのフレンチ・クラブで夕食を取り、屋外スクリーンでワールドカップを観た。通りかかった中華料理店には〝パセリの果てに〟〝そっと豆を〟〝塩辛いもの〟〝酸っぱ辛い小羊〟といった心魅かれる品書きが並んでいた。ある夜、ふたりで野外舞台劇を観にいった。俳優たちの背後で空がオレンジ色に変わっていく。混み合ったバンに乗った男の物語だった。男はスーツ姿でブリーフケースを提げている。劇中ずっと乗り物に乗って、あちこちに身体をぶつけながら独白を続けている。そのとき、スポットライトの中に幽霊のような女性が現れた。梯子の上に立った彼女はシーツをまとい、顔に白粉を塗っていた。身体を動かさず、その声だけがさざ波を立てるように群衆へ向かってくる。私は息を呑んだ。ハンターが私の手を取る。

週末にはふたりで街を脱出した。ある悲劇的な歴史を持つ湖畔のレストランで〝プーレ・ア・ラ・モアンベ〟を注文する。鶏肉にアブラヤシの果肉とピーナツバターでつくったオレンジ色の濃厚なソースをかけたものだ。かつてモブツはこの店で、反逆罪に問われた父と娘を処刑したという。湖はいま、カトリック宣教師団が運営する観光名所となり、鶏肉が名物になった。おだやかな湖水の前で音楽ビデオの撮影が行われていた。薄紫色のドレスを着た女性が十数人、ひらひらと身体を翻（ひるがえ）してかわいらしい踊りを披露している。

ふたりで観光リゾートへキャンプにも行った。朝、和音を奏でる滝まで歩き、水が激しく流れ落ちるそばでマイナスイオンを浴び、コンゴ川沿いの広い砂浜へと川の支流をたどっていった。

見捨てられた船のような淡い色の砂岩が岸にどっかり座っていた。川を行く水はセピア色。激しい流れの中を泳ぎ、大きな岩陰の冷たく濡れた砂にふたりして寝ころんだ。

人生はとても単純、と思う。色と形、揺れ動く影と木漏れ日。静けさにときどき騒がしい音が入り込む。日々の暮らしを営む人たちの喚声が消えて、ふっと静かになる。

乾季の煙はもう気にならなくなった。夜が来るのが待ち遠しい。光が薄れていき、また戻ってくるまでの短い時間を待ちわびた。彼と愛し合うとき、私の中には本当の自分がいる。故郷にいる心地がするのだ。

ある夜、ふたりで身体をからみ合わせたまま横になっているときに、ハンターが森の奥の湿地帯にいる〝バイ〟という名の象の話をしてくれた。自分が死んだらそこへ遺体を運んでほしいという。彼が心に秘めた最大の秘密を教えてもらった気がした。


金曜日の夜は街が心地いい。ダンス・クラブの向かいにある〈ンガマ・チーター2〉という屋外グリヤード〔肉の網焼き〕レストランには、点滅光が縁取る大きな看板に料理の写真が並んでいた。

私たちはその看板の下でビールを飲みながら人間観察としゃれ込んだ。ハンターと運転手のルシアン、ジャスパー、ラファエル、私の五人はそうやって一時間近く料理を待たされていた。物売りが通りから私たちのテーブルに近づいてくる。靴、ハンドバッグ、ＤＶＤ。彼らは売り物を見せると立ったままじっとこちらを見つめて反応を待っている。携帯電話の充電器とアダプター、本、地図。売り物は全部、体にまとっている。身体のあらゆる部分を使っていた。頭も、肩も、手も。黒檀の彫刻、鉛筆描きの精巧な肖像画、偽パスポート、道具類、ベルト。資本主義の回転木馬(メリーゴーランド)さながらに、物売りたちが次から次へとそばを通り過ぎていく。

デジカメを首からかけてリュックにいろんなガジェットを詰め込んだ男性は、地道な商売をしていた。私たちの隣の人たちを露出オーバー気味に撮り、携帯用のインクジェットプリンターで印刷して売るのだ。写真は彼らの存在証明であり、この男性の存在証明でもあった。

「ここはよそと時間の感覚がちがうんだ」ジャスパーがにぎやかな往来を身ぶりで示した。「みんな、ゆっくり歩く。何をするにもゆっくりだ。欧米人の目には正常に機能していないと映るかもしれないけど、僕らは速く動く必要を感じない。人生にはいくらでも時間をかければいい」ジャスパーは自分の主張を証明するかのようにゆっくり時間をかけてビールを飲んだ。「こういう常套句もある」と彼は続け、そこですうっと息を吸った。「神は白人に時計を与え、コンゴ人にはタ――イム（長い時間）を与えたもうた！」

ようやく山羊の肉が運ばれてきた。紙を敷いた赤いプラスチック製のトレイに載せられた肉に、ひと口かぶりつく。肉汁たっぷりだ。キャラメリゼされ、表面はカリッとしている。嚙みごたえがあり、軟骨と骨も多い。トレイの縁にはクワンガが並んでいた。発酵したマニオク（キャッサバ）粉を練ってバナナの葉で包み、紐で縛って蒸したパンだ。ひと口サイズで、それぞれの真ん中に爪楊枝が刺さっていた。その甘酸っぱい風味は肉汁たっぷりのスモーキーな山羊肉と酸味の強いビールにぴったりで、三つの単純な味がすばらしいハーモニーを奏でる。光のショーが醸し出す雰囲気や、周囲に集まった大勢の溌溂とした生命力、長い待ち時間がもたらした空腹も相まって、いっそう美味しく感じた。陽気な仲間がいっしょだからなおさらだ。

食後、ルシアンがとあるクラブへ案内してくれた。地下の店内ではエアコンがフル稼働していて、外のけだるい夜気に比べると、まるで北極だ。ダンスフロアを照らすネオン灯が壁一面にサファイア色や黄緑色の靄を投げている。ゆるやかな渦に沈み込んだような心地がした。一九七〇年代のコンゴ風ルンバと官能的なスークースが部屋を震わせていた。

ルシアンと踊った。華やかなビートを背にパパ・ウェンバ〔アフリカを代表するコンゴルンバの王と言われたコンゴ人歌手〕の歌声が飛翔する。お祝いの哀歌とでも言おうか、歌には喜びと哀しみが入り混じっていた。パパ・ウェンバはいつもクールな装いでステージに立ち、彼の信奉者はサプール〔お洒落で愉快な仲間〕と呼ばれていた。粋なファッションを信仰する人たちだ。ルシアンがダンスフロアで私をくるくる回す。ルシアンも彼なりの盛装に身を包んでいた。彼の大きな手が私の小さな手を取ってしっかり支えてくれている。私は小さな幸せを感じた。音符ひとつひとつが形のない不滅のオブジェのようだった。

ハンターは奥の壁に身体をあずけて、ほかの人たちと話していた。そこにいる彼を見たとき、この状況はすべて彼が私のために整えてくれたことのような気がした。踊っている私にそっと無関心を示してくれるのもありがたかった。彼がいる心強さを感じながら、自分の時間を満喫できる。

何曲か踊ったあと、ルシアンにお礼を言ってハンターに合流した。彼は私が近づいていっても笑顔を見せず、代わりに水晶のように澄んだ目を上げた。満足げな表情だ。私はふたたび彼の隣にいた。

よそ者に抱く被害妄想

街から北へ一時間ほどの卸売市場で生きたボノボを売っているという情報を得た。キンシャサの港湾使用料を払いたくない船がそこへ行くらしい。おそらくムバンダカ周辺の川の支流から運ばれてきているのだろう。つまり、国立公園で捕獲された可能性が高い。

ボノボを食べたり彼らに触れたりするのを文化的タブーとしてきた部族もある。ボノボには祖先の霊が宿っていると考えられているからだ。たとえば、イヤエリマ族が暮らす森では、人間の集落に近いところのほうがボノボの個体数が多い。だが、同時にボノボの肉を欲しがる場所も依然としてあった。ボノボの肉は人間の肉に味が似ていて、とても甘いとも噂されている。ボノボの骨は性的不能の治療薬として珍重され、魂を守るためにその骨を入れた水で子どもを洗うという話も耳にした。

ボノボの遺伝子は九八・七パーセントが人間と同じで、繊細な優しい生き物だ。連合軍がベルリンを爆撃したとき、市内の動物園で恐怖のあまりショック死したのはボノボだけだった。ブッシュミート取引で孤児になったボノボの赤ちゃんが異国の珍ペット売買業者に売られることも多い。赤ん坊は豊かな黒い毛皮にくるまれた小さな球のようで、始終触れてあげないと愛情不足で死んでしまうという。

土曜日、卸売市場にいる私にハンターが合流した。彼が通訳をしてくれる。コンゴ川のほとりに木造の露店が集まっていた。ふたりで未舗装道路をブッシュミート売り場へ向かい、自家製のチンキ剤や木の根、ビンロウの実、薬草の瓶がどっさり並んだテーブルを通り過ぎていった。近くの小屋にテレビが積み上げられ、子どもたちがビデオゲームに興じたりアニメを見たりしていた。

煙草を吸っている威勢のいい青年と話を始めた。彼は先のとがった長い爪をしていて、手首に青いロザリオを巻き付けていた。彼から話を聞いていると、後ろの屋台にいる女性ふたりが怒鳴りだした。ハンターが振り向き、リンガラ語で話しかける。「きみがいると商売がやりにくくなるそうだ。自然保護団体の人間は敵だと言っている」女性たちは荒々しい言葉を大声で投げつけ、それをハンターが通訳した。「写真を撮ったら承知しない」

あたりかまわず写真を撮るのは危険だと警告は受けていた。この国に観光客は皆無に近い。外国人はみな、むやみに写真を撮らないよう、特に軍事施設や空港や政府機関の建物などは撮ってはいけないと助言を受ける。スパイ容疑をかけられないとも限らないからだ。よそ者への被害妄想は昔から根強い。観察された結果、支配され、植民地化されてきた歴史があるだけに。

次に女性たちは、私と話していた青年に矛先を変えた。「あれこれ言っちゃだめ。この人が自分の利益のためにあたしたちの情報を使ったらどうなると思う。こっちが被害を被るんだからね!」

青年が反論を開始したのでハンターが割って入り、いらだたしげにリンガラ語で応じていたが、その表情はおだやかで、楽しそうですらあった。みんなが慣習にのっとり〝ママ〟や〝パパ〟という敬称をつけ合っている(英語の〝マァム〟や〝サー〟に当たる感じ)。彼女たちの怒りには大きな誤解がある気もしたけれど、憤りのエネルギーはどんどんエスカレートし、緊張がさざ波のように市場全体に広がっていった。

彼女たちが怒るのも無理はない、とも思う。私はコンゴ人のものを略奪してきた白人の仲間にすぎない。欲しいのは形のない情報だけだったとしても。ときに傍観者は、偏見という名の色眼鏡で簡単に解釈を誤ったり、大きな勘違いをしたりする。市場のコンゴ人が知識の提供を差し控えるのは当然の権利だ。

いちばん驚いたのは、自分の感じた怒りととまどいだった。とつぜん強い孤独感に見舞われた。これまではハンターが守ってくれていたから、ひとりでどこにも行かないよう警告を受けながらも、この国で一定の自由を手にできた。市場をほうぼう訪ねてきたが、今回のような激しい怒りをぶつけられたのは初めてだ。コンゴ人のガイドがふたりついていたときは、こんなことはなかったのに。

口論はしばらく続き、私はその場を離れた。そこに至ってようやくハンターもあとを追ってきた。女性たちは疲れた顔をしていた。気丈さや頑固さと同時に気落ちの色も見えた。言葉の行きちがいと特権の有無に隔てられた空間を、私の心はさまよっていた。

帰り道、側溝で力仕事をしている中国人や、塔のように突き出た灰紫色の火山岩を砕いて砂利にしているコンゴ人の横を通り過ぎた。彼らの顔には一様に、疲れたようなあきらめの表情が浮かんでいた。丘の中腹にある野外伝道教会の前を通ると、野原にプラスチック製の椅子が並び、身なりの整った牧師が演台に立っていた。私たちは椰子の木が茂る青瓦葺きのモスクを通過し、葬式の参列者が列を成している埃っぽい墓地を通りかかった（人口一一〇〇万の都市では一日に何人が死ぬのだろうか）。パステルカラーに塗られた古いフォルクスワーゲンバスから、美しい女性たちが外をながめている。未完成の二階建てシンダーブロック造りの家が見えてきた。家の端にはカビが生え、水の染みも目立った。干した洗濯物の赤い一片と、家の正面にいる女性が穿いている黄土色のラップスカートだけが、色らしい色だ。彼女は座ったまま車の流れを見つめていた。男の子がひとり、まだ完成していない階段の端へ歩いてきて、目を大きく見開いた。大きな交差点に差しかかると、赤い目をした巨大なブリキのロボットが二体、色が変わる手で規則正しく車を誘導していた。車がひしめくロータリーからようやく抜け出すと、ひとりの子どもが目の不自由な男性の手を引いて、道路を横断しようとしていた。
彼らひとりひとりに小さな物語がどっさり詰まっている、そんな気がした。

上流客たちのノスタルジア

次の木曜日、ルシアン、テッドと街をドライブした。テッドは中年のアメリカ人男性で、少し南部訛りがある。柔らかな金髪に、丸い眼鏡をかけていた。コスプレで教授に扮した少年といった趣で、ひたむきに知識を追求する姿勢が感じられる。「ほら、あそこはとてもいい店だ」彼は〈リモンチェッロ〉という白壁のレストランを指差した。

テッドも彼の奥さんもイギリス大使館のスタッフで、テッドはキンシャサで過ごした何年かに喜びと退屈の両方を感じているようだ。アメリカ人の彼がイギリス大使館で働くようになった経緯はわからない。今日、彼が同行したのは、私が地元のレストランを取材するあいだにシェフたちの話を通訳して自分の語学力を試したい、というのが表向きの理由だった。

「リンガラ語の〝モスニ〟には〝肉〟と〝身〟の両方の意味がある。英語の flesh のように」とテッドは言い、関連する語彙を書きつけた紙を私に渡す。彼は最近、地元の外国人コミュニティのために英語－リンガラ語辞典を完成させた。リンガラ語は語彙が少なく効率的だ。ハンターが話すリンガラ語は舌打ち音と押し寄せる音節の数々で音楽を聴いている心地がする。ところがテッドのリンガラ語からは、バリバリと何かを嚙み砕くような音が飛び込んできた。

ピックアップトラックが一台、ビュッと私たちを追い越していった。後部のベンチには青い制服を着た武装兵が十数人座っている。これほど露骨に軍の存在を誇示した場所へ来るのは初めてのことだ。あちこちに兵士がいて、かえって安全を感じられない。

テッドは犬のように、開けた窓に身をのりだしていた。ルシアンの運転する車がキンシャサの道路をじわじわ進んでいくあいだ、風に髪をなびかせ、窓の外に腕を出し、さらに指を伸ばして、ゆるやかな風を感じていた。

「大使館の車は窓を開けられないからな」彼はおだやかな表情で言った。「この国で体制が崩壊するときはあっという間だろうね」

渋滞がひどくなってきた。大きな丸太を積んだまま故障したトラックをタクシーが牽引し、排気管から煙を噴き出してあえいでいた。

町の中心部が近づいてくると、明るい未来を約束するようなものをあちこちで見かけた。貧困と苦難から救い出すと説法する福音派の聖職者たち。ケリーゴールドのアイリッシュバターの広告看板には、緑豊かな牧草地に幸せそうな牛たちの姿が見えた。大きな交差点では、ふたつの電光掲示板に音楽ビデオやコマーシャルが映っていた。一年三六五日、間断なく流されているのだ。電力に乏しく計画停電が当たり前の場所では非常に目立ち、強力な宣伝媒体になっていた。

「あそこの病院、見えるか」テッドが巨大な施設を指差した。「中国が建てた。サンカントネール病院というんだが、もう二年もがらんどうのまま備品とスタッフが来るのを待っている。ベルギーに支配されていたときと同じで、いまだに何かしようとするたび、印鑑が三つと署名が四つ必要になる。道路も同じだ。かつて……あ、見えるか、あれ」彼は急に話を変え、側面が錆びついたフォルクスワーゲンのタクシーバスを指差した。男がひとり、ロデオさながらに車体後部にぶら下がって乗客を呼び込んでいる。「あのバスはサンギ・モートと呼ばれている。自殺願望という意味さ」

テッドは愉快そうに笑ったが、すぐ本題に戻った。「まあ、道路も同じことだ。建設しても、放ったらかしにされて、また穴だらけになる。その繰り返しさ。補修が行われることもない。そこらじゅうで見かけるオートバイは五年以内に製造された安い中国製ばかりだ。おかげで、交通のパターンはすっかり様変わりしたよ。もちろん、良くなったこともある。以前は空港からダウンタウンまで、植民地時代の古い四車線の大通りを丸一日走らないと行き着けなかった。ところが、二〇〇〇年代の中頃に、中国の投資で街を横断する八車線の高速道路ができたものだから、いまは一時間ちょっとで行ける。信号機はアジアによくある矢印と数字を使ったシステムだ」

テッドはコンゴについて次から次へと語った。大使館の中にこもりがちでも、アフリカの現実はしっかり学んでいるよ、と言わんばかりに。

私たちはキンシャサの〈グランド・ホテル〉でレストランの取材を開始した。白い亜麻布が敷かれたテーブルに着く客は、ほとんどがコンゴの上流階層だ。革綴じのメニューにはアンテロープ料理とともに〝隊長のフィレ〟や〝ポークチョップ、果実添え〟といった品書きも見える。本日の特別料理はコンゴ産ヤマアラシ、ライスかフフ、野菜付き（三五米ドル）。〈ママ・エキラ・インジア〉というレストランでも狩猟肉が食べられる。四五年前から出しているという。クバ布を張った天井の下で、キンシャサ市民の前に（ときには、海外駐在員の前に）湯気のたった猪やクロコダイル、亀などの料理が置かれていく。〈スーパー・オーバン〉という店には専門職の人たちがランチにやってきて、室内の水音を聞きながらビュッフェスタイルで狩猟肉を楽しんでいく。彩り豊かな絵画が壁を飾り、椅子は派手なピンク色で、給仕係はフォーマルな黒と白の制服に身を包み、料理には脂っこいソースがかかっていた。

〈シェ・フィデリン〉では、バーから二階へ上がった狭苦しい部屋で常連客が身体をくっつけ合うようにして四つのテーブルを囲み、入口のそばでは女将（おかみ）がネイルを受けていた。隣の厨房から聞こえてくるガチャガチャという音とたちこめる湯気で、下の通りの騒音もかすんでしまいそうだ。猿が一匹、丸ごと鍋で煮込まれていた。

食事客は料理をひと口頬張るたび、遠い離村で過ごした子どものころや、土壁のわら小屋、喧騒に満ちた森を思い出す。夜に響きわたる蛙の声はスピーカーで拡大されているのかと思うほど大きかった。空気は涼しくて爽やかだ。子どもたちはぼろを着て、キャッキャと走り回っている。些細なことでケラケラ笑った。しかし、郷愁（ノスタルジア）は厄介な獣だ。懐古とは過去を色づけする行為にほかならない。

私たちは流れのおだやかなコンゴ川沿いの道を、イギリス大使館へ向かった。周囲には他国の大使が住む白漆喰を塗ったアールデコ調の大きな建物が点在し、どこも凝った入口ゲートを備えていた。広大な壁の向こうには美しい花と大きな樹が整然と並んでいる。どこも造りは似通っている。清潔かつ整然として、閑静なたたずまい。人間臭さは影をひそめている。

テッドを降ろすと、彼は二、三日後に大使館で開かれる映画会に誘ってくれた。「キンシャサ最新の催しでね。誰かが映写機を買って、外のテニスコートのそばで映画を上映するんだ。入場料は三〇〇〇コンゴフラン。身分証の提示が必要だ。ホットドッグとポップコーンも用意する。前回は二五人来た。楽しいよ。興味深い人たちだ。国連の職員もいる。いろんなことを教えてくれるはずだ。ドローンには何ができて、何ができないとかね」

彼が離れていくあいだに、私はキンシャサ大学で見た映像を思い起こした。目の錯覚を引き起こすカラー・ホログラムだ。ある角度から見ると、伝統的な村の小屋。別の角度から見ると、ピンク色の現代的な家。あれと同じように、キンシャサは見る角度によって変化するホログラムだ。一見、ほかの現代都市と同じように見える——電子看板、信号機、広告搭、ケーキ店、ホテルにレストラン、手入れの行き届いた芝生、街の豊かな一角。それが、ちょっと見方を変えただけで、がらりとちがった印象になる。

男たちの悲観的な見方

息苦しいほどに暑い日曜日の午後、ハンターとスーパーマーケットへ行った。ジン、ジンジャーエール、バタークッキー、フランスのチーズ、イチゴを買った。遠方から空輸された新鮮なライムを二個一〇ドルで買い、ハンターの友人ベンの家へ向かった。

高い塀に囲われたゲート付きの敷地には煉瓦敷きの長い車寄せがあった。入口の警備員がなかなか入れてくれない。ベンは出かけていて不在、警備員は私たちが来ることを聞いていなかったようだ。ベンは鮫のような歯を持つムベンガ（ゴライアス・タイガーフィッシュ）という大型淡水魚を探しに川の上流へ向かったという。ハンターの流暢なリンガラ語のおかげもあって、最後には警備員もゲートを開けてくれた。

ベンはアメリカ国際開発庁の職員で、キンシャサ暮らしが長い。月額八〇〇〇米ドルほどを払って、植民地時代に建てられた家に住んでいた。装飾的な刳形と木材が特徴の、重厚な邸宅だ。キッチンが最後に改修されたのはモブツ政権の大臣が住んでいた一九七〇年代とかで、クリーム色の食器棚が不安そうに蝶番にしがみついていた。

腐りかけた残飯としぼんだ花、そして溶けた蠟燭が散らばった宴席のような一種退廃的な雰囲気が漂う家の中で、私たちは勝手にくつろがせてもらい、氷を入れたクリスタル・タンブラーに飲み物を注ぎ、木のまな板にチーズとイチゴを並べた。外へ出ると、ガラス板の低いコーヒーテーブルがあり、クッションのきいた籐のパティオチェアにふたりで腰かけた。大きな木がプールに半分影を落とし、ガラスのような水面に木の葉が何枚か漂っていた。庭には異国のめずらしい花が植わっていて、彫刻作品がいくつか、臆病な野生生物のように群葉から外をのぞいている。

と、そこへ日に焼けたベンが帰ってきた。彼はプラスチック製の大きなクーラーバッグと釣り道具を、庭と建物を隔てるガラス製引き戸のそばに積み重ねた。「ボウズだった、一匹も釣れなかったよ」彼は笑顔で目にしわを寄せた。「でも、水上で一日過ごして、いい心の洗濯になった。そのうえ、お客さまだ！」

ベンは何年か前に離婚し、毎日のお供を務めているのは年老いた大きなボーダーコリー犬だが、この雌犬はいわゆる口唇欲求の持ち主で、ベンの足元に座るとすぐ眠りに落ちるが、口や舌を使いたい欲求が湧いてくると顔を上げる。

ベンは赤ら顔の太っちょで、陽気に振る舞っているが、顔には深いしわが刻まれていた。政府機関に資金を行きわたらせてきた長年の仕事で、神経をすり減らしたのだろうか。

「最近強盗に遭った国連職員の話だけど、聞いたかい」とハンターが尋ねた。「夕食を取ろうと歩いて店へ向かっていたら、警察の制服を着た男たちが乗った車が横へ来た。窓に近づいたらその場で銃を突きつけられて、財布とパスポートを渡すはめになった。彼はすっかりパニックを起こしてしまったそうだ」

「無理もないが、そう聞いても驚きはしないね。警察を装った武装強盗。最近ではよくある手口だ。モブツのころとは時代がちがう。当時は、財布を出したまま歩き回っても平気なくらい安全だった」ベンはそう言って微笑んだ。「もちろん、当局がそこかしこで指を切り落として法を執行したからだが。倫理的な戦術とは言えなくても、いまよりは全体的に安全だった」

「しかし、政情はいまよりずっと不安定だった」とハンターが言った。「モブツ政権の末期にはストリートチルドレンの武装集団が街をうろついていたわけで」

「たしかに、カビラ大統領が彼らを一網打尽にして撃ち殺すまではそうだった」

「だろう」ハンターがチーズを切るために手を伸ばした。「でも、コンゴの評判は現実と一致していない。ここはそれほど悪くない。ラゴスやナイロビよりキンシャサのほうがずっと安全だ。たしかに、去年の一二月には、反政府武装勢力が空港とテレビ局とラジオ局を占拠した。何人かが命を落とした。でも、恐ろしい暴力なら、欧米でだって起きている」

ボーダーコリー犬が目を覚まし、立ち上がって三人の手を代わるがわる舐めまくり、またすとんと眠りに落ちた。

「だが、NGOと国連がもたらした物価の高騰で、経済状況はいっそう悪化した」と、ハンターが続けた。「国際マネーは物価を押し上げる。大きな権限を持つ連中が装甲車を乗り回している。報告書を作成して監査を通すだけでいいならと、心配な国を救うつもりでこの国へやってくる。ところが、気がついたら、そいつらが象牙を密輸しているんだ！　近ごろ、国連職員が何人か、生きたヨウムの密輸で捕まった。自然保護活動家が現地の女性に性的暴行をはたらいて告発された例もある」

「たしかにな。で、犯人の所属団体がそいつをこっそり国外へ脱出させるんだろう」とベン。

「そのとおり。ここに正義はない、あるのは権力だけだ」ハンターが返す。

私はひと泳ぎすることにした。ちょっと解せなかった。ふたりとも自分を雇っている組織をこきおろしている。自分たちの仕事にとって、悲観的な見方は欠かせないとでも言うかのように。ふだんから冷ややかな物の見方をしていれば、失望せずにすむ。それどころか、いつか逆に感銘を受ける機会さえあるかもしれない――そういうことなのだろうか。

プールの端まで泳いだ。

「どうだい、ブッシュミートの研究は」ベンがからかい気味に私を見た。「あれは解決不能な永遠の問題のような気がする。もう耳にたこができたよ。頭をひねって、議論して、三〇年になる。いったいどうすりゃいいのやら」

ベンは笑顔でハンターを見た。「もう一杯やろうか」

彼は立ち上がると、おぼつかない足取りで薄暗いリビングへ向かい、デカンターを手に戻ってきた。

水から上がりタオルにくるまった私も加わり、三人で琥珀色のスコッチを飲むうちに夜の闇が濃くなってきた。石造りの建物の側面を伝って伸びる蔓の狭間にキンシャサのよどんだ空気が入り込み、下の構造物をじわじわと蝕んでいく。

燻製肉は権力の象徴

環境省で森林局長を務める、白いあご髭を生やしたコンゴ人は、千鳥格子柄のネクタイ姿でツール・ド・フランスを観戦していた。机の横の台に小さな古いテレビが載っていて、彼は自転車レースに目を向けたまま、私の質問に全部答えてくれた。

「もちろん、狩猟肉は食べます！」上り坂でペダルを漕ぐ選手たちから一瞬私に視線を移して彼は主張した。「赤身肉は男に強さと知性をくれますからね」自信に満ちた太い声で言った。「家畜の肉、つまり鶏や豚の白身肉を、我々は肉と考えていない。ブッシュミートの違法取引を野放しにするわけにはいかないが、規制するにしても文化に配慮して慎重に行う必要がある。そして、その文化に白身肉は含まれていないんですよ」

狩猟肉への嗜好は生物学的な欲求であると同時に、歴史の偶然がもたらした結果でもある。野生動物の肉はたんぱく質が多く、脂肪が少ない。生物種が多様で風味も多様なほうが、均一に繁殖しすぎて味の落ちた家畜より食べ物としてそそられる。燻製肉への欲求は食べ物が乏しかった時代の名残だ。かつてはそれ以外に森で仕留めた動物を保存する方法がなかった。それがいまや、燻製(ブカン)が権力の象徴になっている。密猟が貧者の所業だとして、それを促す要因になっているエリート層の需要はどうなのか。チンパンジーやゴリラ、象を食べる汚職大臣やマフィアの親玉をどうふるい分けたらいい。違法と合法の区別は、資源の支配者が恣意的に定めるものだ。かつて偉大な領主たちが貴重な鹿肉（ヴェニソン）を堪能したいがために森林を保護したように、野生動物の肉は地位を示す記号でもあり、庶民には無縁のものなのだ。

森林局長は助手に電話をかけ、いま彼らが取り組んでいる〈持続可能な資源利用計画〉の最新版を印刷してくるよう指示を出し、テレビに目を戻した。しばらくして私は、分厚い紙を束ねた青いフォルダーを手渡された。まだ草稿の段階で、ページの両側にメモや注意書きが並んでいる。計画書にはこの地域の野生動物の驚くべき多様性が記述されていた。

コンゴ盆地の森には爬虫類が四六〇種、鳥類一〇〇〇種、哺乳類五五二種（うち霊長類五六種、無脊椎動物四八種、肉食動物四一種）、魚類七〇〇種、蟻と蝶二四〇〇種が生息している。さらに、維管束植物が八〇〇〇種。

野生動物の捕獲に代わる国立公園近辺住民の収入源として、小規模工芸品や農業、養蜂、養鶏、エコツーリズムが提案されていた。エコツーリズムは収入を生む〝大きな可能性〟を秘めているが、〝武力紛争がもたらす不安定な治安〟と〝基本インフラの老朽化〟がネックとなり、いまだ軌道には乗っていない。余白に〝経済部門にエコツーリズムの開発を推進する政治的意思が欠けている点を問題提起すべし（現在の優先事項は伐採と鉱山と石油）〟というコメントがあった。

文書をめくっていくと、政府がこれまでこの野生生物という資源から何ら利益を得ていないことは明らかだった。エコツーリズム推進計画も、肉になった野生動物より生きている野生生物のほうが価値は高くなり、地域住民も生活環境を改善しながら州に経済的利益をもたらせるのではないかという期待に基づくものだ。うまくいけば自然保護活動への支援も強化されるだろう、と。

規制と認可を厳格化し、マスクラット（ニオイネズミ）やカワイノシシやブルーダイカーといった一定の生物種の畜産化と養殖化を推進させる。課税が可能なこうした〝合法的〟狩猟肉の開拓事業には近年、大きな関心が持たれている。しかし、統治上の難題が繰り返し生じる国だけにひと筋縄ではいかない。野生動物がタダで手に入る密猟者に比べ、餌やりと世話を欠かさず動物の成熟を何カ月も待たねばならない畜産農家のコストは甚大なものになるだろう。

「私たちの森は守らなければいけない」森林局長は言った。「もちろん、密猟は防がなければならない！」

でもそのとき、私はもう上の空だった。彼の机上のテレビに映るツール・ド・フランスに目を奪われていたのだ。

銃撃戦とふたりの諍い

その日、ジャックとパトリスと三人で会議を始めようとしたとき、私の携帯電話が鳴った。ハンターからだ。

「いま、どこだ」開口一番、彼は言った。

「事務所よ」

ハンターが声に恐怖をにじませるのは初めてのことだった。内戦中も自転車で思うままに山間を横断し、最後まで残っていた医療救援員といっしょにしぶしぶ避難した人だ。そんな彼にも例外はあるらしい。おびえたような声をしていた。

壁に貼られている色あせた自然保護ポスターを、私は見つめた。パステルカラーの国内地図に象たちが描かれている。迷宮のように入り組んだ川にチンパンジーの姿が重ね合わされていた。電話に雑音が入って声が聞き取りづらい。

「銃撃戦があった……ザザザ……丘の上……ウーン……シュシュ……そこを離れるな……シュシュシュ」そこで通話が切れた。

私は廊下に出た。誰に聞いても、正確な状況はわからなかった。先週テッドが言った〝この国で体制が崩壊するときは、あっという間だろうな〟という言葉が頭をよぎる。

運用管理者（OM）のエマニュエルがオフィスから出てきた。「来てくれ。手短に説明する」

ふだんのエマニュエルはこの事務所で誰よりエネルギッシュな人物だが、机の前に座った彼の顔には険しい表情が浮かんでいた。

「銃撃があった。大統領府に近い軍事キャンプで、死者も出た。同僚どうしの諍いだ。大統領を警護するふたつの陣営が、報酬はじゅうぶんかどうかという問題で口論になった。いまの労働条件に満足できるかどうかの問題だ。私の甥が衛兵としてそのキャンプにいて、軍医をしている彼の従兄弟が何があったか聞いて、いましがた私に教えてくれた」

彼は小さな微笑を私に向けた。「まだ確定情報ではないが、少なくとも、あれこれ出回っている噂よりは信憑性が高い」

安心できる要素はどこにもなかった。それからしばらくしてハンターが事務所に現れ、私を連れてベル・ヴューへ戻った。キンシャサの市街にふだんと変わったところはなかった。あわてている人もいなかった。

その夜、私たちは些細(ささい)なことで喧嘩になり、罵声を浴びせ合った。

「本当に、私を迎えにこなければいけないような緊急事態だったの？　会議の最中だったのに」

ふたりで夕食の野菜を刻みながら、私は言った。

「だったら、どうして迎えにきてほしいと言ったんだ」彼は私に背を向けて人参をスライスしながら返した。

「そんなこと言ってないわ。電話はほとんど聞き取れなかったし、気がついたらあなたがやってきたのよ」

ハンターが振り向いて私に向き合った。「そんな恩知らずなことがよく言えるな」

「自分の身は自分で守る！」私はそう言い返して部屋を出た。

後刻、私たちはいらだちとおびえと安堵が入り混じった状態でベッドに就いた。部屋の隅でまだ、死神がじっと目を凝らしているような気がした。

ハンターが眠りに落ちたあとも目が冴えて眠れなかった。釈然としない。いまの身の上と、この人に。彼の寝顔を見た。老け込んだ感じだ。無精髭が前より白い。顔のしわも深くなっている。

いつものハンターはとてもおだやかだ。どっしりと落ち着いている。人より長い時間を自然界で過ごしてきた。荒々しい力が身近にあり、つねに死と隣り合わせだから、おだやかに生きざるを得なかったのかもしれない。不動の心を備えた勇気ある人間として。だから、彼の動揺した声を初めて聞いて、私は本当に焦ってしまった。

心が激流に呑まれていた。あの言い争いは何だったのか。ふたりとも恐怖でおかしくなっていた。動物的で幼児的な状態に陥っていた。不安、聞きちがい、連絡のとだえが憤激につながった……死という暗い穴を想像して……ふだん抑えている感情が解き放たれたにちがいない。私が忍耐強く、自分や死の必然性やこういった感情にふだんから向き合っていたら、愛にももっと広く心を開けるのだろうか。

そんな考えが渦を巻き、皮膚に触れるものが何ひとつないままどこかを漂っている心地がした。

夜明けとともに愛の記憶と後悔の念が甦ってきた。キンシャサは燃えさしの炭火のような光を放っていた。空は低く灰色で、日がな一日、泣きだしそうな感じだ。太陽は隠れていた。空気はまだ凍てつくように冷たい。

今日はまだハンターにメールをしていない。午後五時。夕刻の光の中だ。ＮＧＯ事務所からの帰り道は交通量が多く、それが重い空気に似つかわしい。ライトを点けた大統領護衛官のバイクが目の前で道を曲がっていき、そのあとにメルセデスの黒いSUVが続いた。カビラ大統領を乗せて、車は大急ぎで街を通り抜けていった。

黄昏（たそがれ）は日没のおだやかな表現にすぎない。瞬く間に街は闇に包まれた。

ベル・ヴューへ戻ると、照明の群れが瞬いていた。ここ数日の埃と嫌悪感を洗い流す必要がある。ハンターとの間に生じた小さな誤解の数々が招いた乱気流。それを鎮める必要があった。敷地内のプールへ向かった。水に身をゆだねると、場所とのつながりがなくなったような気がした。この宇宙に自分があまねく存在しているような感じ。プールにやってきた見知らぬ男性がたどたどしいフランス語で、水は冷たいかと訊く。私も自信のないフランス語で返事をし、そこでいぶかしむ。この人は誰で、なぜここにいるのだろう。いや、彼の身元には私の身元と同じくらい意味がない。おたがい、何往復か泳ぎに来ただけのことだ。

プールの隣の〈ル・パレ〉というレストランはにぎわっていた。銀食器のぶつかる音とけたたましい笑い声が二階から届く。私は飛び込み板から水中に飛び込み、少ししてサウナへ行って、熱い水滴に肌を打たせた。人類最高の恵みと才能は〝忘れる能力〟なのか。私たちは現在の荒廃した手つかずの自然を、ずっとこうだったのだと考えて受け入れている。過去の蛮行に目をつぶり、いまに身をゆだねている。現在の荒廃をもたらした悲劇を忘れ、何もなかったように一からまたやり直そうとしている。

マンションに戻ってシャワーを浴びていると、ハンターが静かに入ってきた。ていねいに石鹸を泡立て、優しく私の身体を洗ってくれた。ふたりとも無言のままだ。彼の顔はもう若々しく輝いていた。山形の唇がおだやかな笑みを形づくり、えくぼをのぞかせる。

押し寄せる時間を一日が乗り越え、また彼方(かなた)へと沈んでいく。

土と日光、代謝の産物、そして過去を味わう

シャロンは家族ぐるみで付き合いのあるパリ育ちの友人だ。国際刑事司法学教授としてキンシャサの大学に勤務し、司法人権省の弁護士も務めていた。三〇代後半の小柄な彼女は、栗色の縮れ毛をボブにし、肌にはそばかすが薄く浮かんでいて、大量虐殺や拷問といった問題の専門家にはとても見えない。

シャロンの住まいは、この街に初めてできたコンゴ人居住区のひとつにあった。五年前までは町はずれだった。それがいまでは、たえず環状に拡大していく居住地の中心に位置している。崩れかけた建物には〝解剖団〟という落書きが見えた。家が隙間なく建てられ、侵入防止のためにガラスの破片をてっぺんに埋め込んだ壁で囲われている。

ここでは近隣住民が通りで声をかけ合っていた。よその子を遊びに連れ出し、冗談を口にし、大笑いで応える。開放的な屋外で物が売られ、通用門に座って髭を剃る人もいれば、頭をツルツ

ルに磨いている人も、髪を美しい三つ編みにしている人もいる。ここに孤独という病はなさそうだ。

シャロンが住む質素な家は高い壁に隠れていた。ハンターとふたりで低いドアから中庭へ入った。家の二面に屋根付きポーチがあり、フレンチドアを通ると書物がぎっしり詰まった居間が現れた。シャロンはコンゴの孤児を養子にしている。五歳くらいの小柄な男の子だ。瞳がきらきらしていて、最初は恥ずかしそうだったが、すぐに慣れて、好奇心に駆られた目で私を見ていた。

彼とその友達も連れて、〈美術学院〉へ五人で短い散歩に出た。近代的な複合施設で、コンクリート造りの建物が縦横に広がっている。居並ぶ小さな窓にはターコイズブルーと赤色で塗られた幾何学的な飾りが付いていた。一九四三年にベルギー人宣教師が設立したこの学校からは、世界に名だたるコンゴ人美術家が数多く生まれている。

不気味なくらい閑散としていて、にぎやかな居住区界隈とは対照的だった。印刷機が並んだ部屋や、未完成の作品が置かれた彫刻スタジオの前を通り過ぎた。この建物の隣にあるグラウンドでは、何人かがサッカーに興じていた。そのまま丘を登り、一〇代の子たちが戯れている観覧席を過ぎて、草に覆われた広い中庭へ向かうと、花壇があって彫刻作品が並んでいた。まわりの壁には絵が描かれている。

ハンターが、子どもたちとサッカーボールを蹴って遊びはじめた。脈動する都市の内側で広々とした空間にいる彼を見ながら、私たちの未来に思いを馳せた。その未来は、離れていって初めて存在に気がつく幽霊のようなものに思えてならなかった。

日が沈みはじめ、私たちは夕食の場所を探した。狭い通りに人がひしめいていた。わきの屋台で、ポンドゥ（キャッサバの葉）やバナナの葉で巻いたクワンガが売られていた。新鮮な果物の数々を蠟燭の光が照らしている。発光するビーチパラソルの下に設置された屋台では、貧弱なコンセントにつながった電源タップにワッフル焼き機一二台分のプラグが差し込まれていた。どの電気器具にも電気火災の焦げ跡が見える。ポップコーンの製造機を載せたカートを押していく男性とすれちがった。彼が空いているコンセントを探してうろうろしているあいだ、機械のコードはだらりと地面に垂れ下がっていた。

レストランに入り、上からいくつかの照明が連なり下がったテーブルに着いた。ビールと鶏肉と新鮮な川魚を注文する。一〇〇個近いゆで卵を頭に載せてバランスを取りながら客の間を歩いている男の子に声をかけた。彼はほっとしたようすで、卵が入った箱の山をテーブルに置いた。ビニール袋を手のひらに敷いて卵を取り出し、細いナイフで周囲にひびを入れると、すばやくリズミカルに殻を剝いていく。卵を手際よく半分に切り、真ん中に調味料の乾燥ピリピリをまぶした。一分とかからず仕事を済ませると、大事な売り物を頭に載せて、また席と席の間を歩きはじめた。

「屋台の食べ物も様変わりしたわ」とシャロンが言う。小鳥のようにピーナツをひとつずつ、ていねいに食べながら。「昔は亀やクロコダイルを食べられた。いまそれを見つけようと思ったら、高級レストランに行くしかないのよね」

「屋台で食べると腹を下す」ハンターが笑顔で私を見た。「でもそれは、汚れていたり不潔だからじゃない。身体が慣れていない土地の細菌がついているせいだ。本当にたちの悪いものなら、土地のみんなもやられてしまう。〝旅人の腹下し〟と呼ばれるのには理由があるのさ。そこを通り過ぎていく人間しかやられない」彼はいたずらっぽい目で言った。この目に心が和まされる。私のためにどんな役割を果たせばいいか、考えなくてもわかると言っているような目だ。

炭火で調理された川魚がきれいな葉に包まれて運ばれてきた。玉葱、トマト、唐辛子といっしょに澄んだだしでしっかり煮込んである。魚の骨はとても軟らかく、丸ごと食べられた。デザートにはパン生地を揚げたベニエに琥珀色の〝森のハチミツ〟をかけたもの。生命の酒（ネクター）はこんな味なのだろうか、と思う。

何日かして、私とハンターはシャロンを夕食に誘った。今回、お子さんはお留守番。シャロンは灰色のドレスに鮮やかな赤いショールをかけ、首には真珠のネックレス、明るい赤紫色の口紅を塗り、私たちでは釣り合わないくらい優雅な装いだった。ハンターはチャコのサンダルにカーキ色のズボン。私はしわの寄った亜麻布のスカート。シャロンのおおらかな活力、自分のことは自分で決めるという決意、孤高の姿勢に、私は敬服する。シングルマザーで、家には書物がぎっしり詰まっていて、殺伐とした一日の悲しみをわきへ押しのけて息子と遊んでいる。

私たちは野生動物の肉料理で有名なレストランへ向かった。店内は森林の村を感じさせる造りで、一段高くなったテーブルに着いた。頭上には椰子の葉で覆われた偽天井。隅に置かれた何台かのテレビで、スポーツカーと派手な宝飾品とビキニ姿の女性がふんだんに盛り込まれた音楽ビデオがビートをきかせていた。店内は笑い声に満ち、楽しそうな食事客がたくさんいると気持ちが和んでくる。

注文した紫黒色の芋虫はのどに表皮が引っかかり、クロコダイルの肉は白くて魚みたいだったけど肉らしい嚙みごたえがあった。合法的な狩猟で捕獲されたものかどうかはわからないが、ダイカーの肉も注文した。トマトとスパイスでじっくり煮込まれていて、軟らかく香ばしい。野生の味でも家畜の味でもない。大勢の重労働と、無秩序な街路、キンシャサの汚れた空気が混じった味だ。戦争で殺された何百万人もの悲しみ、脈動するコンゴ音楽、伝統的な織物の明るい色が、味に染み込んでいる。脅威に直面している森の冷たく湿った静けさのような、深い味がした。

私はただ肉を味わっているだけではない。土と日光、バクテリアと代謝の産物を味わっている。かつて動物が味わっていたさまざまなものを、私たち人間には再現できない複雑な関係性を、いま私は味わっている。魔法の風景を。そして、過去という時間を。

7

野生動物の燻製肉と偽キャビア

⚜ フランス

Smoked Game
and
Fake Caviar

便りなきパリ

ハンターの元をいつ離れたのか、思い出せない。一瞬でパリへ来た気がする。

彼はもうそばにいない。

「便りがないのはいい知らせ」私が旅立つ前、彼はそう言った。ハンター自身、狩猟シーズンになると森に入って数週間戻ってこないこともある。「消息がわからないときは大丈夫だと思っていいんだよ」

はるか遠くで連絡が取れない状況に、どう慣れろというの。

ベッドに横になって昔のメールを見た。

〝今日、きみと森にいて、周囲の世界が消えていったらどんなによかったか〟

〝そう。ときどき姿を消すのは大事なことなんだ……キス〟

個人による密輸

フランス国家憲兵隊の環境医薬品犯罪課本部で、副官を務めるデフォレスト中佐の話は延々と続いていた。きっと今日は、野生動物が密売されたという報告がひとつもないのだろう。それとも、私以外に、これまで彼の仕事に関心を持つ人物がいなかったのか。中佐は青い目をして、前髪は短く、あご髭と口髭は無精髭のレベルを超えていた。後ろの壁に剣が二本ぶら下がり、書類整理棚の上にランプが置かれている。

ヨーロッパで増えつつある移民たちの元へ、アフリカから巨大交易網を通じて食品が運び込まれているという。野菜と魚と果物は、半合法のコンテナ船で定期的にやってくる。だが、野生の狩猟肉はまったく別の方法で持ち込まれているようだ。キンシャサなどアフリカの都市から毎週、乗客の手荷物に大量の燻製肉が詰め込まれて空を飛んでくる。なかでもパリは人の手を介した密輸の一大拠点になっている。

「我々は食料品店に出向いて、不正行為を見つける仕事に多くの時間を割いています」と、デフォレストは言った。「食品の八割くらいは合法ですが、残りの二割ほどはラベルやロゴに問題がある。ポーランド語のラベルを貼ったフランス製品みたいなやつです。大きな不正ではないが、取り締まる義務があります。野菜や果物は衛生申告をせずに持ち込まれることも多く、害虫がいたり、皮に禁止農薬が残留していたりします」

彼は椅子にどっかりもたれて微笑み、しばし口をつぐむと、また話しはじめた。後ろの飾り板が〝私は魚介とワイン美食団の騎士〟と宣言していた。魚介類にとりわけ相性のいいフルーティな辛口ワイン〈ミュスカデ〉に、団員たちは忠誠を誓わなければならない。

「ブッシュミートを売る店は限られていて、九九パーセント、奥の部屋か地下倉庫に隠しています。注文に応じて売る方式で、事前に予約しないと手に入りません。だいたいはエールフランスの手荷物に入れて運ばれてくるから、アフリカ発の特定の便に狙いを定めて、組織的に手入れを行っています。肉を運び込む一般人と、本格的な密売人がターゲットです。しかし、フランスにはブッシュミートの問題を気にする人なんていません。野生動物への配慮という文脈ではね。気にするとしたら、エボラウイルスのような病原体への不安でしょうね」

エボラ出血熱への不安はほかの欧米人からも聞いていたが、とりたてて根拠があるわけではなさそうだ。ウイルスにいちばん感染しやすいのは、動物を狩ったときだから。血液など獣の体液にさらされる猟師はたしかにリスクがある。それでも、パリへこっそり持ち込まれたのが生肉だったり、熱処理が不十分だったりすれば、病原体を媒介する可能性はわずかながらある。そういう形で発症した例はまだないというが。

「いちおう、懲役一年か罰金一万五〇〇〇ユーロが科せられることになっています。ワシントン条約が絶滅危惧種の違法な密輸に関する規約で、そう定めていて」とデフォレストは言い、法律の説明を続けた。「ただし、組織犯罪の陰謀に加担していた場合は、七年以下の懲役と七五万ユーロの罰金、両方が科せられます。ただ、野生動物がらみの犯罪は税関の優先事項とは言えません。力を入れているのは麻薬や密輸煙草、偽造品のほうでして」

彼はコンピュータのモニターを私のほうへ向けた。「いくつか映像をお見せしましょう。アフリカ人にとって、ブッシュミートはシンボル的な意味が強い。伝統なのはもちろんですが、宗教に近い。信仰と言ってもいいでしょう」

最近撮られたという空港の手入れの映像は、画面の中でぐらぐら揺れていた。ひとりの女性が見るからに動転している。「それは私の薬よ」ビニール手袋とマスクと白衣を着用した専門家たちが肉を包んでいる黒いビニールや白い紙、アルミホイルを慎重に剝がしていくと、彼女は泣きだした。「私は病気なの！」と、何度も繰り返す。男性の制服警官が落ち着かせようと声をかけている。

「発見された肉は、新鮮なトカゲ肉のように身が赤く、生に近くて、蛆(うじ)が湧いているものもありました」と、デフォレストが言う。「二〇一二年一一月、シャルル・ドゴール空港で取締官が丸ごと一匹の鮮魚を見つけました。目がなくて、表面だけ燻されていました。全長一二〇センチ、幅六〇センチ、重さは一五キロから二〇キロ。羚羊(アンテロープ)の頭部が見つかったこともあります。象の尻尾もね」

画面を見ていると、ホルスターに銃を収めた別の制服警官が、別の乗客から押収したセンザンコウの褐色の燻製肉とマスクラット（ニオイネズミ）を撮影していた。

「空港以外では、一二月にシャトー・ルージュ地区でも手入れを行いました」と、デフォレストが続ける。「あの一件には公序良俗の問題もからんでいました。我々が到着したとき、歩道には、蝙蝠の肉を買おうとする女性が二〇人から二五人並んでいた。クリスマスや復活祭(イースター)の時期に喜ばれるのです。我々が介入すると、ご婦人たちが叫んだり喚いたりして、何十キロものブッシュミートが押収されるのを阻止しようとします。感謝祭の二日前にニューヨークの七面鳥を全部押収したらどうなるか想像してください。暴動が起きるでしょうね」

「押収した肉はどうなるんでしょう」と、私は訊いた。

「仕事がすんだら、食品管理局が持ち帰ります。最初のころはただ廃棄していたんです。洗剤や洗濯粉をかけて食べられなくしたうえで、肉を入れたごみ袋をガサ入れした食料品店の前に捨ててきたりして。ところがその後、その肉を洗ってまた売っているという話が耳に入りました。それでいままでは、食品管理局が持ち帰らざるを得なくなった。焼却処分しています」

そのあと、デフォレストは仕事で遭遇した野生動物の密輸事例をいろいろ挙げてくれた。フランスにはズアオホオジロという鳴き声の美しい小鳥の闇市場があり、この鳥はアルマニャック〔ブランデー〕に浸けて溺死させてから、焼いて、骨ごと食べる。食べるときは伝統にのっとり、自分の頭にナプキンをかぶせる。神様に見られたら、贅沢をしたと怒られるからだ。ニューカレドニアとフランス領ポリネシアの話もあった。絶滅危惧種シラスウナギを狙う高度に組織化された大規模密猟団が、鰻を生きたまま貨物機で中国や韓国へ送っている。闇のキャビア市場や中国のキャビア養殖場、キャビア販売店に行われた手入れ、寒天でつくったキャビアなど、ネット上にあふれる偽キャビアについての話もあった。フランスでは国の象徴エスカルゴが乱獲に遭い、野生のものが見つからなくなったため、ポーランドやハンガリーから調達している、とデフォレストは言う。赤鹿（アカシカ）や雉、ノロジカ、駝鳥（ダチョウ）を育てる農場の話も出た。東欧のシマウマ農場やカンガルーを食べる人たちの話。北米原産のザリガニが誤ってフランスに持ち込まれ、在来種を川から一掃してしまった話。フランスの食用蛙は重度の汚染と湿地帯の乾燥でほとんど姿を消してしまい、いまでは九九パーセントをトルコやハンガリー、ルーマニア、チェコからの輸入に頼っているという。鯨やイルカを獲る日本とフェロー諸島の漁師の話。クロコダイル養殖場とロバ肉のソーセージときて、最後に話は、ボルネオ島で採れる燕（ツバメ）の巣のスープに行き着いた。あの島の伝統的部族はいまでも、木の実と果物と森の野菜を主要な食糧としているという。

「私は旅が大好きで」彼は続けた。「ボルネオの人は密林に生えたシダの葉を食べるんです。それがいまでは都会のごちそうになった。ボルネオに行ったとき、クチンという街で食べてみましたよ。絶品でしたね」

お腹が鳴った。お昼の時間だ。

戦争が生む嗜好

戦争や飢饉の時期には、何でも人の口に運ばれる。そのときの食材が以後の文化に根づくこともある。かつては食べることのなかった食材への先入観が消えるだけでなく、逆に何世代かにわたって積極的に愛好されることも少なくない。

パリでは長らく、野生動物が食べられることはまずなかったが、一八七〇年の冬、普仏戦争の激化でパリのエリート層の胃袋は絶望的状況に陥った。九九日間包囲を受けたパリの美食家たちは、食べられるものの範囲を広げることにした。〈アクリマタシオン庭園〉内の動物園はもともと、外来種の家畜化を促すために設立された施設だったが、そこの動物をイギリスの肉屋が買い取って精肉し、一ポンド〔約四五〇グラム〕二五フランで売って大儲けした。少なくとも二頭の象――カストルとポルックス――が殺された。その胴体は美食家向けのごちそうとして一ポンド四五フランで売られ、安い部位はスープに使われた。

作曲家アレクサンドル＝エティエンヌ・ショロンがサントノーレ通りの超高級レストラン〈ヴォワザン〉で開いた真夜中のクリスマス・ディナーパーティには、〝猫のネズミ添え〟〝羚羊（アンテロープ）のテリーヌ〟〝象のコンソメ〟〝駱駝（ラクダ）のロースト、果実添え〟〝詰め物をしたロバの頭〟〝カンガルーのシチュー〟がところ狭しと並んだという。ディナーの最後を締めくくったのはグリュイエールチーズと、グラン・ポルト一八二七年だった。

戦争中の飢餓期にパリ市民は七万頭以上の馬を平らげた。彼らは戦争が終わってもその味が忘れられず、馬肉は次の一〇〇年間にわたって肉屋の定番になり、いまでも多くの食料品店で売られている。

識別できない肉

ランチを済ませると、法医昆虫学研究所を訪れた。密輸を試みて執行機関に押収された野生動物肉を分析する科学者がいる、と聞いたからだ。どんな種類の動物がいるのか情報を集めたかった。

玄関を入った廊下には血液と跳ね散った体液の写真が掲げられ、骨がぎっしり詰まったガラスケースが並んでいた。これから会う予定のヴォクラン・ボーダンは、野生動物にからんだ犯罪捜査のために遺伝子研究を行っているという。

ボーダンは長身痩軀でおだやかな感じの男性だった。首が長く、頭髪にところどころ白髪が交じっている。コンピュータの横にメモを書きつけた付箋が並んでいた。デフォレストほど陽気ではなく、話しぶりは遠回しで、あちこち話題が飛ぶ。ラテン語の種名を散りばめながら話は進んでいった。

「犯罪捜査で人間以外のＤＮＡが注目されるようになったのは、この三年くらいです。〈生命のバーコード〉プロジェクトのおかげでこの仕事が可能になりました」と、彼は言った。「国立自然史博物館と協力しています。できるだけ骨に近い、血液量が最大の部位をサンプルとして採取します。そうしないとDNAが傷ついていたり肉が乾きすぎていたりして、良好な結果を得られないことが多いので。実際、サンプルのおよそ三分の一は識別できません。データベースのどれにも一致しなかったり、腐りはじめていたりして。DNAが劣化しているのです」

さらに彼はこう続けた。「旅客の荷物に的を絞った捜査で、一〇の動物種と象の胴体ひとつが見つかったこともあります。コンゴ民主共和国、コンゴ共和国、カメルーンからパリへやってきた飛行機を一〇日間にわたり一日一便ずつ調べた別の手入れでは、野菜と魚が三トン見つかりました。ブッシュミートもどっさり。荷物のにおいでわかるんです。その量と種類の多さときたら。二〇種ですよ！　大きなネズミ、猿が五種類、蛇はしっかり燻製されていた。モグラも一匹。捕獲されたばかりのオオコウモリも何匹かいた。肉にカツオブシムシが湧いていることもあります。ほかにもクロコダイルや捕獲されて間もないトカゲ、センザンコウなど。そのうち八種がワシントン条約の絶滅危惧種にリストアップされているものでした。当時は種として確認されていなかった蝙蝠も押収されました。いま〝ヘリウムの亡霊〟と呼ばれている種です。それ以前の手入れで、全長二〇メートルのクロコダイルが見つかったこともありますよ」

サンプルの検査結果と種の画像が入ったバインダーを取り出し、見せてくれた。

「キノボリセンザンコウもいたね、捕獲されたばかりのが。というか、冷凍されていた。アフリカアシネズミ（ヨシネズミ）、これもカメルーンからよく持ち込まれます。蟻、パイソン（ニシキヘビ）……」

彼は茶色い塊が写った画像に目を向けた。

「一見しただけでは何だかわからないんです。燻製肉の多くがね。カビが生えているものもあれば、蛆が湧いているものもある。もちろん、最大の問題は病気です。エボラ出血熱の病原体とか、不衛生な状態だとか。中央アフリカからパリとロンドンへ向かう肉を三〇キロ以上押収したこともある。センザンコウには一〇〇ユーロの値段がつくのです。密輸の常習犯だった若いご婦人がいて、彼女が運んでいた肉を透明なポリ袋に分けて並べたら、テーブル一面を覆いつくしました。なかには、ものすごく高額な肉もあって」

ボーダンは切り分けられた猪肉や小さな串に刺された正体不明の肉、また死んだ小動物を写した数々の写真を見せてくれた。空港の犯罪現場で撮られた写真では、科学者が青い手袋をはめて、プラスチック管にDNAサンプルを入れていた。

ボーダンはつかのま口を閉じた。コンピュータのスピーカーからヴィヴァルディの曲が静かに流れている。「未確認動物にご興味は？　ビッグフットかもしれない動物の、興味深い研究があるんです」

彼はキーボードを叩いてその論文を探しはじめた。部屋には黒、灰、赤と三色の金属製書類棚が並び、それぞれに細い引き出しがたくさん付いていた。私がそこを見ていることに彼は気づいたのだろう。

「蝶を集めるのが趣味でして」彼は色分けされた棚を指差した。「そこには一〇〇ケースくらい標本が入っています。南米に何度も通って集めました。新種も二五から三〇発見しましたよ。オレンジ色とクリーム色の生殖器があるヒトリガ亜科の蛾です。それは美しく……」

病原体への不安

翌日は、アフリカ人コミュニティがあるパリ郊外のシャトー・ルージュへ出かけ、食品市場をぶらついてみた。〝DRCは地球でもっとも豊かで、もっとも貧しい国〟という例のフレーズが頭を離れず、胸がざわざわした。外の通りにはキンシャサの市場に劣らぬ活気が感じられる。トウモロコシを積んだカートを押す女性たちは、その場で焼いて提供できるよう、炭を入れた金属製グリルを携行していた。歩道にしゃがんでいる女性もいれば、小さなスツールに腰かけている女性もいた。セネガル、ギニア、カメルーン、コンゴ民主共和国など、出身国はさまざまだ。

リンガラ語で意思の疎通を図り、同じ商品にほかの売り手より安い値段をつけて競争に勝とうとしている。小さな串に刺した黒ずんだ魚が一〇ユーロ。毛虫ひと袋が五ユーロ。紫色をした果物が五個で一ユーロ、一二個で二ユーロ。クワンガ一個が一・五ユーロ、四個で五ユーロ。一ユーロで売られるクワンガもあった。

売り物は四角い麻布の上に並べられている。布の四隅を結び合わせればたちまち袋になって、その場から逃げることができる。路上で物を売るのは違法なのだ。誤認であっても警報はすぐさま市場を駆けめぐる。肉のカウンターが客でにぎわう一軒に入った。不正との闘いで知られるコンゴの霊的預言者ムフム・キンバングの写真が載った新聞の切り抜きが、店の壁に貼られていた。私の番が回ってきたが、カウンターの奥の笑顔がすてきな女性は、私の問いかけに「ブッシュミートはない」と言って次の客にすぐ目を移し、鶏肉とソーセージの包みを渡した。

コンゴ人女性のほとんどは私を警戒して話をしてくれなかった。このままひとりでの取材は難しいと判断し、つてを頼ってフレデリックというコンゴ人男性に連絡を取った。非営利団体でHIVの蔓延を防ぐ活動をしている人物だ。二部屋しかない狭い団体本部で会うことになった。海外駐在員としてパリに赴任してから食べた野生動物肉について、話してくれるという。

そこへ着いたとき、フレデリックは部屋全体に渡された会議用テーブルの前に座っていた。スーツケースがいくつか、壁に立てかけられている。細身で、頭が禿げ上がっているが、上品な顔立ちをしていた。一九七〇年代にコンゴからパリへ来たときは二〇歳そこそこで、そのころから理想主義者だった。自分がパリで買う肉はコンゴやコンゴ盆地の国から来ている可能性が高いと、率直に認めた。

フレデリックの妻はお祝いをする理由があるときだけ狩猟肉を料理している。狩猟肉を頻繁に食べられる豊かな生活など想像がつかないという。平日の夕食にキャビアとロブスターが出されるようなものだからだ。規制が厳しくなっているので、彼の家族もパリへ狩猟肉を持ち込むような危険は冒さない。アフリカから来る野生動物肉が恐れられるのは、安全を担保するための取引の規制が現実的に難しいこともあるが、最大の理由は未知への不安にあると、フレデリックは考えている。

ブッシュミートの受け止め方は白人とコンゴ人で大きく異なる。ブッシュミートは非衛生的だと白人は言う。エボラウイルスは森からやってくる恐怖であり、交易網と移住の波に乗ってくるのだと。一方で、ブッシュミートは衛生的な健康の源だと、コンゴ人は言う。蛆が湧くのは化学薬品に汚染されていない証拠だと。どっちの知見が正しいのか。

ときどき自分の現実を解体してみることは大切だ。身近にあるとは知らなかった新しいものを見る。それを受け入れたうえで難しいのは、あらたに得た驚くべきその知識で世界をどう構築し直すか、単なる個人的信条ではなく周知の冷静な事実でいかに現実をつくり直すか、だ。

人間は大昔からずっと狩りをしてきた。ところが、いまの私たちは、壊滅的な森林破壊のせいで断片化した生態系の近くで身を寄せ合っている。人と森の接点で病み疲弊した動物たちから、あらたな病気が生み出されている。人間が動物に病気をうつし、それが形を変えて、あらたな動物原性感染症として人間の世界へ戻ってくる。

もちろん、個人の牧場や工業化された牧場でも同じことは起こる。豚インフルエンザや鳥インフルエンザがいい例だ。アメリカでは、家畜に感染するシカ慢性消耗病が危惧されている。ならば、なぜ私たちはブッシュミートのほうがリスクが高いと考えるのか。もしかするとこれは、最終的には、人種差別に行き着く問題なのかもしれない。

必然の流れの先に

その日の夜、私はベッドに寝そべり、間隔をあけて太い文字をノートに書きつけた。〝わかっていた。出会った瞬間、すでに彼を失っていたことは〟ノートを置いて、ハンターにメールする。〝おやすみなさい、愛しい人〟と、私は書いた。

二度と会えないのだろうか。ハンターとの出会いは運命というより川の流れに似ている気がした。川には必然的な性質がある。標高の高いところから海へ、小さな川から大きな川へ、過去から現在へと流れていく。それでもまだ、予測のつかない部分はある。大きな内圧や揺れを受け、とつぜん堤防や境界を越え、思いのほか簡単にはけ口を見つけて新しい方向へ向かうことだってある。そんなとき、私たちは運命を前に受動的にならざるを得ない。

携帯電話にメールの着信を伝える電子音が鳴った。

〝キスとおやすみを。きみの顔を両手で挟んでキス〟ハンターからの返信だった。

また会える。そう心の中でつぶやきながら、私は知らぬ間に眠りに落ちていった。

野生のフィラメント

食卓や森から狩猟肉が消えるとき、それといっしょに大切な文化の一端もまた失われる。人間と外界の間に太古の昔から築かれてきた深い関係が消失する。狩人が持つ森の深い知識も、野生動物肉の料理人が考案した料理も消えていく。生活のあらゆる側面が標準化され、規制されていくと、多様性に富んだ暮らしへ向かう未来が否定されてしまう。それは刺激のない世界だ。

都会の品々を持って田舎の親戚を訪ねた人たちが狩猟肉を土産に持ち帰るとき、都市には奥深い生態史が運び込まれる。市場の女性、レストラン、密猟者、猟師、保護活動家と公園管理官（パークレンジャー）、科学者と軍人、いろいろな人が野生のフィラメントで結ばれるのだ。

複数の取引を経て移動していく肉の一片一片を、肉としてではなく、生きた動物として頭に思い描いてほしい。それがたどってきた道のりの一歩一歩を、そして道のり全体を想像してみてほしい。ダムが決壊したかのように動物たちが森から流れ出ていく。動物が人の手から手へ渡るたびに新しい渦が現れる。私たちは一歩進むたび、養分循環に巻き込まれる。古代の土と無限の陽光をまき散らす媒体となる。養分はときに動物の肉に結集され、さまざまに形を変えて時空を渡り、私たちの身体に取り込まれていくのだ。

第3部

祝宴と飢餓の季節

Seasons of Feast and Famine

8

ヘラジカ肉のアンズタケ添え クリームソースがけ

スウェーデン

Moose with Chanterelles in Cream Sauce

熊との遭遇

熊を見たのはスウェーデン北部の森に入って三日目のことだった。赤みを帯びた重厚な毛皮の持ち主で、山を引きはがすような勢いで下の小川へ走っていく。目の前を熊が駆け抜けたときは毛が逆立った。

そのとき私はひとりで、苔むした花崗岩の上に設置された狩猟用の隠れ処(ブラインド)にいた。ハンターは私を置いて、手負いのヘラジカを探しに出ていた。

目の前にひろがる広大な風景。つややかな切り株の合間には、切り倒された木や折れた木が横たわっている。倒木の残骸が散らばる空き地には、ヤマナラシの若木が育っていた。この秩序なき一帯で、太った小鳥たちが飛び移ってはローブッシュブルーベリーをついばんでいる。私の背後では、麦の刈り取られたあとの畑が晩秋の光で黄金色に染まっていた。

このブラインドは自然落下した木の枝でつくられた大雑把な代物だった。かつて天井の役割を果たしていた薄青色のビニールシートも、いまではぼろぼろの騒々しい吹き流しと化し、その隙間を流れの速い雲から送り込まれる雨や日射しが通り抜けてくる。それでも、左の丘から下の谷へと駆けていくヘラジカを観察するには絶好の場所だった。

坂を上ったてっぺんにある森からいきなり熊が飛び出してきたとき、日はまだ昇ったばかりで、私はボルヘスを読んでいた。絶え間ない鏡の比喩にあらがいながら、必死に眠気と戦っていた。熊と遭遇した刹那、頭より身体のほうが速く反応した。野獣がもたらす死の予感に全身がカッと熱くなった。座ったままじっと動かず、ゆっくり深く息を吸い込む。畑から歩いて二分くらいの場所だ。川向こうの家も見える。通り過ぎる車の音が聞こえる。それでも怖い。

昼食用の分厚く切った豚肉と焦げたホットドッグ、ピンク色の冷たいソーセージがあった。熊が戻り近づいてきたら、ありったけのものを投げつけよう。

夕刻、私は狩猟小屋へ戻った。食肉処理をしていたお年寄りたちが休憩に入り、まわりに集まってきて、私がいかに幸運だったかを口々に語った。みな、狩猟用の服装に身を包んでいる。オレンジ色の帽子、迷彩服、厚手のゴム長靴。流行の新品だが、大威張りできるほどの高級品ではない。舌の上に角砂糖をのせて苦いコーヒーを飲んでいる人もいた。彼らはくしゃくしゃの笑みを向け、私のほうへ身をのりだしてくる。

白いあご髭にオレンジ色のサスペンダーの小太りの男性は小さな葉巻を吸っていた。にこにこ顔で出っ歯をのぞかせ、話すときは種を吐き出すように言葉が飛び出てくる。「たしかに、大きな熊が丘をうろついているとは聞いていた。しかし、まだ見た者はいない。その熊（ビョルン）を見たとは、とてつもなく運がいい」彼は小さな葉巻を振り立て、自分の土地にいる人間特有の権威をにじませながら根掘り葉掘り訊いてくる。「新しいズボンを持ってこようか、恐怖で脱糞しただろう」と彼は笑った。「ところで、ハンターはどうした。あんたをひとり置いていったのか。それとも、ビョルンといっしょだったのか」

彼らは冗談を飛ばしつづけ、ずっと笑顔を絶やさなかった。

隠れ処での夜明け

狩人は光を追う。明け方、私たちは、新しい木がじわじわ迫ってくる古い伐採道路を歩いていた。前日からの雨がまだ降りつづいていて、座ったままヘラジカをひたすら待つには良好な条件とはいえない。外はまだ暗く、ヨーロッパアカマツの高木にかかる霧は氷の結晶と露の中間のような状態だった。ハンターが私の前を歩いていく。靴紐がほどけている。日の出に間に合うよう大急ぎで出発したため、結ぶのを忘れたのだ。ふたりで黙々と進んでいく。

ハンターに会うのは数カ月ぶりだった。彼は例年、狩猟シーズンに合わせてスウェーデンに帰国する。誘われたときは嬉しかった。また彼に会える。新しい環境で、彼の人生に織り込まれている伝統にこの身を浸し、彼への理解を深めるチャンスだ。食べるために野生動物を殺す行為を通じて、自分についての理解を深めるチャンスでもあった。

晩秋、寒帯の森は陰りゆく季節の美しさを帯びる。小さな葉をつけたクランベリーが背景のハナゴケに映える。シラカバの木が銀色の樹皮を落とす。コケモモの低木は鈴なりに成った酸っぱい果実を誇示している。安息香酸（あんそくこうさん）〔腐敗を防ぐ芳香族化合物〕と夏の最後の糖分を蓄えて実がつややかになる初霜の夜のあとが、最良の収穫期とされる。トウヒは長い冬に備え、針から養分を吸い取って根に蓄える。枝はセージグリーンの地衣類の房飾りをつけたまま、冬の到来を待つ。

私たちがたどってきた轍（わだち）は海綿のような湿地の中へ消えていく。低い丘は水を含み、わずかな窪みにもすべて水が溜まっている。ふたりで赤褐色のフェザーモスの絨毯（じゅうたん）を踏みしめていった。私たちの足跡もたちまち消えていった。土の塊にブーツが沈むたび、地面が盛り返して痕跡をなくしていくのだ。

影に覆われて暗くなっている湖にたどり着いた。濃紺色の湖面にカナダガンの鳴き声が響きわたり、ライチョウが何羽か、しゃがれ声でそれに応えていた。キツツキが松の木をつつく。森林に覆われた対岸の斜面に霧が浸み込んでいく。

湖岸の雑木の中にくたびれた狩猟用ブラインドが隠れていた。子どものころ、側庭から拾ってきたがらくたでつくった砦（とりで）を思い出す。この隠れ処（が）は廃材と地衣類をまとった丸太でできていて、側面にすり切れたネットが張られていた。奥に素朴な木のベンチがあり、入口近くに金属製の古い小さなドラムストーブが置かれていた。扉が錆びて、ひん曲がっている。頭上の木々から露の玉がポタポタ落ちてきて、緑色のビニールシートが張られた屋根に音をたて、気温が上がってくる朝の時間への賛美歌をスタッカートで奏でていた。

　私たちは低い小屋の中で前かがみになり、ゆっくり慎重に準備を進めていった。このあとじっと座ったまま長い時間を過ごすことになるが、いまはまだ早朝だ。必需品といっしょに森へ持ち込んできた逸る心を、私は抑えつけた。

　ハンターは宗教儀式のように細心の注意を払いながら、端がすり切れた防水キャンバス地のリュックから荷を空けていった。ライフル銃の紐をほどき、そっとベンチに置く。銃床には濃い色の木が使われていて、複雑な幾何学模様が彫り込まれていた。次は、熱いブルーベリーティーが入った魔法瓶。もうひとつ、コーヒーの魔法瓶も取り出す。ラジオとGPS受信機。予備の防寒着。ひとつひとつを銃と同じように恭しく取り出していく。最後に大口径ライフル用のカートリッジが入った箱を取り出し、昼食の隣に置いた。

　私は大きな迷彩色のコートと狩猟用ズボンを取り出し、長袖下着と長ズボン下に重ね着した。深紅のウールのシャツとセーター二枚に、ビロードのようなずっしりしたジャケット。ウールの厚手のレギンス。バラクラバ帽、フリースの裏地が付いたオレンジ色の帽子、薄いスカーフ、チェック柄の大きなスカーフ。赤と青のニットのリストウォーマーと黄色いミトンはハンターのお母さんの手編みだ。さらにその上に、手のひら部分が革でできた分厚いミトンを重ねる。手も足もこわばって不自由だ。日の出とともに木々の梢がオレンジ色に染まっていく。

こうして武装を済ませた私たちは、いつ終わるとも知れない〝寝ずの番〟に就いた。この日最初の光線がふたりをまだらに染める。体をゾクッと震えが駆け抜けた。

労働者のための風景

私たちが食べる肉の大半を生産している工業的な肥育場とは対照的に、この土地に食肉生産のための人の手が入っていないことは明らかだった。それでも〝野生〟とは言いがたい。ながめるためにある風景ではなく、ここにあるのは人が労働するための風景なのだ。用材林や農地として管理されているが、ある意味ではヘラジカのための土地ともいえる。

私にとってヘラジカは奇想天外な生き物、自然が生み出した突拍子もない動物だ。長く伸びた鼻。ちっぽけな尻尾。ひょろりとした白い脚。すさまじい力で大地を蹴る足は、沼地を巧みに進む設計もなされている。ウサギのような大きな耳はふわふわで柔らかい。鋭い目。あごの下の肉垂れ。尾状花序やスイレンの葉をすする巨大な舌。成獣の体長は最大三メートル近くにもなる。雄の湾曲した角は広葉樹を思わせる。角は幅二メートル近くまで成長することもあり、交尾期後の冬が来るたび抜け落ちる。

ヘラジカの雌は秋に発情し、翌年の五月下旬までに出産する。赤みがかった短い柔毛に覆われて体重一三〜一四キロで生まれた仔は、翌年の五月まで母親に育てられる。生後半年以上、母親から授乳を受けるが、そのかたわら生後数週間からヤナギやヤマナラシの先端、草むらの草、ナナカマドの葉など、さまざまな植物を試しはじめる。七月の下旬には大量の植物、特にトウヒや松の幼木の芽や新芽を食べる。初めて冬を迎えるころ、健康な仔の体重は一四〇キロ近くになっている。

自然界でヘラジカを捕食するのは狼で、目についたいちばん弱い個体を狙う。狼一家族で年間一二〇頭を殺すこともあるという。しかしスウェーデンでは、一四世紀にマグナス四世とクリストファ三世が狼を人間と家畜にとっての脅威と見なし、狼を殺すことは市民の義務であると宣言して以来、彼らは長らく駆除の対象になってきた。罰金制の下、教区司祭と土地を持たない女性を除く全員が狼狩りへの参加を義務づけられた。それから数世紀で狼の個体数は激減した。

一九世紀、スウェーデンの森は家畜を放牧し薪を採集する公共空間として維持された。現地の人たちは野生植物を集めてビールや酒を造り、爽やかなトウヒの樹脂をガムのように嚙んだ。食糧不足の時期には松の木の内皮を乾燥させて細かく砕き、ライ麦粉やオート麦粉と練ってパンをつくった。

第一次世界大戦後、輸出品として木材や炭やパルプの需要が高まった。ヨーロッパ有数の木材供給国だったスウェーデンとフィンランドは、価格と数量を規制すると同時に、ソ連の広大な森林から送り出される安価な木材の脅威から自分たちを守るため、共同輸出カルテルを組織した。

一九四〇年代の初頭までに、この二国に残る木材が乏しくなり、懸念が持ち上がった。不足分を補うべく、スウェーデンは科学的な森林管理法に打って出た。その後の五〇年で森を皆伐し、水を抜き、焼き払い、除草剤を撒き、地面を傷つけて葉くずの下の鉱質土壌を露出させた。窒素肥料を散布し、あらたに同じ樹齢のヨーロッパアカマツとオウシュウトウヒの木立を植えたのだ。

狼の数が激減する一方、あらたに植えた木立の新芽がヘラジカの仔の大きな食糧源となって、ヘラジカの個体数は劇的に増大した。彼らの食欲は樹木作物に大きなダメージを与え、多くの苗木を枯らし、生き残った木の成長を阻害した。一九八〇年代までに、ヘラジカの数を過剰と判断したスウェーデン林野庁は猟師の協力を得て駆除にのりだした。この狩猟の在り方を規制する法律はなきに等しく、ひとりで年間八〇〇頭から二〇〇〇頭を撃ち殺す人もいたという。

現在、スウェーデンの狩猟は厳重に管理されている。それぞれの県が森林地区と地元猟師からの意見を採り入れ、狩猟制限を設定している。狩猟には一定の私有林を持つ人しか参加できないが、所有者に〝家賃〟を払って共同狩猟に参加する人もいる。集団で追跡するとき、誰がどこを担当するかは抽選で決められる。一度に一頭しか撃てないという規則も定められた。望ましいバランスの維持をめざして、毎年、スウェーデン全土で生息数の三分の一ほどに当たる八万頭から一〇万頭が殺される。

ふたつの土地で生きる

ハンターの体は少年のように細く、コンゴではおよそ老いとは無縁の雰囲気をまとっていた。熱帯雨林の端でともに過ごした最初の日々を思い起こすたび、いろんな姿が目に浮かぶ。思い浮かべるときの気分と記憶の中身によって、顔の形が変わる気がした。

しかし、今朝、数カ月の時間と大陸ひとつの距離を隔てて再会したハンターの顔は、積み重ねてきた経験を反映していた。白髪まじりの無精髭と額に刻まれた深いしわに、思わず目をみはる。靴紐を結ぶのを忘れるような人に、こんな白いものが生えるなんて。

離れ離れになっているとき、彼は甘美なメールをたくさんくれた。〝おやすみ、愛しい人。きみの夢を見て眠れるといいな。きみに隣にいてほしい〟――そんな内容のものを。ところが、その後メールは途絶え、しばらく音信不通になった。この理由の知れない一貫性のなさと、それが心に生じさせる複雑な思いに、私はなんとか慣れるよう努力した。

いま、私は彼の温もりに寄り添い、骨が凍りつきそうな寒さと単調さからいっとき逃れている。でも、彼が心地よさを感じているかはわからない。彼はここで、何度となくひとりで狩りをしてきた。もうこの何時間か、私たちはささやき声で言葉を交わすことすらしていない。でも、それでいい。もういちどそばにいられるだけでじゅうぶんだ。

コンゴで過ごした彼の子ども時代で特筆すべきことは、慣れない土地に習熟しなければならない、という差し迫った必要性だったろう。六、七歳のころ彼は夜、ふたつの村をつなぐ熱帯雨林の小道を友達と歩いた。目に見えない夜行性の動物がくぐもった声や音をたてるなか、一時間くらい歩きつづけた。この真っ暗闇の旅を克服してから、彼は二度と闇を恐れなくなったそうだ。

やがて現地の言葉を話し、弓矢で狩りをし、手づかみでフフを食べ、シャツも着ずに裸足でオートバイに乗るようになった。しかし、いくら森の生活に習熟しても、友人たちはみな黒人で自分だけが白人であることに変わりはなかった。

休暇を利用してスウェーデンに帰ったときは、森で生きる知恵を一切合切、都会で生きる知恵に置き換えようとした。不思議なことに、周囲の人と肌の色や目の青さが同じであることが新鮮だった。ふたつの土地で半分ずつ暮らす不安定さを受け入れられるようになったが、時が経つにつれ、自分は根無し草だという思いが彼の中に根づいていった。未知の世界にいるときがいちばん心地よかった。

かつて、大学進学のためにストックホルムへ居を移したハンターは、自分に誓ったという。他人のスケジュールに縛られた暮らしには意味がない。自分の意思と行動がもたらす可能性を大事にしたい。時間の制約に縛られることを拒み、小さな抵抗を積み重ねることで、力強い回復力を身につけた。急いで生きることはやめよう。

私もまた、幼いころからそんな生き方を意識してきた。彼に深く理解され、受け入れられていると感じるのは、だからかもしれない。私たちふたりが寄り添うのは単に自分が所属する住み慣れた世界に安住したいからではなく、そこが感謝の気持ちを抱ける居心地のいい空間だからだ。そんな独立心に私は称賛を惜しまない。

森の中では自然の時計に従う。

早朝、私たちはバターを塗った二枚のライ麦パンに薄く切った調理済みの肉を挟んで食べ、紙コップで熱いブルーベリーティーを飲む。思考の繰り返しから離れていっとき得られる憩いの時間をありがたく思う。

私は森を見つめた。突風が吹くたび、植物の集合体が動く動物へと形を変える気がした。まるで木々の間に押し寄せてくる亡霊たちのように。

ヘラジカの内臓を抜く

ライフルの射撃音が響きわたった。人が深い水中へ飛び込んだ音を一万倍に増幅した感じだ。弾は命中したが、ヘラジカはすぐには倒れない。体を引きつらせながら前へ進んで森へ逃げ込もうとする。私たちはブラインドの中で待った。細い枝のこすれる音や小枝の折れる音を聞き逃すまいと、神経を集中する。左側の木々が震えた。

光は冷たく荒涼としている。

しばらくしてヘラジカが戻ってきた。鼻と口から血が流れ落ちている。鎖につながれて処刑場へ向かう男のような足取りだ。闘争心が尽き、あとは断末魔のときを待つしかない。ヘラジカは運命を悟ったように、心ならずも自分を贈り物に差し出した。

ハンターがもういちど撃った。弾が耳の下から頭へめり込む。たまらずヘラジカはくずおれ、そのまま動かなくなった。少しして、後ろ脚を蹴り出し、胴体を小さく揺さぶった。すでに絶命していたが、息を引き取る直前に送られた神経信号を体が解き放とうとしたらしい。

ヘラジカの死を目の当たりにして、私の感情は興奮と恐怖の間を往復した。狩り自体が初めてで、あんなに大きな野生動物が死ぬところを見るのも初めてだった。それでも、それにはどこか、とてもなじみ深い何かがあった。私の記憶が届かない、DNAに埋もれた経験への郷愁にも似た感覚。この瞬間、ハンターにキスして彼とここにいることを改めて認識し、時間の進みを遅らせて、無限の広がりに身をゆだねたかった。しかし、彼と同様、私も動かない。

絶命から数分で動物は〝死骸〟になる。単なる意味論の問題ではない。体内にそれとわかる変化が起こる。それがある線を越えたとき、生きていた獣は〝無感覚な肉と皮と毛と筋肉と組織と血液〟になるのだ。

だが、いま死んだ動物のことを考えている時間はない。死の重みを考究する時間もない。どのような高揚感や憂えや悲哀からも、目をそむけなければいけない。現実的な問題に頭を振り向けるのだ。

体熱で肉が傷む前に内臓を取り出す必要があった。

ハンターは緊張の面持ちだった。

「やりたくないの？」私は素知らぬ顔で尋ねた。

「もちろんやるけど、重労働だからな」と彼は答え、そこで私は気がついた。私にとっては冒険の瞬間だが、つねに自然と向き合ってきた彼にとって、狩りとは骨の折れる作業が付いてくるものなのだ。後悔も勝利もない。そこには、やるべき仕事があるだけだ。

私たちが倒したヘラジカは三歳か四歳の、膂力（りょりょく）あふれる雄だった。枝角に一五の突端（左に七つ、右に八つ）が付いていた。その姿はまるで、彼が生きてきた森のようだった。角は深みのある黄金色で、晩秋の地衣類を思わせる緑色がかった斑点があった。巨大な角を支える太い首には強靭な横紋筋繊維が詰まっている。小さな水滴をつけて光沢を帯びた黒褐色の太い毛の間に、腫瘍めいた箇所が広がっていた。目は膨れ上がっている。口のまわりの血が固まって黒ずんでいた。

ハンターは骨と真鍮の柄が付いた手づくりの狩猟用ナイフを、腹部の弾力に満ちた分厚い皮に当てた。刃先が内臓に刺さらないよう注意する。胃液がこぼれ出ると食べられなくなってしまう。刃を上向きにして巧みに切り上げていく。

私は皮を自分のほうへ引き寄せ、腹部をさらに切り開くために前脚の片方を押した。ハンターが空洞部分に手を突っ込み、苦労の末に後壁組織を注意深く断ち切った。球根のような形の胃袋を抜き出し、黒い肝臓と膨れた腸を取り出す。冷気に当たって湯気を立てている内臓を、柔らかな林床に放り投げた。これらの内臓は何年かかけて森の土に還っていく。そうして、ヘラジカが暮らしていた生態系の栄養となるのだ。

　臓物を抜くとき、ゴボッと音がした。ゲップのような小さな音や、シューッと空気が抜ける音もした。生物学的というより機械的な音の放出だ。作業を進めるにつれて臭いがきつくなってきた。アメリカの牛の臭いにもちょっと似ているが、土臭い沼地のそれに近い。ヘラジカが息をするたび、全身の筋肉に森の香りが吸い込まれ、ある種の生命力として保存され、いま最後の息――死のため息――を吐き出したところで、森のにおいは元の場所へ還る。そんなことを思った。

　ハンターは肘（ひじ）まで血にまみれていた。立ったまま、内臓があった場所にできた空洞を見下ろしている。私が縮こまればすっぽり収まりそうなくらい大きな空洞だった。きらきらと赤く泡立つ血液の量に心打たれる。一撃目の弾はヘラジカの肩の真下に当たって、そのまま肺を貫通していた。

　一連の作業が終わりに近づいたとき、遠くで銃声がし、ラジオの声が聞こえてきた。ほかの猟師たちが若い雄を追っているらしい。私たちはブラインドへ戻り、バケツの炭に火をつけた。ホットドッグ用のソーセージを焼くと、縦にパチンとはぜた。端が丸まって皮が縮み、中身が飛び出す。熱々で、香ばしく、脂っこい。ふたりでコーヒーを飲み、またブルーベリーティーを飲んだ。私はチョコレートバーをかじり、ハンターは輪切りにした焼きソーセージにかぶりついた。

　一時間と経たず、オオガラスの一団が私たちを発見した。高い木にとまって噂話をしている。ときどき、新鮮な肉塊への興奮を抑えきれずに飛び立って、上空を旋回した。旋回は一種の合図で、さらに鳥たちが集まってきた。死者への儀礼のように湖の音に合わせて歌う。
私たちはまた無言で座っていた。ヘラジカの死骸のまわりを小さなブヨがブンブン飛び回る。万歳をするように枝角の後ろに位置していた前脚の蹄は、死後硬直で頭上に固定されている。どことなく、仰向けになってふざけている犬の姿を連想させた。隣に横たわる胃と腸は膨れて硬くなっている。

しばらくして、男がひとり、ヘラジカを森から運び出す全地形対応車（ATV）に乗ってプラスチック製のソリ持参で到着した。獲物を運んで帰途に就く前、私は死んだヘラジカのための祭壇をつくった。子どものころ、ニューメキシコの乾いた小峡谷（アロヨ）で死んでいる野生動物に遭遇したときにはそうするよう、両親から教わったのだ。ヘラジカが息絶えた場所は苔が赤く染まっていた。そのそばで朽ちかけている切り株に、私は集めてきた花や、曲がった小枝、丸まった木の葉、なめらかな石をそっと立てかけた。

私たちは三六〇キロ近い獲物を倒すためにこの無言の土地を荒らし、車で黒土を激しくかき回し、ピンク色と黄金色のスゲの草を平らに倒してきた。ここの地面はしばらく私たちの行為の痕跡をとどめる。背中に傷を負ったまま冬を迎えることになる。

解体現場にて

狩猟小屋に戻ると、森に覆われた丘の向こうへ夕日が消え入ろうとしていた。木の枝と枝の暗い隙間が木々以上に実体を感じさせ、深い緑色の影がもつれ合っている。東側の農家が日を受けて茜色に輝いていた。

小屋でヘラジカの解体を終えたばかりの男性たちが、庭に集まっていた。純正レンジローバーや大型トラックで来ている人、チェコから輸入されたブリキ缶みたいな車で来ている人もいた。いかにも考え方の幼稚そうな人がいて、とにかく口さがない。始終、人をけなそうとする。「たいして大きなヘラジカじゃない」とか、「お前のはまぐれ当たりだよ」とか言っている。

彼らは煙草を噛みながら、ヘラジカから回収した使用済みの弾を回していった。土中を曲がりくねって進むつややかなキノコのような不思議な形をしていた。捨てられたヘラジカの頭の横にこのゆがんだ金属を置くと、仕留めた人が繁栄するという。

そうこうするうち、また別のヘラジカがやってきた。私たちが仕留めたヘラジカに似ている。口は開いたまま、舌がだらりと垂れ下がっている。死後硬直した体はバレリーナのような優雅なポーズで固まっていた。片足を軸に身体を回転させるピルエットの途中で絶命したかのようだ。この若い雄を撃ったのはハンターの親友のトビアスだった。角の生えはじめと思われる小さなこぶが頭に見えた。生まれて半年も経っていないだろう。

トビアスはスウェーデンのサッカー選手にちなんで狩猟犬に名前をつけていた。その名もズラタンは、今回一年以上受けてきた厳しい訓練の成果を初めて披露した。シネジェティックスと呼ばれる犬を使った狩猟は、古くからある芸術形式で、地域ごとに狩猟スタイルや犬種の好みが異なる。血統のいい犬は匂いを見つけると低く身構え、なめらかな尾を引き締めて、頭を前に向けてから、獲物を追いかけていく。ヘラジカを森の外へ追い出し、ブラインドで待つ狩人たちの方向へ追いたてる。ヘラジカに出くわすと大声で吠え、狩人が追いついて仕留めるまで恐怖に固まらせておく。狩人は犬の声に耳を傾けることで、獲物が単独か、それとも群れか、怪我をしているか、逃げていくところかなど、細かな情報を知ることができる。追跡しやすくするために、犬の首輪にはGPSドッグナビが装着され、そのおかげで、ヘラジカを仕留めるのに決定的な役割を果たしたのは誰の犬かをめぐって口論するという伝統的な場面も、最近は見られなくなってきた。

小さな仔ヘラジカでも、トラックの荷台からV字形の食肉処理用金属台まで運ぶのに、大人の男性が三人必要だった。前脚の皮を剝がし、後ろ脚の足部分を電動ノコギリで切除した。後ろ脚の膝に鉤(かぎ)を押し込んで鎖で吊り上げる。鼻が床についた。スノーボードの前方宙返り(フロントフリップ)の最中を思わせる格好だ。電動ノコギリで頭が切り落とされた。首から突き出た食道がおぞましい。骨粉の臭いが漂う。

電動ウインチが皮を剝がしていく。てらてら光る脂肪層から剝がれていくとき、ジュー ッと小さな音がした。剝がれた毛皮がケープのように垂れ下がっている。皮を引いていたロープの動きが止まると、血の滴り落ちる音が反響した。皮は脂肪をこすり落としてから塩漬けにされ、草原の端に敷いた防水シートの上に置かれる。二、三週間経ったところで皮革会社が買い取りにくるという。

剝き出しになった身は血で真っ赤に染まっていた。霜降り状に白い脂肪がまじり、雪花石膏（アラバスター）を思わせる泡が浮かんでいる。何日かかけて保存処理を行ううち、色は淡いバラ色や紫青色、ピンク色、サクランボ色、ルビーめいたワイン色へと変化していく。

男性たちがヘラジカの内臓を取り除く作業を開始した。血が流れだす。仕留めた直後に取り除かれなかった内臓がすべて引き出された。心臓、陰茎、睾丸が切除され、小さな黒いバケツに放り込まれる。毛皮や汚れが付いたままだ。

誰かがホースを持ってきて、死骸の空洞に水をかけた。ゴム製スクイージーを手にした別の人が、赤みを帯びた水と黒ずんだ血をコンクリートの床の排水口へ掃き出していく。

前脚の片方が切り落とされると、開いたドアから外へ投げられ、もう片方もあとに続いた。砂利に着地するときに、薪を割るときのようなバコッという音がした。庭をうろついていた猟犬たちがすかさずごちそうを回収し、草むらに戻ってかじりつくところを見て慄然とした。

風景全体の在りようを知る人

狩りを成功させるためには、獲物の特性を理解することにもっとも多くの時間が費やされる。何を食べているか、いつどのように動くか、一日のいつ、あるいは一年のどの時期にいちばん活発になるか。対象動物の習性が年齢によって変化する場合には、その知識も必要になる。狩人とはつまり、風景全体を知り尽くした人のことなのだ。

ずっと以前から、狩りは生態学的な影響を及ぼす行為だった。狩りをする者への恐怖から獲物が臆病な行動を取ると、その影響が生態系全体に波及し、最終的には、草食動物の生息地が移動することで植物の生育サイクルや炭素循環までが変化する。この〝恐怖の生態系〟で殺される確率がいちばん高いのは、弱い動物と変則的な動物だ。病気や奇形、変わった毛色を持つ個体、幼い個体や年老いた個体だ。これはあらゆる捕食関係についていえることだが、狩りは進化の推進力になる。狩られる側の動物を強く速く敏捷にするという意味で。

狩猟は過去の遺物的な行為に映るかもしれない。今日の世界に必要不可欠な行為ではなく、象徴的な意味合いが強い、古めかしく残忍な食料入手方法と受け止める人も少なくないだろう。しかし、狩人はつねに可能なかぎりの最新技術を取り入れてきた。ヘラジカ狩りも例外ではない。そのときどきの文明が有する数多くの武器に依存する性質上、狩りは戦争シミュレーションの様相を帯びてくる。何かが発明されるたび、獲物を仕留める効率が上がる。

それでも、狩りは伝統に根差した活動だ。もしかしたら、狩人は現代に残されたもっとも機敏な博物学者なのかもしれない。現代的であると同時に古風でもあり、娯楽（スポーツ）であると同時に生存に必要な行為でもあるがゆえに、その価値を丸ごと道徳で測ることはできない。

ヘラジカ肉バーガー

その夜、ヘラジカを殺してはらわたを抜いたあと、私たちは熱いシャワーを浴び、大きなアイランドキッチンを囲み冷えたビールを飲んだ。峡谷を見下ろす広大な牧場にはトビアスと妻のサーシャ、彼らの三人の娘も泊まっていた。近くに鉄道が走っていて、一日じゅうガタコンガタコンとお定まりの小さな音が聞こえてくる。

最近改修されたというキッチンは真っ赤な壁と市松模様の床が目を引いた。ほかの部屋は錆びた釘が散らばっていたり、ドアがきちんと閉まらなかったり、目に見えない湿気のせいでカーペットが盛り上がっていた。どこも天井まで物が積み上がっている。使えるものもあれば、ごみでしかないものもあり、全体的に雑然とした印象だ。

ロシアの潜水艦がストックホルムの沖合でスウェーデンの領域を侵犯したそうだが、私たちの関心は新しい冷戦よりも狩猟の成功を語り合うことにあった。話に花を咲かせているあいだにサーシャがヘラジカ肉でハンバーガーをこしらえ、ジャガイモを皮ごとカリカリに焼いてくれた。

私が訪問中に食べたほかの料理に比べると洗練されたものではなかったが、その調理法は正確さと確かな技術に裏打ちされていた。このキッチンには新品の六口コンロと、イタリア製のフリーザー付き冷蔵庫がある。日本製の高級包丁と真空調理機を完備し、ピュレやコンフィやキュア用の器具もそろっている。ふたつの壁にまたがる頭上の棚には、分子ガストロノミーの精妙な技術を詳述する料理本が整然と並んでいた。

スリランカ生まれのサーシャは子どものころ養女としてこの国へ移り住み、狩りを覚えた時点でスウェーデンの一員になった。いまでは小さな娘たちもときどき狩りに同行するが、今回も彼女たちはiPadの画面に釘づけだ。サーシャは狩猟肉の調理が大好きで、今日はその肉がどっさりあってご機嫌だった。

「うちの猟友会は、養父の父親が始めたの」サーシャはジャガイモを切って塩とオリーブオイルを振りかけた。「その祖父が全部やってしまうから、養父は何も覚えなかったけど、私はそばで祖父のすることを観察していたわ。そうやって少しずつ学んでいったの。そしたら、ある日トビアスが、『サーシャ、きみが引き継ぐ番だ』って言って」

トビアスは長身痩軀で引き締まった体つきをしているが、いつもじっとしていることができない。アイランドキッチンを囲むあいだも銃の分解と掃除にせっせと取り組んでいた。

「うちの猟友会は隣の会と友好関係を結んでいるんだけど、彼らはそのまた隣の会がヘラジカを盗もうとしているって困ってるよ」トビアスはビールを飲み干すと、もう一本開けた。「まあ、ここのヘラジカ狩りは間引きに近いんだけどね。自分たちが植えた木でヘラジカを食わせているようなものさ」

「たしかに、北に暮らす僕たちは、ヘラジカ肉は食べ飽きている」ハンターが言った。「でも、それが当たり前じゃない南のほうでは、みんながありがたがる」

「俺たちの肉でひと財産築けるかもな」と、トビアスが返した。

夕食後、サーシャが娘たちを寝かしつけたあと、バルヴェニーのウイスキーを注いだグラスを片手に、手負いの獲物を追跡して仕留めるべきかどうかという、ふだんはめったに持ち出されない話題へ移った。

「スウェーデンには動物を苦しませてはならないという法律があるんだ」トビアスが言う。「だけど、撃たれた動物が生き延びたという奇跡みたいな話はたくさんあるよ。そのつらい戦いにどこで終止符を打つか、俺たちはどう判断したらいい？　とどめを刺すのは自分が楽になるためでもあるんだ。さもないと自分に耐えられなくなる——彼らに苦しみをもたらしているのは自分なんだから」

「スウェーデン北部の熊の話だけど、覚えてるかい」ハンターが言った。「片方の目を撃たれたが殺されずにタグを付けられ、抗生物質を投与されて森へ帰った熊だ。数年後、彼は最高位の熊になった。群れのリーダーになったんだ」

キッチンの奥の壁に雑誌の記事がピン留めされていた。ハンターを取り上げた記事だ。コンゴ民主共和国で違法な野生動物取引に手を染めている有名な犯罪者たちを逮捕したときのものだった。自動小銃を持った男たちと、木の梢にいるボノボの母親の写真が何枚かある。別の写真ではハンターが秘密をかかえた少年のようにニッと笑い、ゆがんだ歯をのぞかせていた。でも、スイートピーのような青い目は悲しげで、眉間にはしわが寄っている。私はこの写真に心を奪われながら、彼の仕事をとらえたこの一枚といまの複雑な現実にどう折り合いをつけたらいいのか思案した。

ハンターの軽やかで柔らかな口調が、私を過去からキッチンへ連れ戻した。

男性ふたりはまだ、動物の命を奪う行為について議論している。私にとってヘラジカの死はとつぜんのことだったが、彼らのように普通の人より多くの時間を自然界で過ごしてきた熟練の狩人にとって、動物の命を奪う行為は何日も前、つまり獲物が目に入るずっと前から頭の中で起こっていることなのかもしれない。

「殺すのは簡単だ」トビアスが私の空いたグラスにウイスキーを注いだ。「難しいのは、手負いの獲物にとどめを刺すべきかどうかの判断なんだ」

「そのとおりだな」とハンターが言い、愛情のこもった目で私を見つめた。「心臓に弾が命中しても、まだ走りつづけるヘラジカだっているんだから」

食肉処理を体験

　狩りの最終日、つまり獲物を肉に解体する日は猟友会の全員が小屋に集まる。明け方、表面が剝がれかけた黒と緋色の金属扉は開いていて、外は夜明けのくすんだ青い光に包まれていた。

　女の子がひとり、獲物を運ぶ車の座席に弟と座って、小屋のようすを見守っていた。髪が黒く、濁った目をしている。皮膚は黄ばみ、切り下げの前髪が眉毛の上まで額を覆っていた。年齢は一二、三歳だろうか。幼い弟の目にはないあこがれの眼差しで、小屋の人たちの作業を見つめていた。小屋のそばの草の上にヘラジカの頭部が置かれている。好奇心旺盛な蝿たちが枝角の皮と、のどの周囲の乾いた血を調べていた。

　七歳くらいの金髪の弟はぼんやりと何か考えているようすだったが、前の日に庭でプラスチック製のソリに載せたヘラジカを引っ張ったときは、口数も多く、年齢以上にずっと大人びて見えた。その彼がいま、皮を剝がれて静物画のように小屋の天井から不気味な線を描いて垂れ下がっているヘラジカの死骸を、静かに見つめた。

　雁のつがいが鳴き交わしている。黒と黄色の小鳥たちが野原を跳ね飛ぶ。アオカケスの群れが並木から飛び立ち、西のほうへ少し飛んだあと東へ弧を描いた。骨までかじられたヘラジカの脚が庭に散らばっている。

　小屋の裏で男性が三人、細長い煙突付きのドラム缶ストーブで火を起こしていた。ストーブの上に置かれた鍋の水がゆっくり沸騰していく。湯気と火から上がる煙が、彼らの白い息や煙草の煙と混じりながら、ゆったりと日の出に向かって漂い、まるで上昇する霧のように隣の野原のわきに立つ木々へと流れていく。男性たちが黒いバケツに熱湯を移していった。

緑青色のプラスチック収納ケースの上に身をかがめている一団もいた。解体した肉を分別するためのケースには1から46まで、それぞれ番号が振られている。ガレージの前に三列に並べられていて、二列は長く一列は短い。ガレージの扉は開いていて、オートバイや古い家具、捨てられた品々、いろんなものがうずたかく積まれていた。一見無造作に、六つのケースが選ばれストーブの前まで運ばれてきた。お湯が二・五センチほどの深さに注がれ、そこに緑色の液体石鹸が絞り出される。ケースひとつひとつがこすり洗いを受け、庭のホースの水ですすぎ落とされた。

動物が殺されて解体されるところを初めて見たのはニューメキシコでのことだった。当時二五歳。友人の誕生日に豚のローストをつくることになったのだ。サン・フェリペ・プエブロに住む男性から、私たちは生きている雌豚を一頭買った。その豚をトラックから下ろすと、安物の白ワインを飲ませた。埃っぽい庭をふらふらと歩き回る豚の頭部を、友人のキャサリン・リーが四四マグナムのリボルバーで撃った。一発では仕留められなかったのだったか、よく覚えていない。

太古の昔から行われてきた行為とはいえ、私たちには人生初の経験だった。自分たちが何をしているのか全然わかっていなかった。深く考えなかったわけでもないし、自己満足のためだったわけでもない。それは人生というまとまりのない生地に太古の模様を描き直そうとする試みだった——食べるために生き物を殺すということは。豚を尻から吊り下げドラム缶の熱湯に浸けたあと、ガスバーナーで体毛を炙った。親から動物を殺す技術は受け継いでいなかったので、何冊かの本でやり方を調べた。

薄明の中、小屋では一四歳から七〇歳までの男性一一人と母親でもある女性ふたりが解体作業にいそしんでいた。みな口数は少なく、ナイフを握った手元から作業の進捗状況がそれとなく伝わってくる。ヘラジカの解体は高度に儀式化されていた。中世の騎士道的な鹿狩りを終えた貴族のように、誰もが自分の階級と役割を心得ている。どんな順序で解体するかを議論したりはしない。長年の経験で一から一〇までわかっている。もちろん、どこにナイフを当てればいいかも。

洞窟のように口を開けたガレージの中に間に合わせのテーブルが並べられ、分厚く白いビニールシートに覆われた木挽き台には木の板が載せられていた。シートで覆いきれないところには黒いごみ袋を切り裂いたものが平らに敷かれている。白壁の前には吊り下げられた複数のヘラジカの死骸。どれも大きくて威圧的だ。この広大な精肉工房では誰もがちっぽけに見えた。

Bluetooth接続のイヤホンを耳につけ、タイベックの白い防護服を着ている男性がひとりいた。黒いベルトに透明なプラスチック鞘を通し、そこに柄の青いナイフが二本収まっている。白いタオルを二枚ベルトに通し、一枚はお腹の前、もう一枚は腰にあった。ヘラジカを解体する忍者といった趣だ。ハマー〔軍用四輪駆動車の民間仕様車〕で乗りつけてきたこの男性はさっきから燃費の悪さをしきりにこぼしていた。ポケットからはワイヤーとコードがぶら下がっている。

彼以外は全員がビニール製のエプロンを着用していた。ほとんどの人が透明な白い医療用手袋をはめている。パウダーフリーの着脱しやすいものだ。分厚いゴム手袋をはめている人も何人かいた。手袋を入れた箱の横には防水性の包帯が一カートンと、血が跳ねかかったペーパータオルがひと巻き。ナイフを研ぐ音が聞こえてくる。ナイフは少なくとも三種類はあった。

解体処理にはある種の思いやりが感じられた。指先で肉をそっと引っ張る。手早く切断していくところなどはすばやいキスを連想させた。脂肪の層といっしょに肉がてらてら光っている。動物の解体は一見凄惨な光景のようでいて、そこには実は、慎重なあつかいと節度があった。獲物が食肉へと姿を変えていくことへの、抑えられない喜びもまた。

考古学者は化石化した動物の骨に解体処理の痕跡があるかどうかを調べる。ノコギリで切断したり刃で叩き切ったりした跡が、獣を消費した人々の文化とその流通方法について多くを教えてくれるからだ。

小さな葉巻を手にした高齢の男性もじっと状況を見つめている。

前脚がノコギリで切り落とされた。木の脚立に立った男性が腹部の肉と脂肪を大きく切り取り、テーブルの上に放り投げた。待ち受ける作業員たちがその大きな塊を小さく切り分けていく。作業が進むにつれて胸の空洞が広がっていった。脚立の男性が肋骨の隙間の肉にナイフの先を突き入れた。押し込むとき、窮屈そうな音がした。

背骨に沿ってノコギリで胸郭を切り落としていく。切り離された肋骨が大きな音をたててテーブルの上に投げ落とされた。死骸は鶴を逆さにぶら下げたような感じになった。

背骨が真ん中で切り落とされた。

最後に、腰から臀部にかけて縦に割られた。離ればなれになった脚がぶつかり合って、拍手のような音をたてる。

テーブルの男女は無言でせっせと作業に励んでいる。骨と球関節から肉を切り離していく。背中と肩の合わせ目、太腿の内側、尻の上、胸郭と、さまざまな部位を巧みにさばいていく。薄く白い脂肪を赤身から削ぎ切る。

サーシャは茶色い野球帽をかぶって、黒髪を後ろで束ねていた。作業に集中しているせいか、ズボンとブーツとシャツの袖に血と肉のネバネバした染みが跳ね散っているのを気にするそぶりも見せない。

短い休憩時間、解体作業にあたっている人たちは血まみれの手袋のままペストリーを食べていた。すばやく口に放り込み、発泡スチロールのカップで気の抜けたコーヒーを流し込む。昨年の狩りで収穫した燻製肉の薄切りに塩胡椒と砂糖をまぶしたものが順々に回されていく。

年老いた人たちは目がよくないから肉のトリミング作業には加わらず、赤い染みがついた黒いバケツを運び出して水ですすいだり、白い台所用研磨剤で汚れを落としたりしていた。車の中にいた男の子は小さなトレーラーの荷台にくず骨を放り投げている。彼の顔にも血がついていた。鼻を手でこすったためだ。不要になった骨の塊を投げ込みにくるたび、その全身が斜めに射し込む光に照らし出された。ごみの山は一日の終わりに森へ還される。

東の丘に朝日が完全に昇り、夜間にかかっていた雨雲の姿が消えると、強い日射しが解体現場をくっきり浮かび上がらせたが、まぶしすぎて作業にはじゃまだ。わずかな隙間だけを残してガレージの扉が閉じられた。男の子が骨を、高齢者が処理の済んだ肉を運び出せるように、少しだけ開けておくのだ。薄暗くなった室内に、不ぞろいな光が装飾的な影を投げていた。

もうひとつ別のテーブルが、壁から部屋の真ん中へ持ってこられた。

一時間たらずでヘラジカが一頭消え、もう一頭が半分になった。二時間後、二頭分の肉が四つのケースに詰め込まれていた。それぞれ五〇キロ近い。そこから、長テーブルに、部位別に分けて肉が並べられた。腰肉（ロイン）、円形のメダイヨン、薄切り肉（ラッシャー）、あばら肉（ラック）、骨なし薄切り肉（エスカロップ）など。これらはこのあと青緑色のケースに分け入れ、作業した全員で、質・量とも可能なかぎり平等に分配される。誰がどのケースを持ち帰るかは、1から46の番号がついたくじで決められる。

正午になるとエンドウ豆のスープとオープンサンドが振る舞われた。蠅がブンブンと集まってきて作業のようすを見守っている。残るは未作業のヘラジカ三頭と小さな仔が何頭か。食肉処理台では一〇人が作業していた。肉にラベルが貼られ、番号が振られる。こうして、ヘラジカは食用の肉と化すのだ。

少数の人間だけに与えられる特権となる以前、狩猟は共同体の儀式だった。食料の生産と獲得はひとつの挑戦であり、自然への忠誠と愛の告白だった。それは物質と結びついた魔法であり、共同体への帰属意識でもあった。この経験により、自分だけでなく周囲の考えと行動があるからこそ生産と獲得が可能になることを、ひとりひとりが理解するようになっていく。力を合わせていかに暮らしを立てていくか、その道を示す地図を彼らはつくり上げたのだ。それによってこうした共同作業は権威を得た。次第に人間と土地の関係が築かれていった。現代においては、このような裏方の仕事は見えない他者の手で行われる。血にまみれながらも、心配りと畏敬の念を込めて殺した生き物をさばく人たちのおかげで食料が獲得されているなんて、誰も想像していない。

夜の帳が下りるころ、ハンターと私は未舗装のガタガタ道を車で走り、農場や森を通り過ぎながら語り合った。長い長い年月を経て築かれた、湿った香りのするこんな豊かな森で暮らしたら、どんな心地がするだろうと。車を停め、峡谷を見下ろすように立つ一軒の赤い素敵なコテージを、ふたりして惚れ惚れとながめた。「前に、こんな家を建てたことがある」ハンターが厳粛な口ぶりで言った。誰のために建てたんだろう、そのときの彼女はどこにいるんだろうという思いが頭をよぎったが、すぐまたふたりの未来に目を向けた。

「いつか、あなたをニューメキシコへ連れていく」私は言った。「アメリカアカシカを狩る友人たちがいるの。エルクとも呼ばれるヘラジカの仲間よ。いっしょに行けるといいな」

「いつか、ぜひ実現したいね」と、彼は笑顔で答えた。

ヘラジカを仕留めた弾丸

ハンターは別の狩人にヘラジカの頭を譲った。「今年いちばんの大物だ、枝角の数もいちばん多い」と相手は感心しきりだった。だが撃った弾丸は手放さなかった。致命傷を与えた弾のほうがハンターにとっては大事な勲章なのだ。それさえあれば、今回の狩りのことをいつでも思い出せる。なのに、彼はその弾をどこへやったか、しょっちゅう忘れた。ある夜、私が洗濯物の山を整理していると、彼のズボンのポケットに弾が入っていた。彼が見つけられるよう、私の下着のゴム裏に挟んでおいた。「ベッドに行きましょう」私は彼に言った。「サプライズがあるの」翌朝、彼はまた弾丸を置いた場所を忘れたが、こんどは自分で見つけて化粧品袋に入れた。何日かしてまたどこに置いたか忘れ、がらくたの間にあるのを見つけた私が「ストックホルムの実家に預けて大切に保管してもらったほうがいい」と助言すると、彼は素直に従った。

狩りの美しさはその特殊性や細部にではなく、本能と本能の戦いにある。獲物と狩人は完全に対等だ。狩人は鋭い武器と理性で追跡する。獲物はスピードと優雅な回避能力を見せつけ、自分は狩人の幻影にすぎないと思わせる。狩人は命を奪うことで獲物の力に敬意を表し、それと同時に自分の力を明示する。

ヘラジカを倒した直後に死体をじっくり観察してみたらどうだろう、と私は考えていた。なんと愚かだったことか。死んだヘラジカの特徴から、その隠れた生涯が垣間見えるのではないかという期待を私は抱いていたのだ。しかし、そんな都合のいいことがあるはずもない。体内の振動が刻々と停止していき、最後に完全に動きが止まったとき、みずみずしい苔の棺に安置されたヘラジカは一瞬、自然の絶え間ない営みを表す神殿となった。

ヘラジカにとって、この北の森は生存をかけた戦いの地。私にとってのここは、はるか彼方の独自の伝説を持つ土地だ。今回、ここで狩猟を支える人々の意識は崇拝であり、その解体作業は一種の儀式でもあることが身に染みた。

その夜なかなか寝つけずにいると、頭の中に銃声がこだました。ぎゅっと目をつぶると、隣で寝ていたハンターが小さな声で「戻れない」と言った。その言葉の響きに合わせるように私は眠りに落ちた。その言葉の意味もわからないままに。

至福の味

ハンターとしばらくふたりきりで過ごすため、南にある彼の小屋へ向かった。束縛から解き放たれた心地がした。日中、ハンターは狩りにいき、私はカウチに寝転んで記事を読んだ。コンゴの森から交易と売春の街道を伝ってＨＩＶが拡散しているという。割った薪を鋳鉄製の薪ストーブにくべて、うとうとしながら、薄れていく光を見ていた。

ハンターが戻ってきて夕食の調理に取りかかった。ヘラジカのわき腹肉に森で集めてきたアンズタケ〔ポルチーニ茸、アミガサタケと並ぶ欧州三大食用キノコのひとつ〕を添えて、クリームソースをかける。彼が木のテーブルに鋳物鍋を置き、私が蠟燭を灯した。肉を頬張る。とろけそうに柔らかい。至福の味だ。黄色いアンズタケはしなやかな食感で、ほのかな甘みがある。この食べ方は癖になりそうだ。

食後はふたりで赤ワインを飲み、私はフランスのパンク音楽に合わせ、半裸姿のまま暗い居間で踊った。キッチンに薪ストーブの輝きが見える。外の森は寒く静まり返っていた。この瞬間、新しく学ぶべきことは何ひとつない。私は我が家にいた。ハンターのにおいが私の肌と髪の毛に混じる。このままいつまでも消えずにいてほしい……。

二、三日後、私はストックホルム空港行きのバスに乗った。雨が窓を叩き、見送るハンターの姿が水の中へぼやけていった。スーツケースの中で、こっそり忍ばせた真空パックの冷凍ヘラジカ肉がひっそりと溶けはじめる。

9

燕の巣と花

ボルネオ

Nests and Blooms

ボルネオへの荷造り

幼いころ、父から少しずつ、世界の終わりを乗り切るためとしか思えないものをもらった。誕生日やクリスマスのたび、贈り物として新しい道具が加わるのだ。断熱ブランケット。サバイバル用マルチツール。サバイバルホイッスル。ナイフ一式が入った引き出しにそれらを保管した。父がこういう品々をプレゼントしてくれたのは、なにも世界滅亡の妄想に取り憑かれたからではなく、私の自立を願っていたからだろう。何年か前、父は独学で狩りを覚えたらしく、それ以来エルクのジャーキーとドライチェリーが送られてくるようになった。

一二月のある夜、私は東南アジアのボルネオ〔インドネシア、マレーシア、ブルネイの領地がまたがる島〕へ出かけるために荷造りをしながら、そのことを考えていた。父からもらったあれこれが入っている引き出しを開ける。この中に使えそうなものがあるだろうか。頑丈な懐中電灯があれば重宝するだろうか。

少し飲みすぎたせいで酔っているのはわかっていた。島の宿に着いてスーツケースを開けたときはきっと驚くにちがいない。サンドレス。ヒル除けの靴下。チャコのサンダル。

私みたいな人間にとって、いちばんつらいのは家でじっとしていることだ。昔からそうだった。はるか彼方の土地をめざし、探検し、ささやかな危険に身をさらし、新しいにおいに取り囲まれる、その興奮がたまらなかった。何かを探したり調べたりする、その経験が好きなのだ。

だから、世界じゅうを飛び回って野生の食材を探しているのだろうか。好奇心に駆られて食べることに夢中だった子どものころを思い出すためなのか。救急箱。音声録音機。雨着。カメラ。

スウェーデンの狩猟期にハンターを訪ねて以来、彼とは疎遠になっていった。初めのうちこそ毎週スカイプで話していたが、それもいつの間にか止まった。〝おやすみ、愛しい人、きみを抱きしめて温めている僕を頭に浮かべてほしい〟そんな甘いメールも、もう来ない。〝そうなんだ、愛しい人。いまベッドは空っぽだ。僕のベッドの横にはずっときみが眠っていたから、空っぽとしか思えない〟そんな遠回しな詩も。それどころか、音信が絶えてもう一カ月近くになる。〝便りがないのは元気な証拠〟と彼が言っていたのを思い出す。

私のせいなのかもしれない。扱いにくいじゃじゃ馬だから。

双眼鏡。防水ノート。野外用ズボン。ナイフも持っていったほうがいいだろうか。

木舟で村へ

私は、ジョニーという女嫌いのお年寄りが運転するオートバイの後ろに乗っていた。彼は軍服姿で、工事中の高い電柱が並んだ広い未舗装道路をすっ飛ばしていく。私はボルネオ山岳地方の小さな村をめざしていた。村へ行くには川を渡る必要があり、ジョニーはそのための舟を探してくれていた。

ジョニーは自称〝ジョニー・B・グッド〟。空港で客を出迎えるアルバイトをしているチェーンスモーカーだ。首に金の十字架が付いたチャームネックレスをかけていて、オートバイが道のでこぼこに出くわすたびにそれが跳ね上がる。おんぼろな木の橋を渡るときは、彼にぎゅっとしがみついた。深い穴にタイヤがぶつかると、座席から尻が浮いた。「いま、わしらが乗っているのは馬だ!」と、ジョニーが叫ぶ。彼の発音はジョニーというより〝ジョーネイ〟に近いけれど。「わしはインディアンの酋長で、お前を父親から誘拐してきたところだ。汚れた悪人? いやいや、ロマンティ、ティ、ティ、ストさ」

乗り心地は最悪だ。ずっとこの調子なのだろうか。このままでは耐えられなくなる。

やっと見つかった舟は出発間際で、しかも定員に達していたため、私は想定外の乗客となった。女性五人の隙間に体を押し込む。みんなが嚙みつかんばかりの目で私を見た。出発してしばらく、定員オーバーで不安定になった木舟の側面を水が乗り越えてきそうになると、彼女たちはさざめくような笑い声をあげた。パワー不足のモーターで舟はのろのろと上流へ向かう。渦を巻いて近づいてくる流木や竹をよけながら進んでいく。ときどき、川岸の木の枝が水面近くまで張り出して、私たちの引っ込めた頭を撫でた。湿った空気。水は冷たい。日射しがきつく、ありえないくらい暑い。

川面に突き出た枝にアメンボの群れが集まり、船が通りかかるとローマ花火のように飛び散った。翅（はね）の端に黒い縁取りのある白い蝶が水を飲みに舞い降りてきた。航跡の縁に沿ってえび茶色の蜻蛉（トンボ）が飛ぶ。頭上でミドリヤマセミ〔カワセミ科の鳥〕が弧を描いた。聞こえるのはエンジンの音と強い風の音だけだ。カーブした先に砂浜があり、そこにクジャクのような鳥が見えた。同乗の女性たちが銃を突き出すように親指を立てて指を差している。

舟を下りたあと、村まで一時間ほど歩いた。めずらしいシャクナゲや異国情緒あふれる蘭（ラン）が咲く山道を上っては下り、ときには脛（すね）までうずまる深い泥地にも出くわした。

この冒険は単純な理由から始まった。燕の巣の取引を調査したい。アナツバメ〔英名スイフトレット〕と呼ばれる洞窟燕の唾液からつくられる巣は、いまや世界有数の高価な野生食材となった。スープの形で調理されることが多い燕の巣は、中国の神話と伝統に密接に結びついている。そこには、ボルネオ島熱帯林の鍾乳洞で採取されてきた巣の長い歴史がある。アナツバメ族には蝙蝠のような反響定位（エコーロケーション）を使って地下洞窟を飛ぶ種が多い。いちどきに何百万羽もの燕が巣くう洞窟もあったという。

皇帝の祝宴で出されたスープ

燕の巣が売られているのをこの目で初めて見たのは、ボルネオへ向かう途中に立ち寄ったシンガポールの漢方薬店〈泰山葯行(シャン・メディカル・ホール)〉だった。長いガラスカウンターの奥に真鍮の装飾的な引き手が付いた木製の引き出しがあり、鏡張りの棚に瓶が並んでいた。照明を付けたカウンタートップの下のガラス皿にも大量の商品が展示されていた。琥珀色の粉末、地龍（乾燥ミミズ）、樹皮の削り節、ねじれたドライフルーツ、象牙色の木の薄片、樹皮を削り落としたもの、泥炭の塊、ナマコ、クリーム色のウミウチワ、熱帯の種子莢、節くれだった指のような木の根、各種のキノコ、そして骨の山。野生の薬局だ。

一九五五年の創業以来、店内はほとんど変わっていないという。カウンターの前に置かれた大理石の椅子に腰かけている客もそんなふうに見えた。肌はきめ細かく、しわも見えず、真っ黒な頭髪は染めているのか自然のままなのか見分けがつかない。服装はカジュアルで、黄褐色をした長めのTシャツを着て、ぶかぶかのジーンズを穿いている。しかし、身のこなしは皇帝のようだ。「何歳だと思うね」柔らかい音楽的な声で、彼は尋ねた。「言っても信じてもらえないだろうがの」

何であれ、事の起こりというものは時の流れの中に忘れ去られていくものだ。燕の巣の取引にまつわる話も、そのうちのひとつといえるだろう。明王朝時代（一三六八〜一六四四年）にさかのぼる中国の磁器が東南アジアの洞窟で見つかっていて、これは燕の巣がその時代に取引されていた有力な証拠だと考古学者は考えている。中国の商船はモンスーンの周期に合わせて夏に南下し、風向きが北へ変わる冬に戻ってきた。磁器や織物、ガラスのビーズなどを、香木や胡椒、野生動物といった熱帯産の品々と交換した。もし最高に美味しい貴重な食材を持ち帰ることができたら、北京エリート層の歓心を買える。成功を夢見る商人たちはその点を心得ていた。

一説によれば、鄭和（チョンホー）という有名な探検家が、燕の巣六〇個入りの箱を永楽帝に献上した。もちろん永楽帝は心をそそられたが、この量ではみんなで分けられない。彼に仕える貴族や側室は何百人といたからだ。新しい味を体験する喜びを誰と、どのように共にするか、どう決めたらいいだろうか。気を病みやすい女性たちを争わせるのは避けたい。そこで皇帝は料理人に燕の巣を使ったスープをつくるよう命じ、豪華な彫刻がほどこされた華蓋殿で祝宴を開いた。スープにすればみんなで分け合うことができる。招かれた人たちは料理の味に驚喜し、皇帝はこのスープを王室御用達に指定した。

一七世紀の初めまでに、燕の巣のスープは中国富裕層向けの重要な料理として定着した。一六三六年に三日続けて開かれ、三〇〇種類を超える料理が振る舞われた満漢全席〔清朝時代に始まった贅を尽くした皇帝主催の宴〕でも、燕の巣のスープは魚翅（フカヒレ）や大烏参〔乾燥黒ナマコ〕、熊掌、魚肚〔魚の浮袋〕、猴脳〔猿の脳みそ〕、鹿筋〔シカのアキレス腱〕、猩唇〔オランウータンの唇〕、鶉(ウズラ)、彩雀(クジャク)、犀尾〔サイの陰茎〕などとともに「三十二珍」のひとつとして振る舞われた。

燕の巣はエリートの食べ物としてだけでなく、その薬効も注目された。一七九一年に曹雪芹が著した長編小説『紅楼夢』では、主人公・賈宝玉を悩ませる呼吸器系の病に、高価だが必須の治療薬として燕の巣が勧められている。

採集の場所から中国の都までは遠く離れているため、巣をつくる燕の実態は長らく謎に包まれていて、知識の隙間は神話が埋めた。すなわち、燕は雲から水分を摂り、鯨の精子と海藻と海のしぶき、風などから巣をこしらえる。立つ力が弱いため、地面に足をつけることはいっさいない。その結果、すばらしく純粋な鳥になった。そんな話がまことしやかに語られ、何世紀にもわたり受け継がれていった。

「なぜこんなに若く見えるのかって」店にいた客は続けた。「まず、高麗人参と冬虫夏草を一日おきに摂る。鰐魚油(クロコダイル・オイル)も。これだけで三五〇〇ドル」

彼は古めかしい上皿天秤で調合薬を量っている薬剤師のほうを指差した。

「しかし、若さを保つ最大の薬は燕の巣だよ」薬剤師の後ろの棚にはいくつかの壺が置かれていた。中には、半透明に固まった唾液で編まれた三日月形のカップたちが入っている。その姿は、繊細なレースを重ねてつくったミニチュアの籠を思わせた。真っ白なものからハチミツ色、レモンイエローまで、色ごとにまとめられている。

「ご婦人にも、とてもいい」彼はそう言って微笑んだ。まるで、不老不死の秘訣を分け与えたかのように、目には力強いきらめきが宿っていた。「天然物の燕の巣は養殖物の二、三倍値が張るが、それだけの値打ちはある」彼が控えめに笑って薬剤師に目を戻したので、話はそこで終わった。あとは今後の調査にゆだねることにしよう。

この日の夜、ハンターとメールを交わした。

私：お久しぶりね。怒ってるの？　愛を感じられなくて寂しい。あなたを失った気分よ。

彼：そんなことはない。ただ静かにしていただけさ。

私：なぜ？

彼：わからない……言うべきことがあまりなかったからかな。僕の暮らしはときどき静かになる。周囲の狂騒のあおりもあってね。

私：そこから抜け出して、また私のことを考えてくれるときを心待ちにしているわ。寒い森を堪能してきてちょうだい。キス。

彼：きみのことを考えていなかったわけじゃないよ。キス。

時差の影響か、ベッドに就いた私は少し熱っぽさを感じ、いくつか夢を見た。ハンターが灰にまみれて倒れていた。私はおびえた子どもを抱きしめるように彼をぎゅっと抱きしめ、彼の身体が発する強烈なエネルギーにつかまったまま、ふたりで静かな沈黙へと沈んでいった。

アナツバメの養殖場

「歴史的には宮廷料理という位置づけです。でも、最近は誰でも宮廷料理を食べていますよね」クランブルック卿はそう言って頭を傾けた。人目を引く長い鼻の印象を、ふんわりとした白髪頭が和らげている。一語一語、何年もかけて正しい抑揚と強調法を練習してきたかのような英国風の発音で話す。「裕福な美食家のための食材というより、むしろ薬なんです。伝統的には、磁器に燕の巣を入れて二重鍋にかけ、生姜をひとかけ入れて長時間蒸します。日が落ちて、一日の終わりに心を落ち着け、その日あったことをあれこれ振り返るとき、静かに会話を交わしながら、溶けて液体になった燕の巣の小さなグラスを手にする。厳粛なひとときです」

彼は私のほうへ身をのりだすと、薄い色の目を大きく見開いた。「香港では、それを濃縮して錠剤にしているんですよ」

第五代クランブルック伯爵ゲイソン・ゲイソンハーディ博士は八〇代で、動物考古学者や自然保護活動家の間では伝説的な存在だった。生涯の大半をボルネオでの仕事に費やし、彼の上半身は首狩り族として有名なイバン族のタトゥーに覆われているとも噂された。この何年か、彼がクアラルンプールのホテルに戻っているとき、私たちはそこで会ってきた。彼の留守中は、ホテルのスタッフが身の回り品の入った鞄を保管していた。

クランブルック卿はアナツバメの生態研究の草分け的存在で、この燕に関しては百科事典的な知識を誇る。いわく、アナツバメは東南アジアの熱帯群島全域に生息している。そのうち食用になる巣をつくるのは数種のみ。商業的にもっとも利用されているのは、巣の九五パーセントを純粋な唾液でつくるジャワアナツバメと、五〇パーセントほど羽毛が交ざるオオアナツバメの二種類だ。

過去三〇年、洞窟で乱獲が行われたために野生の個体数は激減し、ボルネオ島では燕の巣をつくるアナツバメの九五パーセント近くが消滅した。特別な建物でこの鳥が飼育されるようになり、クランブルック卿は現在進行中のプロジェクトで半ば飼いならされた彼らの遺伝子の解明に取り組んでいる。飼われているのはかけ合わされた新しいジャワアナツバメの亜種らしい。

「飼いならしは、人と燕、双方向のプロセスでした。しかも、始めたのは鳥たちのほうなんです。最初に人家へ入ってきたのはアナツバメだったんですからね」彼は興奮気味にそう教えてくれた。

クランブルック卿の推測によれば、インドネシアのジャワ島に生息するジャワアナツバメの亜種は一八八〇年ごろから人家に巣をつくりはじめた。一九三〇年代、経済不況で商店が次々空き家となって、人々は去り、この鳥の生息域が拡張した。第二次世界大戦後、人々は住む人のいなくなった家屋を暗くして燕を招き入れ、柱を抜いて中を洞窟のような形状にし、天井に水平の筋交いを付け足して彼らが巣をつくりやすい角(かど)の空間を生み出した。一九七〇年代までにジャワ島の人たちは、ジャワアナツバメの卵を、食用の巣をつくらない別の種の巣へ移してはどうかと考えた。成鳥に育ったジャワアナツバメはこの新しい場所で繁殖する。東南アジアの群島全域にジャワアナツバメの卵が移され、新しいコロニーが確立された。やがて、起業家たちが洞窟を模したコンクリート製の巣づくり小屋（ネストハウス）を建てて燕を飼育するようになり、このプロセスはアナツバメ牧場の経営と呼ばれるようになった。

　中国での燕の巣の需要は、一九九〇年代の経済拡大で急増した。鳥のライフサイクルを無視した乱獲が続き、法を破る荒っぽい取引が横行。マレーシア全土で野鳥の個体数は激減した。一九九四年にはアナツバメを絶滅危惧種リストに載せるかどうかの検討会議が開かれたが、そんなことをされては困ると燕の繁殖業者が委員会を説得にのりだし、自分のネストハウスについて次々と証言台で語った。ここに至って初めて、この産業の真の規模が明らかになった。

「この数年で驚くべき変化がありました」クランブルック卿が言う。「楽観的な見通しに立って繁殖用の建物が次々建てられたのです。ジョホール州〔マレー半島南部〕だけでも八〇〇〇棟がね」

　そして、アナツバメの小屋を専門にする施工業者や、コンサルタント、燕の巣事業の美点を微に入り細を穿（うが）って熱弁するフェイスブック・グループが出現した。イエダニや細菌やゴキブリなど、微生物や害虫を媒介する生き物の侵入を防ぐため、小屋には定期的に防虫剤が撒かれた。制御室が湿度と温度を調節する。小屋はコンクリート製が一般的だが、かつて野生のアナツバメが棲んでいた鍾乳洞を改造した施設もあった。

一方、都市部では、ネストハウスは撤去すべきという人々による抗議や闘争がいまも続いている。何より、悪臭と騒音が耐えがたいという。それもそのはずで、一八〇もの異なるアナツバメの鳴き声を小屋の内からも外からも、一日二四時間スピーカーで流しているのだ。

「養殖化のプロセスをたどった一因には、燕たちが巣づくりをしやすい人家を探すようになったことがあります」と、クランブルック卿は言う。「鳥は生来、どこに巣をつくるべきかを知っている。洞窟です。だから本来なら、そこへ戻っていくのが自然な行動です。ところが、不思議なことに、彼らには野生に戻ろうとする気がなかった」

ネストハウスでは毎月燕の巣の収穫が行われ、種鳥（たねどり）を保護するため、全体の三割以上は残される。多くの場合、それぞれの繁殖ペアからは年四回を上限に収穫される。これに対し、天然の洞窟につくられた巣は季節に合わせて収穫しなければならず、普通は年三回が限度だ。天然物の巣はその希少さゆえに、養殖物の四倍近い値段がつく。ある卸問屋から私が聞いた話によれば、洞窟で獲れた天然の巣は高級料理店に二キロ四万三〇〇〇米ドルで売れたという。

「養殖の巣は柔らかい。どろどろしていて、水中ですぐ溶けてしまうから、天然物にしか本当の値打ちはないと言う人もなかにはいます」クランブルック卿は続けた。「非常に憂慮すべきは、養殖場がこれだけ増えても洞窟からの略奪が止まらないことです」大きな洞窟にはたくさん入口があって、密猟者には好都合なのだ。彼によると、比較的小さな洞窟で警備員を雇うことさえできれば、毎年少なくとも一回の繁殖サイクルを保てるように管理できるという。

「繁殖サイクルが何かも知らない無知な人たちが高値に釣られ、たえず問題を起こしている」とクランブルック卿は言い、身をのりだした。「全身金製品だらけの、どう見ても暴力団員としか思えない輩もいる。ネストハウスにさえ警備員や盗難警報器、侵入警報器や監視モニターが欠かせない状況です。ブルドーザーで突っ込んでハウスを壊す物騒な連中もいますから」

マレーシアの野生生物保護法はアナツバメを保護種としている。所有するのも飼育するのも売買するのも法律違反だ。それなのに、農業部門にはアナツバメの養殖を促進する特別部局がある。

クランブルック卿は眉をひそめた。「じつに奇妙な法律です。市場に出てしまえば、養殖物かどうかの見極めが行政にはつかない。そこが悩ましいところで。スーツケースに燕の巣がぎっしり詰まっていても、X線検査ではわからない。燕の巣を嗅ぎ分ける訓練を受けた探知犬もいないから、非公式の取引は大々的に行われているでしょうね」

クランブルック卿は科学者らしい客観的な視点の持ち主だが、野鳥の絶滅を見たくない思いが強いのは明らかだった。ただそれは感傷的な理由からではなく、研究対象への関心が低くなるからだろう。最近出かけたという調査旅行について語る彼を見るかぎり、研究への好奇心が燃料になっているのは間違いなさそうだ。

「漁船で二時間かけて、ことのほか美しい洞窟がある島へ行きました。大枚をはたいて、捕まえた燕は一羽だけ。そのうえ別の種でした。いちばん高くついた鳥です」彼はきらきらした目で大笑いした。

燕の巣から金が降る

かつて洞窟の野鳥を頼りに家内工業的に生産されていた食材「燕の巣」は、いまや年五〇億米ドルを超える市場規模だ。燕の巣に謳われた効能は多岐にわたる。肌を清浄にしてしなやかに保ち、咳や痰、のどの痛みを和らげ、不眠症や節々の痛み、関節炎、がんにも効果があり、身体を丈夫にし、性欲を高め、老化を防ぎ、気持ちを整える。およそどんな問題も解決してくれそうだ。

ところが、ネストハウスでの飼育が広まるにつれてハウス産の巣の価格は下がり、巣の効能になど興味がないモバイル世代の若者に向けた新しい製品が世に送り出されるようになった。燕の巣を含有する商品をいくつか挙げてみよう。インスタントコーヒー、美顔用クリーム、ボトル飲料にスナック。カシス、オート麦、チョコチップ、カシューナッツ、ミントチョコなどいろんなフレーバーがある燕の巣入りクッキーは、幹細胞を刺激してしわを修繕し、がんとも闘うという。ハチミツ入り活性糖たんぱく質飲料（一五袋一八〇ドル、現在一六〇ドルで特別提供中）やティラミスアーモンドミルクチョコレートバー（ステビア入り、無糖）もある。

マレーシア初の合法的なアナツバメ投資スキーム〈スイフトレット・エコパーク・グループ〉（SEPG）は、首都クアラルンプール郊外の〈ブルム・モール〉三階に本社を構える。受付の向かいにバックライトに照らされたケースがあり、商品が展示されていた。真っ赤なビロードの内装をほどこした黒い箱の隣に鉢とスプーンが置かれている。箱の中央にはジャワアナツバメの巣が鎮座していた。上の棚では、白いサテン生地の上に一群の水晶が輝きを放っている。壁のほぼ全面を占めるショーケースの横には、〝燕の巣で引退後の巣づくりを〟というフレーズを添えた金色の卵が二個輝く絵が掛かっていた。二軒の白い長屋がアブラヤシの畑に囲まれているポスターもあった。上の隅を高速道路が走り、巨大なツバメが見る者に向かって飛んでくる。

同社の上級役員を務めるハニスという女性が青い小さなコーヒーカップを皿に載せて、私の目の前に置いた。カップには飛行中のツバメを二羽描いた金色のロゴが入っていた。

「どうぞ。ひとり分ずつパックにしたインスタントコーヒー〈ロイヤルバードネスト・ホワイトコーヒー〉のサンプルです」と、彼女は言った。「マレーシアでは〝王室（ロイヤル）〟という言葉を簡単に使えないんですが、当社は国王のお母さまから許可をいただいています。彼女は当社の会長も務めておりまして」

ＳＥＰＧは二〇〇九年に設立され、業界のさまざまな部門に一五の子会社を持つ。マレーシア、日本、ブルネイ、中国、ドバイの投資家を抱え、製品販売に向けて多岐にわたるマーケティング計画を展開。グループ全体で五〇〇〇人以上が働いている。

ハニスがテーブルのプラスチック容器から小さな巣を手に取った。直径七～八センチの真っ白なものだ。「私たち人間がジャズやバラード、カントリーなどさまざまな音楽ジャンルを好むのと同じで、燕をハウスに誘い込むために、さまざまな異なる音を用意しています」と彼女は言い、ネストハウスで一日じゅう再生されている鳥のさえずりを聞かせてくれた。「洞窟の中では環境を制御できません。でも、ハウスの中なら可能です。不純なものはいっさいなし。当社はGMP〔製造品質管理基準〕とGAHP〔畜産基準〕に従っています。趣意書も農務省動物局の提案に基づいて作成しました。輸出の際はRFID〔無線自動識別〕装置で巣を追跡（トレース）してどこの巣か識別できるよう、特殊なコーティングをほどこします。また現在、地元の大学がロボットを使った巣の洗浄技術を検討中です」

「この巣のエキスから数多くの製品がつくられています」と彼女は続け、細かな白い粉末が入った瓶を掲げた。「製品の革新がすべてですから、当社ではさまざまな生物研究所と提携して最高の分析と試験を重ね、新製品の開発に努めています」

SEPGは国際医療大学〔在クアラルンプール〕との共同研究でアナツバメの唾液から一八種類のアミノ酸を分離して、幹細胞を若返らせる特性を持ち、人間の皮膚を成長させるたんぱく質に似た表皮増殖因子を発見した、と主張している。SGBと呼ばれる別の化合物は、がん細胞と結合してその細胞を自滅させるという。同社は燕の巣を食品だけでなく医薬品として販売できるよう、食品医薬品局に承認を働きかけている。承認が下りれば、燕の巣エキスの価値は一〇倍になるだろう。

「当社の目標はマレーシア全州にネストハウスを設置することです。来年はインドネシアにも販売ルートを広げる予定でして。燕の巣には大きな将来があると私たちは信じています」誇らしげに語る彼女の確信は、燕の巣で起業した人物から私が聞いた見解と一致していた。その起業家はもう少しあからさまに、こう言った。「天からお金が降ってくる感じかな」

飲み干したコーヒーカップの底に、砂糖のような顆粒状のものが残った。舌が少し痺れていた。

巣の洗浄施設と過労働

その週、私は、医薬品にも利用できるくらい清浄性の高い燕の巣処理施設を訪問した。伝統的に、洞窟で採れた燕の巣の清潔性を保ってきたのはその家の女性陣だ。彼女たちはテーブルに着くと、目を皿のようにして不純物を取り除いていく。巣の清浄作業は祖母から娘、娘から孫娘へと受け継がれ、若々しい視力がその精度を担保していた。

しかしネストハウスの増加によって、それもいまは昔。巣の清潔度は、この産業に課せられる規制の中でも非常に厳しいものになった。

私は大きなマジックミラーを通してその作業を観察した。窓の向こうの作業員はまるでプロジェクション映像のようだった。蛍光灯の強い光に照らされた金属製テーブルの前に、緑青色の外科用マスクとラテックスの青い手袋、ヘアネットを着用した女性十数名と男性一名が座り、体をかがめて作業にいそしんでいた。周囲にはさまざまな道具が散らばっている。未処理の巣が入ったプラスチック容器、満たした水に巣を浸した金属製ボウル、柔らかくなった巣を敷くタオルや陶製の皿、不純物を取り除くための歯ブラシとピンセットとハサミ。

処理室の床は緑色。口を開く者はいない。マッドサイエンティストさながらに顔面に拡大鏡をかけた男性が進捗状況を監督している。水が流れる音と、ピンセットが金属に当たるリズミカルな音。作業員はロボットのように仕事を進めていく。白いセラミックボウルに、捨てられた羽根が灰色の影のように浮かんでいた。

奥の隅では男女一名ずつが、洗浄済みの巣を天板に敷き詰めていた。形も大きさも、みな同じだ。羽毛を取り除いた巣が無傷に近ければ、小さな網目の漉し器で水を切り、三日月形のプラスチック型に入れて金属クリップで固定し、空気乾燥機に入れて一日ほど乾燥させる。

この施設では月に八二五ほどの巣が処理される。ひとりの作業員が一日五個から一〇個担当するという。しかし、施設の離職率が五〇パーセントにのぼる月もあるとかで、過剰なノルマや労働者を酷使している状況などが類推された。

施設の責任者が、燕の巣飲料の小さな瓶を渡してくれた。温かく、泡立っていて、味はほとんどしない。働く女性たちを横目に、私は彼女たちの労働でつくられた飲み物を飲んでいた。自分が彼女たちを搾取しているような気がして、なんだか居心地が悪かった。

天然の巣を求めて洞窟へ

洞窟は自然がつくり上げた偶然の産物だ。石筍(せきじゅん)やひと連なりの石灰岩が生じる場所は、偶発的な水の流れが壁を浸食する力で決まる。訪れた鍾乳洞では、目に見える形で地質の刻んだ時間を体感できた。水のゆるやかな通過が遺物の都市を形成し、湿気の高い饐えた空気が洞窟形成の進行に拍車をかける。数千年でそのサイズが二倍になった洞窟もあるという。洞窟はつねに流動的な存在だといえる。生物と無生物はたがいの存在なくして成り立たない。

ボルネオの洞窟には多くの伝説がある。ある神話では、ザリガニが人間の女性を石筍に変えた。別の神話では、残酷な村人たちが呪いにより石柱に変えられた。洞穴から小さな熱風が運んでくる麝香のような独特の香りは、アナツバメの女神デウィ・ワレの存在を示唆しているとされる。霊的な場所として埋葬に使われた洞窟もいくつかあり、何世紀も前に腐りにくい硬質木材でつくられて複雑な彫刻をほどこされた棺がそのまま残っていたり、美しい織物にくるまれた人骨に銅鑼とマチェーテが添えられていたりする。

マレーシア・サラワク州の〈ニア洞窟〉では、解剖学的な分析で人間のものと判断されたおよそ四万年前（更新世後期）の骨格が発見された。これら先史時代の人間が起こした火の煙が、燕や蝙蝠を進化させたのだろうか。

燕の巣があるボルネオ島の洞窟はたいていそうだが、ニア洞窟も伝統的に現地の一族（高位の人々）がその所有と管理を担い、次の世代へ受け渡されていった。一九七八年までにニア洞窟の所有者は延べ一〇〇〇人を超え、燕の巣の持続的な収穫はもう行われていないという。窃盗がはびこっているため、鉄釘と重い南京錠の付いた巨大な鉄門が正面入口を守っているが、この広大な洞窟複合体には、ほかにも侵入可能なルートが五〇近くある。一時期、ここには四〇〇万羽近いアマツバメが生息していたというが、今日では不気味に静まり返っている。

イギリスの旅行作家アンナ・ブラッシーは一八八七年、オーストラリアへ向かうヨットでの遠征中にボルネオ島を訪れた。〈ゴマントン洞窟〉への訪問を「とても楽しみにしていた」が、「克服しがたい困難があるとみんなに説得され」断念している。私はそれほど難しくないと判断し、ほかの旅行者と同じように車で向かったが、その途中、道路を横断しようとするオオトカゲやマングースに遭遇した。

ゴマントン洞窟は一四の洞窟の集合体で、巣をつくるオオアナツバメの生息地として知られ、いまも採集が行われている。天候や季節にもよるが、一度におよそ八～一一トンの巣が採れるそうだ。収穫は年に三度。一九九〇年代にはカラシニコフを携えた民間の警備員たちがこの洞窟系を警護していたが、政府が介入して以降は立ち入りを防ぐシステムが構築された。

洞窟内は高温多湿で、そのしつこい臭気はにおいというより、鼻に酢を押し込まれたような感覚だ。ぽっかりと大きく開いた入口には浅い川が流れていた。蟹が水中を横歩きで移動している。墓地のような岩の割れ目を蝙蝠が飛び回る。そこらじゅうにアナツバメがいた。不規則な飛行パターンで風を切って洞穴から飛び出し、張り出した草木の間を突っ切っていく。緊急時に吹かれる笛のようなかん高い声を震わせながら。膨大な数がいっせいにだから、すさまじい騒音だ。群れになって、飛んでいる虫を探していく。暗い洞窟内では舌打ちするような音を発しながら、反響定位（エコーロケーション）で飛び回る。

伝統的に燕の巣の採集には、長い竹竿と籐の縄でつくられた複雑な仕掛けが用いられ、つなぎ合わせた木の梯子は高さ数十メートルにまで達することもあるという。最近では石油ランプの代わりにヘッドランプが使われるなど多少は近代化したが、とてつもなく危険な作業であることに変わりはなく、作業員の安全が守られているとはとうてい思えない。

私の目の前で、巣の採集者たちは洞窟内の高い天井まで見る間に縄梯子を駆け上がり、手づかみで楽々と巣を引き抜いていった。縄梯子にぶら下がりながら、竹の柄が付いたオレンジ色の網を伸ばしていく男性もいる。目標線に沿って網を振り、次から次へと巣を収穫していく。キーキーきしみをたてる縄梯子を、男性四人が下で支えていた。水が滴り落ち、その音が反響する。巣の位置を指示する切迫した声が壁にこだまする。椅子に腰かけた作業監督がレーザー光で場所を指し示す。手すきの人たちはみな上を見あげて、作業に釘づけになっていた。

洞窟内の木の通路で、手すりに腰かけている人もいた。丸太の上に座っている人もいれば、地べたに座っている人もいた。丸太にも地面にも大量の虫がうごめいているが、そんなことは誰も気にしていないようだ。じれったそうに首を曲げ、頭上で繰り広げられるアクロバットに感嘆しながら、催眠術にかかったように見入っている。落下死した人の話は誰もがたくさん聞き知っている。ひとりのお年寄りが煙草の吸いさしを黒い奈落へ投げ込んだ。

上から石がひとつ落ちてきた。そのあとに鋭い警告の叫び声が続く。若い作業員が暗闇の丸天井へ上がる順番を待ちながら、愁いを帯びた美しい目で私を何度も見つめた。

洞窟の外へ出ると、全身が緑と黒の斑点に覆われていた。鳥の糞だ。頭にピンク色のぼろ布を巻いて汚れた白のタンクトップを着た男性が、ハンモックに寝転んだままトランシーバーに話しつづけている。木の櫓(やぐら)では、囚われの姫君といった風情で女性が台帳に採集した巣の数を書きつけていた。〝一二月：オオアナツバメの巣、総量一トン〟。高床式住居の軒下に置かれた檻の中で鶏が一羽眠っていた。洞穴まで続く人工の高架歩道から、オランウータンの母親と赤ちゃんが洞窟の中で懸命に働く人たちをながめていた。

森林を分断するアブラヤシ大農場

ボルネオ島の森林破壊は世界でも類を見ないペースで進んでいる。ここには資源開発で浮沈を繰り返してきた長い歴史がある。最初は香辛料、そのあと木材とプランテーション農業（ゴム、パンノキの実、サイザルアサ）が続き、さらに籐(ラタン)、アカシア、カカオが続いた。それでもほんの数十年前までは、島の四分の三ほどは森に覆われていた。しかし、パーム油が取れるアブラヤシ栽培の始まりで状況は一変した。いまはどこを見てもアブラヤシばかりだ。

パーム油景気に沸く新興都市で、いちばん忙しい場所は銀行だ。次に、機械工場と保険代理店が続く。ガソリン、タイヤ、労働者、肥料、そして〝黄金の作物〟と呼ばれる椰子の果実を、トラックが運んでいく。オートバイと高級車が金の亡者たちを乗せ、〈パームハイツ〉というあらたに開発された分譲マンションの看板前を通り過ぎていく。空気は重い。ねばついたゆるやかな風が鼻を刺激する。

どこの地平線を見ても、手前に同じ木が並んだ威嚇的な海が広がっている。あらゆる道路の端に、一枚岩のようなアブラヤシの木々がじわじわ忍び寄っている。見かけも高さもまったく同じ木が等間隔に配置され、大量の肥料を投与される。実をつける期間が短い種なので、一〇年から一五年で新しい木に植え替えられる。低層に見える暗い木々はまるで幽霊のようだ。一様に並んだアブラヤシの上方に、数少ないココヤシの木が幽霊船のマストのように揺れていて、その船体部分はアブラヤシの荒波に呑み込まれている。遠くの小さな禿山に新しくできた道路が交差して見え、植樹されるときを待っていた。不気味なくらい整然とした森の上に顔を出しているパーム油加工施設が、真っ青な空へ煙を吐き出している。

ボルネオ島全域で行われている森林の大規模伐採とアブラヤシ大農場は、野生アナツバメの個体数が激減した一因と見られている。アナツバメは一羽で月間最大一〇〇〇匹の飛翔昆虫を食べる大食漢だが、開発後の風景にはアナツバメの食料源を育む能力が足りないようだ。いまの野生動物群が過去の豊かな数にまで回復するとは考えにくく、アナツバメの養殖にもこれ以上拡張の余地はない。

ある日、私はスティーヴン・サットン博士のもとで開かれた小さな集まりに参加した。林冠研究の先駆者として知られるサットン博士は、五〇年にわたる研究歴の大半を熱帯林の目に見えない生物の研究に捧げてきた。陸軍や〈科学探査協会〉のメンバーとコンゴ川の水源から海まで下る探検に出かけたとき、中央アフリカの科学者で初めて水銀灯を使って昆虫を採集した人でもある。

「あとで本を書くために頑張っているのに、川で溺れてしまっては元も子もないだろう」サットン博士は笑って述懐する。「いまから思うに、あの旅で唯一献身的と呼べるスタッフは、昆虫学者だった。パラシュート連隊なんかひどいものだった。道がふさがれていると、手つかずの沼沢地を爆薬で吹き飛ばしてしまうんだから」

博士が初めてボルネオを訪れたのは、蝶と同じ鱗翅目のメイガを目録化するためだった。彼は現在、主要なプロジェクトとして、こういう昆虫学の情報を入手しやすくする活動に従事している。植民地時代には、ほかの植民地と同じくこのボルネオでも、分類学的標本、特に昆虫標本の取引が盛んに行われた。新種に学名を付けるときには基準標本（タイプ）、つまりその種の個体標本を添付しなければならない。こうした標本は欧米の主要な博物館に保管され、後進の研究者が自身の分類学研究と比較対照するときに利用される。

しかし、マレーシア研究に携わる学者が欧米からはるばるタイプ標本を調べにいくには、高額の旅費が必要になる。集めた標本を帰国させたいのは山々だが、そのためには標本を収める博物館を建設してスタッフも雇わなくてはならないから、いっそう費用がかかる。サットン博士はボルネオ島の標本が持ち去られた歴史への償いと後進のために情熱を傾けていた。三人の研究者と力を合わせ、3Dデジタルタイプ標本やDNA分析、翅の模様と生殖器の画像、二五〇〇種近い蛾に関する原記載の複写など、オンライン・データベースの作成を通じてボルネオに自然遺産を返還しようとしているのだ。私たちの集まった部屋には書物がぎっしり詰まっていて、その息遣いが聞こえてきそうだった。

「私の読んだ昔話によれば、ボルネオの森はものすごく広大で、テナガザルが木から木へ渡りながら一度も地面に着くことなく島を横断できるほどだったそうです」と、サットン博士は言う。

「ところがいまは、残っているわずかな森もアブラヤシ農場に寸断されてしまった」

「アブラヤシの栽培地に生息していなくても、椰子の果実を食べにくる動物種は多い」蟻の研究をしている頭の禿げた生態学者が言った。「〈タビン野生生物保護区〉は現時点の野生生物を見るのに最適な場所のひとつだろうね。保護区内の原生林とその隣のアブラヤシ大農場を行き来する動物たちの、じつににぎやかな生態を見ることができる」

異なる二種類の生息環境（この場合は、森とアブラヤシ大農場）が出合う場所は〝移行帯（エコトーン）〟と呼ばれる。こういう境界空間（エッジスペース）は生物の多様性にさまざまな影響を与える。オランウータンはアブラヤシ大農場の木に巣をつくることが知られている。センザンコウも椰子の果実が好物だ。ネズミは収穫期に落ちた残り物の果実を食べる。その後、ネズミはキングコブラなど蛇のごちそうになる。

「しかし、これら大農場は現地で多くの絶滅を引き起こしている」サットン博士は言葉を継いだ。「椰子の木に巣をつくるオランウータンは大農場で駆除対象になることも多い。〝椰子生態系〟は原生林に比べて、多様性と複雑さに劣っている」

日が沈むころ、私たちはサットン博士とオフィスへ移動した。海と小さな島ふたつを見晴らす部屋で、「世界で三番目に美しい夕日（サンセット）だ」と言う博士の主張もうなずける。湾内には大きなスクーナー船が停泊していて、黄昏が下りてきた空を背景にスピードボートの航跡が闇を切り裂く稲妻のようにひらめく。風格を感じさせる机には、書類や古い研究雑誌が山のように積み上がっていた。クラシック音楽が流れ、鳩時計がメトロノームの伴奏を奏でていた。サットン博士が深夜、ベートーヴェンのコンチェルトに耳を傾けながら集めてきた蛾を検分し、絶滅危機の状況や、現存する蛾をアーカイブにどう保管しようかと思案を巡らせている姿が目に浮かぶようだった。

手に入らないものを求めて

別の日、ジャワアナツバメの棲むある洞窟でのことだ。部外者の侵入を防ぐ管理を誰がするか、所有者の家族が言い争いをしているさなか、洞窟の中に煙がのぼった。誰かがタイヤを燃やしたらしい。蝙蝠は居残ったが、アナツバメはほとんど逃げていった。

全身から力が抜けていく心地がした。

人里離れた洞窟で金より値打ちの高いジャワアナツバメの巣を見つけるという私の着想は、幻想にすぎなかった。大きな富を生む燕の巣をめぐっては、思っていた以上に厄介なことが多いのだ。裏表のある話やあいまいな数字、秘密主義がはびこる世界で、真実をつかみ取るのはきわめて難しい。英語に翻訳された際に失われた重要な情報も、それこそ無数にあったはずだ。

取材した多くの人から、厳しい表情で警告された。「気をつけろ。あれこれ訊いて回らないほうがいい。面倒なことになる。野生生物と森林の世界は汚職にまみれているから、そのテーマを追うのは危険だ」と。こいつはあれこれ詮索するにちがいない、そう疑われていたのだろう。私が女だったせいもあるのかもしれない。

何世代にもわたる人々が首狩り族や騎馬民族、先住民族、海賊などを探しにボルネオへやってきた。広大な熱帯雨林に育まれた文化が木々といっしょに消滅していく状況を危惧し、そうした生き物たちの生活様式が完全に消えてしまう前に記録しようと、そのためだけにやってくる人たちもいた。私がボルネオへ来たのも同じ理由からだ。原始的なつかみどころのないもの、〈手つかずの自然〉の最後の痕跡を見つけたい、そう思っていた。

しかし、もはや野生のフロンティアは残っておらず、自分は飼いならされた野鳥を追っているにすぎないような気がしてきた。一九世紀の探検家たちが記した森の生態系はもう存在しない。アレクサンドリア図書館の焼失した蔵書のように、永遠に消えてなくなったのだ。私たちは残されたわずかな自然すら破壊しつづけている。よって、解き明かすべき謎を垣間見る機会もなかなか得られない。ボルネオ島の森はほかの熱帯地域の二倍の早さで消えつつある。未知の種（しゅ）が発見を待たずに絶えていく。その死を統計に加えることすらできないうちに。

野生の燕探しに、私はすっかり疲れてしまった。そこに深い謎や深い意味があるとしても、それはこの手をするりとすり抜けていく。調査全般に疲弊してしまった。

日が暮れると、野生生物ガイドが湿地の森へ案内してくれた。そこは、いわば不気味な古代の動物園だった。燐光を放つ小さなキノコが地面を覆い、玉虫色の鳥がふわふわの身体を丸めて樹上で眠り、木の高いところの枝では蛇がとぐろを巻いている。蛙たちはまるで私の頭の中にいるかのように、共鳴波めいた鳴き声をあげつづける。雨が降ってきた。動物は木々へと避難し、緑の中へ姿を消していく。私も自分の高床式キャビンへ引き返した。

混乱していた。暗闇で眠っていたら、とつぜん明るい光に照らされた小鳥のように。

ハンターと最後に交わしたメールが、それに追い打ちをかけた。

〝離れ離れの状況は悲しいけど、何も変わっちゃいない。距離なんてそんなものさ〟と、彼は書いてきた。

いっしょにヘラジカを狩ったあの美しい湖のそば、鳥の鳴き交わす高い樹木の下で、私たちは愛に満ちて寄り添い、澄みきった湖面のようにたがいをその瞳に映していた。それがこんなに早く終わってしまうの？

〝人を追いかけるのは、やめたほうがいい〟と彼は続けた。〝きみの人生に望む役割をいま僕は果たせない。だから、きみが不満を覚えたり、連絡が途絶えたと思ったりするのも仕方ない〟

自分の内面と外面、両方に危機感を覚えていた。私の紆余曲折の恋物語はもはや、自然を消滅させてきた歴史と不可分らしい。崩壊した生態系が心に映り込んでいた。粉々に砕かれ、引き裂かれ、もはやひとまとまりの全体でなくなっている。心に飢餓の風景が広がっていた。

裏のデッキへ出た。ボルネオ島には一億三〇〇〇万年の歴史がある。島という隔離された地勢で長い時間をかけて進化してきた独特の生態系は、とてつもなく複雑だ。熱帯雨林の残骸には無尽蔵の美が存在する。その神々しさを〈大自然〉が視覚的な比喩で表している。時間をかけて創られた奥深い多様性を体験できる場所だ。

五〇〇年生きた木には、人間と大きく異なる視点があるにちがいない。人間が日々の暮らしを日の出と日の入りで刻むように、彼らの生活は季節の始まりと終わりによって刻まれる。

ハンターを愛するとはどういうことなのか。彼に愛されるとは。野生を心底愛するとは。私には人を愛する能力が欠落しているのかもしれない。ハンターを愛したことなどなく、彼という概念を愛していただけなのかもしれない。

たぶん、いまの私は錨（いかり）を外した船のような状態で、自分の中に我が家を見つける必要があるのだろう。野生を愛するには魂を解放する必要がある。

群葉に覆われた暗闇で服を脱ぎ捨て、裸で雨を浴びた。百万枚の葉が雨粒に打たれ、心地よくゆらぐ自然の雑音と化している。雨が全身を濡らす。びっくりするくらい大きな蟻が私の脚を登ってきた。と、土砂降りの雨がひとつの音になって、あらたなクレッシェンドに到達した。聞こえるのは自分の呼吸する音と、雨の鈍いどよめきだけ。この一分に永遠が全部詰め込まれている。私の悲しみは砕け散り、一〇〇万の小さな星になる。頭上で木々が時間を食べている。

高床式の水稲農家に泊まる

燕の巣探しが袋小路に突き当たり、私は最後の望みをこの場所に託した。どこからめざしてもたどり着くには一日がかりの、クラビット高原というサラワク州の奥地だ。

しかし、バリオというこの山村にも手つかずの洞窟はすでになく、村の伝統は絶えてこそいないが寂れかけていた。私は現地で稲作農家を営むダニエル宅に厄介になった。ダニエルと妻のジャスミンは自宅でエコツーリズム業を営んでいる。子どもたちは全寮制の学校に通っていて、家にはいない。地元の学校は生徒不足と資源不足で閉鎖されたのだという。若者の姿がない村は、どことなく変な感じがした。

高床式の開放的な家屋だ。天候の気まぐれや、土のにおい、森の音がすぐそばにあり、ときおり家の中を鳥が飛び抜けていった。雨雲が近づくと、湿った空気が押し寄せてくる。

急に発電機が壊れてしまったそうで、いま私は蠟燭の明かりで書いている。でも、ゆうべは電気があったから、三人でアメリカのカントリーを聴いた。

私のヘッドランプが故障すると、ダニエルが「これを」と、自分のランプを渡そうとする。ここ数日、煙草やフライドオニオンやライスを勧めてくれたように、ランプも使えと言う。このもてなし攻勢をどうしたものか、迷ってしまう。断るのは失礼な気もするが、優しさにつけ込むのもはばかられる。

このあたりの村は川から名を取っている。村民は少なくとも三度、名前を変えるのが習わしだ。結婚したとき、第一子が生まれたあと、そして初孫が生まれたとき。

米はクラビット文化の中核で、苗、稲穂、籾(もみ)、玄米、つき砕かれた米、粥、米粉など、段階や形状ごとに呼び方が変わる。

水田への道のりは大冒険だった。家の裏から、焼け野原に生えた好光性のシダ群を抜けて、広々とした草地へ出た。でこぼこの地面は水たまりや突き出た木の切り株だらけで、水牛にかじられたメヒシバ〔イネ科の雑草〕に覆われていた。メヒシバのほかには、水牛が食べない紫色の灌木があるくらいだ。枯れ木の窪みに水牛のあごの骨が道標さながらに挟まっていた。

草地の先の森に入ると、片面にひびが入った二〇〇〇年前の巨石を通り過ぎた。森のあちこちでこのような石碑に出くわすが、その理由についてはさまざまな推測がなされている——首長の富を称えるため、境界の区切りや通過儀礼のため、祈りを捧げるため、力を誇示するため、霊界とつながるため、貿易商が海岸から運んできた古代中国の「龍の壺」のような財宝を埋めて安全に保管するため、などなど。首長は巨石を据えるのに必要な労働力の提供と引き換えに、村人全員を招いて大々的な米の饗宴を開いた。隣の村人まで招くのが通例だった。首長が亡くなると土地が整地され、また別の巨石を用意して葬儀が行われる。釉薬（ゆうやく）を塗った石棺に死者の骨を納め、その周囲に焼き米の焦げたかけらが集められた。

森の道は表層の黒い腐植土がすり減って砂の層が露出していた。苦労して堤をよじ登り、苔ですべりやすくなった丸太の上でバランスを取る。粘り気のある泥に靴が吸い込まれる。やがて広々とした美しい草地が開け、斜面の向こうには、白いダイサギたちとともに水牛の姿が点々と散らばっていた。彼らは物憂げに、黙ってこっちを見ている。その先には霧に包まれた緑灰色の木々が広がっていた。少し歩くと、何かの門が出てきた。木を縦にふたつ割りした踏み段が足元に敷かれているが、泥に覆われていて滑りやすい。そのあと曲がりくねった狭い道を進むと、小さな川に竹の橋が架かっていた。先週の大雨ではあやうく橋が流されかけたという。

その橋を渡り、竹の群生林を抜けて、サゴヤシとバナナを中心とした小さな果樹園に入った。そこから青々とした森を背景に、エメラルドグリーンと亜麻色に輝く水田が見えた。

「これが私たちの簡素な生活（シンプルライフ）です」ダニエルが広大な土地を身ぶりで示した。「ここの農業はアメリカとはちがう。大きな農場も、実入りのいい仕事も、裕福な暮らしもない。農民はみな貧しい。でも、私は嫌いじゃない。世界一の米を栽培していますから」

雄大な土地だが、原生林ではない。たぶん何世代も前から人の手は入っていた。昔は、コンゴ盆地のような焼き畑農業が行われていた。森の一部が焼き払われるなどしたあと、泥炭の薄い層だけで一、二年はじゅうぶんに稲作ができた。そこにはキャッサバやヤムイモ、アブラヤシが植えられ、やがて完全に放棄される。そして一〇年から二〇年かけてゆっくりと森へ還っていく。

集落は五年ほどでロングハウスと呼ばれる長屋を捨て、新しい場所へと移住していく。そのときドリアンなどの果樹を植えていくのだ。ふたたびそこへ戻ってきたときには成熟した木に出迎えられる。原生林の一部は狩猟用に保存された。〝女の森〟と呼ばれる二次林もあり、食用植物、薬草、吹き矢や釣りに使う毒草、家を建てるときや料理に使う木の葉、籠の材料になるラタンヤシ、海岸からやってくる交易商のビーズや鍋、鉄と交換するためのダマール樹脂など、さまざまな資源を採集できるよう維持されていた。

世界の熱帯林に見られるこのような移動型の土地管理法は、とりわけ土壌に炭素を取り込む点に優れ、多様な食の恵みを提供する力強い大地をつくり出した。小規模な地殻変動や土地の放棄があるたび、森にはあらたな環境が立ち上がり、生態学的な可能性を包含した余白を多種多様な生物に提供してきた。こうした人間と自然の互恵的関係は、またある種の〝飼いならし〟ともいえる。土地を劣化させることがなく、多くの場合、人のいない森よりも生物学的に豊かな森をもたらす。自然と文化の境界もおぼろげだ。

クラビット族は一九世紀、キリスト教使節団が紹介したとみられる水稲栽培に転じた。村には何世代か前の祖先が初めて植えた伝来種がいまも植えられている。耕作地は熱帯雨林に濾された渓流の水を利用できる。水田には蜻蛉や蝶などの受粉昆虫とともに、ナマズやティラピアがいる。米の収穫後、水牛が稲の残りを食べ、水中を歩く彼らの排泄物が次の作物の肥やしになる。脱穀された稲わらは豚の飼料になり、ほうきの材料になる。あるいは、燃やしてその灰を野菜の肥料にし、水田に撒いて養分を回復させる。

収穫の際、男性はマチェーテを手に水田へ入る。ダニエルは小柄だが、身体は鍛え込まれているようだ。端正な顔立ちにきちんと整えた口髭を蓄え、髪は短く刈っている。明るいつなぎの服を着た若者ふたりの手伝いで、手早く作業を進めていく。自慢話や不平も口にせず、水浸しの田んぼを少しずつ進んでいく。刈り取った稲の茎を筵(むしろ)の上に広げ、天日で乾かす。

女性たちは日陰になった小屋に座って、床に敷いたマットに金色の稲穂を叩きつける。叩くたびに籾が落ち、それが集まって山となる。周囲は鳥のさえずりと笑い声に満ちていた。

虎縞模様の中型猟犬が三頭、ぶらぶらと歩き回っている。この日は猟の仕事もなく、のんびりと楽しそうだ。

ダニエルの妻ジャスミンは青いつなぎの服を着て、質素な金の輪のイヤリングをつけていた。二時間ほどかけて脱穀作業を済ませると、私たちは休耕中で水のたまった田んぼへ魚獲りに向かった。ジャスミンは網を持って裸足で泥水の中に立ち、小さな銀色のミノー〔コイ科の淡水魚〕や蛇に似た長い魚を探していた。その足がとつぜん鋭いものにぶつかった。爪が裂け、血が流れ出す。痛みに一瞬顔をしかめたが、彼女はすぐパランという手造りナイフを取り出して、爪の一部を切り取り、そのまま魚獲りを再開した。

彼女の度胸の良さと秘めた魅力に、驚嘆の思いを禁じ得なかった。この数日、彼女はほとんど口を開いていなかった。わきにたたずむ幻影のように夫の陰から淡い光を放っていた。キンシャサの市場で毅然としてブッシュミートを売っていた女性たちを思い出す。静かな存在でありながら、力に満ち、生き延びるための過酷な作業に一縷の喜びを見いだそうとしている人たちを。

ジャスミンはさまざまな魚を獲った。暴れる魚の体表をパランでゴシゴシこすると、鮮やかな宝石のように鱗が水に浮かぶ。田んぼのそばで火を起こし、唐辛子とニンニクを加えて茹で、昼食のおかずにした。すり潰した米を葉でくるんで蒸したもの（ほとんど毎食のように食べる主食）といっしょに食べる。独創的な調理法だ。冷蔵しなくても二日間はもつし、櫂のような形をした葉はそのままお皿になる。

昼食後、私は裸足で家路についた。足指の間で泥がキュッキュと音をたてる。緑色のまだら模様がついたアカエリトリバネアゲハが何羽か、幻のように私を取り囲む。一羽が鼻にとまった。

夕方にはモンスーンが近づいてきて、空が暗くなった。鳥の群れが豪雨の接近を見越して雲を横切り、人家の軒先へ向かう。年配の女性が塀を修理していた。開いた窓のそばで男性が新聞を読んでいる。村の中心部にある教会の鐘が、長い一日を過ごしたあとの吐息のような音を響かせ、それを聞いた犬たちが嬉しそうにいっせいに吠えだした。

夜も田んぼで獲ってきた魚を食べた。ジャスミンが、熱い油の中に魚を投げ入れる。中華鍋がジャーッと豊穣な音をたて、山にたちこめる霧のように揚げ物の香りがしばらく漂っていた。

熱帯雨林のフェロモン

ある日、私はひとりハイキングに出かけた。水田の向こうの原生林に入り、何度か足を止めては、聞き慣れない鳥の声や生き物が奏でる調べに耳を傾けた。タイヤのきしみを思わせる音や錆びた蛇口を思わせる音があるかと思えば、正午を告げる振り子時計のような電気的な音もあった。密林の孔雀がたてる陰気な鳴き声。シルバールトン〔オナガザル科の猿〕がクワッと声を上げる。尻尾のないテナガザルの一団が頭上の木を揺らしていた。木々は蠟燭のような白い樹液を幹に垂れ流して樹皮を脱ぎ捨てる。長く白い毛に覆われた不気味な毒毛虫は、海を追われた生き物のようだ。木の葉や枝からヒルが手を伸ばし、別の場所へ運んでくれるものがいないか探していた。食虫植物や蘭の花が咲き乱れている。落ち葉の間から白い食用キノコが得意げに頭を突き出していた。木々の梢が光を壮麗に屈折させる。

決まった全体像を持たない、生きた図書館だ。生物の多様性が奏でる交響曲。立ち止まってひと息つくと、脈動する森の中で、生けるものと死にゆくものの饗宴が繰り広げられているのを感じる。

熱帯雨林には濃密さと奥行きが層を成している。一歩進むたび、新しい部屋へ入った心地がするのだ。においも場所によってまちまちだ。ジャスミンのような甘い香りもある。スカンクが放つ分泌液のような悪臭もある。それでも、いたるところに植物のみずみずしい香りが立ち、ほのかな腐臭も交じっていた。そんな心地よいにおいの中を歩いていく。森の武骨なフェロモンに包まれているかのような感覚だった。

熱帯林が地球表面に占める割合は七パーセントにすぎないが、そこに地球生物種の半分近くが暮らしている。多種多様だが、かならずしも特定の種が豊富というわけではない。生物多様性の役割は「余裕」にあるのだ。森で連綿と競争が続いているわけではない。むしろ、共生と相互依存という枠組みが基盤となっている。同じ機能的役割を果たす種が数多くいれば、ひとつの種がたまたま絶滅しても、そこに依存していた多くの生物が生き延びられるわけだ。

二年から一〇年の不規則な間隔で、おびただしい数の樹種がいっせいに花をつける。森の果実と木の実が群れを成して結実する。進化論で〝樹木の一斉開花結実〟と呼ばれるこのような出来事は、種子の捕食者を抑え込む役割を果たしている。ある年の森は捕食者が食べきれないくらいの豊作になるが、次の何年かはまったく実が成らないので捕食者は飢え、死んでいく。敵の個体数を抑えることで種子の生存率は高まる。樹木の開花や結実の状況が広範囲で同調し、数年おきに豊作になることを成り年現象（マスティング）というが、何がこの現象を引き起こすかはわかっていない。亜熱帯モンスーンの気まぐれな変動が原因である可能性が高いという。世界じゅうの森林で同じようなマスティングが起こっている。木々にしてみれば、ほかの木々を尻目に力のかぎり己の繁殖儀式を展開しているだけなのかもしれないけれど。

この高地熱帯雨林の小さな区域には八一九を超える植物種があり、六六八種に学名が付けられている。そのうち、ラン一五一種、ショウガ三〇種、シダ四一種、種レベルまで特定されていない属も八種含まれている。一九二二年の調査では、ここの住人は定期的に、一四八種類の植物を二五〇超の用途に使っていた。薬、食料、香辛料、建材（家屋、船、手工芸品、家庭用具、装身具、玩具）など、その用途は多岐にわたる。彼らは植物を使って狩猟犬を獰猛にし、水牛の病気を治し、釣りの餌をつくり、水分を摂取し、子どもの乳離れにも使った。熱帯雨林は彼らに必要なものをほとんど与えてくれるように思われた。

大きな木を切り倒して丸木舟を造っている男性四人に出くわした。完成まで数週間かかるという。熟練の腕がチェーンソーと手造りの道具を振るうところをながめていると、丘の上から乾いた銃声と猪の悲鳴が聞こえた。

宴の野生料理

高床式の家の床下には空になった瓶やビール缶が山と積まれていた。クリスマス休暇の何日かでスコッチウイスキー四〇リットルを飲み干した、とダニエルは言う。水牛を一頭解体し、村じゆうの人を夕食に招き、みんなで踊ったそうだ。

ダニエルは今夜も何人か夕食に招いていた。しかし、まだ発電機が直っていないため冷凍庫がにおいはじめ、肉の状態が心配だった。そこで彼は今日、白い電線を木々に渡し、塀にテープで留め、森から切ってきた長い木の叉（また）で支え、隣人宅の発電機につないだ。

「あまり強くないね、電力は」彼は頭上で明滅する電球を指差した。携帯電話からアメリカのカントリー曲が流れていた。「ゴッド・マスト・ビー・ア・カウボーイ」だ。ダン・シールズの鼻にかかった張りのある声が部屋に響きわたる。

手造りの長い木のテーブルで私たちは夕食を食べた。

茅葺き屋根の開放的な部屋からは、先端が黒い角を生やした水牛が薔薇色の夕日の中で優雅に草を食んでいる、牧歌的風景が見えた。放し飼いの鶏が床下を歩き回り、地べたに寝そべっている犬たちを気にもせず、好きなところに卵を産んでいる。テナガザルの声が谷間に轟く。

神々の食物（アンブロシア）と生命の酒（ネクター）が、鬱蒼と生い茂る山から吹く涼風と混じり合った。塩水に漬けた採れたてのキュウリや猪の軟骨とスジで取った塩味のスープ、ジャスミンが水田からの帰り道で摘んできた密林のシダをおかずに、私たちは〝世界最高の米〟を口に運んだ。バリオ・ライスと呼ばれる希少米だ。次に出てきたのは、銀色の大きな鍋にニンニクとバリオ・ソルトと呼ばれる地産の塩を入れて煮込んだ亜麻色のキノコだ。この塩は高価すぎて現地の人が買えるものではないが、ダニエルの水牛を借りて森で薪を集めた彼の友人が、お礼に小さな容器に入った塩をくれたのだという。キノコはまろやかな食感で、バターのような味がし、入浴して森林臭を落としたアンズタケを連想させた。

「密林のスーパーマーケットで手に入れてきたものだ。いつ食べても、新鮮このうえない」とダニエルが言い、スクランブルエッグにカンアオイ属の花を入れたひと皿を置いた。私も日中、料理の準備を手伝い、ほっそりしたピンク色の花冠を注意深く茎から引き離す作業をした。根生姜が顔を赤らめて恋に落ちたような、優しい味がする。土を思わせる強い風味がありながら、繊細で酸味もある。土ではなく、湿った空気がもたらした錬金術なのかもしれない。

家畜の豚を食べるのは特別な日に限られているが、猪は毎日のように食卓に並ぶという。今夜は猪のスペアリブ。古いドラム缶で火を焚いて炙ったものだ。私は辛みの強いチリペーストをスプーン一杯、肉にのせた。

私の食欲は拡大する一方だ。熱帯雨林の過剰な水分が強い風味を漉し取ることで、食材の味はどれもまろやかに感じられた。その一方で、標高の高さと涼しい気候がピリッとした新鮮な辛みを育み、食欲中枢を刺激する。

ハート・オブ・パームと呼ばれる椰子の芯を採るにはサゴヤシを木ごと切り倒さなくてはならず、あるときダニエルと出かけて収穫してきた。今夜は、その内側の芯を細い輪切りにし、ニンニクとエシャロットで調理した。色は半透明に近く、蛇の皮のような模様が入っていた。

タピオカの葉には苦みがあり、植物性の栄養素がぎゅっと詰まった感じで、なんとも言えず美味しい。葉緑素に酔いしれる心地がした。調理前に、木の器に葉を入れて長く重い棒で突き潰す。難しそうな作業だが、ジャスミンは難なくやってのけた。巨大な石臼とすりこぎも同じように楽々と使いこなし、香辛料を砕きニンニクをすり潰してチリペーストをつくった。

彼女の料理からは、思慮深い自然への敬意が伝わってきた。今夜は手持ちの野生の食材でどんな味をつくり出そうか、そのときどきの状況に合わせて判断していく。誰も見ていない小さな一瞬、料理中の彼女の顔に神聖な微笑が浮かんだ。私にとって、彼女は目に見えない存在ではない。デザートはイースト菌で膨らませた生地のひねり揚げと、隣人の庭で収穫してきたパイナップルに茶灰色のバリオ・ソルトをかけたもの。果汁たっぷりで酸味のあるパイナップルとピリッと辛い塩粒の取り合わせに、新しい味を発見した気がした。あとふた切れ、むさぼるように食べた。食事の締めくくりにぴったりの一品だ。

八カ月前に食べたノーマでのランチのことを、私はずっと考えていた。これが、ノーマがやろうとしていることなのか。土地に養われているという崇高な感覚、共存共栄の感覚を再現しようとしているのか。この村で行う採集とコペンハーゲンのアシステンス共同墓地で行った採集とはまったくの別物だ。ここでは採集が日々当たり前に行われている。この土地で繰り広げられる野生の宴は、私にとっては特別なごちそうだが、住人にとってはいつもの夕食なのだ。

この夜は、向かいに座った男性との会話に長い時間を費やした。「クアラルンプールの学校に通うため、初めてここを旅立ったときは泣きましたよ」アグアンという男性は言った。「私だけでなく、都会に出るとき、田舎の男の子はみんな泣くんです。悲しみを癒そうと、泣きはらした目で道のわきを流れる水路に釣り糸を垂らしていたら、みんなに笑われました」

アグアンは大人になると、ボルネオの津々浦々でタイヤの売買に従事し、高地の村へ戻ることはめったになかった。彼はこの土地と相矛盾した関係を結んでいるようだ。過去と伝統を恋しがる一方で、自分の育ちへの羞恥心に根ざしたコンプレックスもある。「母は耳たぶを伸ばして重い真鍮の飾りを付けていた、最後の村人でした。私たちの成長期には皿も銀食器もなくて、食事にはいつも密林の葉を使っていました。『クラビット族はお皿に事欠かない！』と、よく冗談を言ったものです。昔の人は米を葉っぱでくるんで竹に詰め、火に放り込んで調理していました。昔の人がどんなふうに暮らしていたのか、私の子どもたちはもう知りません。不衛生なものを食べていたんです。猿のような、森に依存した暮らしですよ」

アグアンはつかのま口を閉じ、考え込むような表情を浮かべた。「でも、その点を除けばいまより良かった。以前は診療所や学校があったし、畑のまわりにL字形のロングハウスがあった。飛行機の滑走路までね。村民は二〇〇人いたのが半分に減りました。クラビット族は五七〇〇人しか残っていないんです。現地語だって滅亡の危機に瀕している。私たちの文化はほとんど死に絶え、子どもたちは森で何をどうすればいいのか学んでいない」

彼はキノコをひとかじりし、残りが刺さったままのフォークをかざした。「少し前まで、私でさえこんなキノコが食べられるなんて知りませんでした。有機栽培されたキノコじゃなく、森で採れた野生原種でね。若い人がもっと戻ってきて、私たちの知識を保存してくれることを願っています。舗装道路ができれば、便利にはなるでしょう。来年には完成するという話だけど、何年も前からそう言われていて、いまだに実現していない。そのまま実現しないほうがいいと思っています。もちろん、みんなが同じ意見ではないけれど」

彼はそう言って、ダニエルのような反対意見の持ち主がいないかテーブルを見まわした。

道路のない土地はめずらしい。日に日にいっそうめずらしくなっていく。世界じゅうの半数以上が都市部に暮らす状況は人類史上初めてのことだ。この人口集中には数多くの要因がからんでいるが、都市居住者と道路の数は今後もさらなる増加が見込まれている。こうした趨勢は将来、人間と地球の両方に対して誰にも予測できない進化的帰結をもたらすことだろう。

この村にとって道路は可能性であり、良くも悪くも大きな変化をもたらすものだ。さまざまな形で現金や豊かさを運んでくるが、同時に、外部の課す管理や規制も持ち込まれる。土地への依存度が小さくなる。大局的な見方が失われる。道路が麻薬の取引を増やす心配もある。いろんな場所へ行きやすくなれば、買えるものが増え、ごみが増え、騒音が増える。

その土地ならではのものにはどんな意味があるのか。損なわれていない文化にはどんな意味があるのか。文化の純粋性に、いまでも意味はあるのか。そのどこが大切なのか。

この村にはすでに文化が混在している。グローバル化している。ずっと前からそうだった。森の中の何かを説明するとき、ダニエルは先祖代々の知恵も借りるが、「ディスカバリーチャンネル」も引き合いに出す。

それでもこの人里離れた土地には、紛れもない独自のものが存在する。私たちが失ってはならない大切なものがある。ここは暮らしに時間がかかる土地だ。あえて必要な時間をかけるのは、そういう生き方に金銭では測れない価値があるからだ。森を読めるようになるまでには、長い時間をかけた修練が必要になる。森の知識があってこそ自然保護は可能になる。その知識がなくなれば、安易に木を伐採し尽くし、かつてあったものを忘れてしまうことになるだろう。

この村は、押し寄せてくる観光客を受け止められるだろうか。観光客は現地の人と野生生物に恩恵以上の弊害をもたらす。エコツーリズムは解決策になるのだろうか。私にはわからない。現代の自然保護が単なるわくわくする消費体験になってしまうのであれば、効率と資本の論理の前に、自然はいっそう劣化していくだろう。もはや野生をとどめなくなる恐れがある。商品化とは、それ自体が一種の〝飼いならし〟なのだから。

しかし、観光客が落としていく現金がなくなったら、そもそもこういう村は生き残れるのか。カメラのレンズに追われる野生生物でも少しは救うべきなのではないのか。あるいは、生きていくために必要な技術として続けるのは現実的ではないにしても、たとえば換金芸術として、自然の中で培われてきた伝統技術を保存したほうがいいのではないか。さらにいえば、観光客としての私たちは何者なのか。自分たちの楽しみのために〝野生〟の維持を望み、自分たちが享受している物質的恩恵や科学技術に現地の稲作農家が助けられることは望まない、そんな私たちとはいったい何なのか――。

自分がここを訪れた動機についても考えを巡らした。現状を乗り越え新しい自分を見つけるために未開の荒野（ウィルダーネス）への逃避を試みたのか。そこで植民地主義的な考え方が染みついていない人たちに出会いたかったのか。

重ねてきた小旅行の素朴な楽しさを列挙するとき、ふと気がつく。そうした瞬間を与えてくれたのは人の手が入っていない山や森ばかりではなく、破壊的な経済システムに支えられた物質や富でもあった、ということに。その事実を私たちは、とかく忘れてしまいがちだ。野生へのあこがれとつかのまの逃避を叶えてくれる資本主義という土台を忘れる特権に、私たちは恵まれている。エコツーリズムのおかげで、私たちは〈手つかずの自然〉という概念と現実を切り離すことができる。隣の丘を越えたすぐ先で、金儲けのための自然破壊が横行しているのに、文明に汚されていない自然はすばらしいと思うことができるのだ。

ハンターの記憶

夕食後、男性たちは接着剤を使わず紙で巻くだけのインドネシア製煙草を吸い、燃えてばらばらにならないよう手で支えていた。湿った風に白い煙が引き離され、闇夜の虚空へ消えていく。丁子（クローブ）のほのかな香りが、足元で赤々と光る蚊取り線香のにおいと混ざり合う。ラジオからドリー・パートンの歌声が漂ってきた。昨日虫に刺されたジャスミンの中指が赤く腫れている。気になるのか、彼女はまだそこに虫がいるかのように、腫れた患部を触っていた。

長い針を持つスズメバチがいきなりテーブルへ飛び込んできた。ダニエルの姪が押しつぶし、誤って針を刺してしまう人がいないよう、鋭利な先端を蠟燭の火で燃やした。この蜂は死んだあとも危険なのだ。

蟬（セミ）が鳴いている。

お客さんたちが帰ったあと、ダニエルと星を見た。私はオリオン座と南十字星を指差した。人間が恣意的なパターンを描き、適当な名前を与えた宇宙の光点だ。世界の多くの場所で、無数の明るい人工光が星を覆い隠している。けれど、ここの星空は子どものころに見た空のようにまばゆいきらめきを放っていた。晴天の空は雲ひとつなく、空気は思いがけずひんやりしている。地平線にときおり稲光が浮かび、暗闇に隠れている山のシルエットを浮かび上がらせた。ニューメキシコの山々が脳裏に浮かんだ。夕暮れどきのテナガザルの声を聞きながら、砂漠の小峡谷（アロヨ）に隠れているコヨーテを思い出した。

我が家への郷愁がメビウスの帯のように心を巡る。私は根無し草の悲哀を味わっているのだと気がついた。いまはもう存在しない〈手つかずの自然〉が残っていた故郷を恋しがっているのだ。

場所ではなく過去に郷愁をかき立てられるなんて、どうなっているのだろう。

ハンターの記憶が頭を離れない。ともに過ごした時間の断片が水面に浮かぶ枯れ葉のように私の脳内に漂っている。まるで過ぎ去った季節の残響みたいに。

午後、ダニエルが台所で煙草を吸いながら、黒いやかんでお湯を沸かしていた。台所の壁のひとつは地衣類に覆われた木でできていて、そこに打たれた釘から猪の脂肪がぶら下がっていた。ダニエルが焼きたての毛虫のソテーを勧めてくれた。一匹をかじってみると口の中でプチッとはじけ、卵のようなとろりとした熱い液体があふれ出た。コンゴで食べた芋虫と同じく、噛みごたえのある表皮がのどに引っかかる。

そんなときにも、頭の中はハンターのことでいっぱいだった。夜明けに焚きつけで火を起こして、彼に淹れてあげたコーヒー。そして、密猟者を捜索する一カ月の冒険で森を歩き回った話。ある夜、ふたりでベッドにいるとき、彼はこんなことをささやいた。「撃たれたこともある。それも一度だけじゃない。僕は〝無敵の男〟だという噂が密猟団の間に広まっていてね。生き延びるつもりでいる人間には厄介な話さ」

押し寄せる悲しみに目頭が熱くなった。いま私は、きっと正気を失った顔をしているにちがいない。失敗につながる判断を下した地点まで、私たちはどうやって戻ればいいのだろうか。どこまで過去をさかのぼる必要があるのだろうか。

キンシャサでの滞在が終盤に差しかかったある夜、ハンターとギリシャ風のクラブへ食事に出かけた。どんな料理が出てきたかは、よく覚えていない。噛みしめるようにひと口ひと口味わい、その合間に甘口のワインを飲み、微笑み合うためだけに食事の手を止めた。

ハンターは白いスーツジャケットを着ていた。服は借り物で、彼の身体には大きすぎた。私たちはクリスタルガラスと磁器の食器を前に、長いポーチの椅子に並んで腰かけていた。隣のひび割れたコンクリートの中庭では、男性三人がバスケットボールに興じていた。年老いたギリシャ人の給仕係が小魚のオイル漬けと淡い緑色のオリーブを運んでくれたのはよく覚えている。あの夜は時間から切り離され、ただそこにいる、そんな心地がした。過去との結びつきも、未来を占うものもなく。心臓の鼓動のひとつひとつに宇宙が宿っていた。

たどり着いた至高のスープ

人が起きだすと家がかすかに揺れた。スプーンがぶつかり合ってカチャカチャ音をたてる。ジャスミンが歌を口ずさんでいた。ゆうべはひと晩じゅう雨だったらしく、私が起きたときもまだ降っていた。土砂降りで、朝なのに空は真っ暗だ。庭には大きな水たまりができ、川のように水が流れているところもある。ダニエルは姉とその娘を連れて早朝に町へ出かけていた。水と泥をかき分けて今日じゅうに帰ってこられるかは定かでない。

私は別のホームステイ先を訪ね、年配の夫婦に迎えられた。奥さんのサレアと、旦那さんのトゥアン。玄関に続く長い木の通路に蘭の鉢植えが並んでいた。家の中には工芸品があふれている。

美しい装飾がなされた磁器。サレアが数珠つなぎにした装身具。奥の食品庫には缶詰がたくさんストックされていて、田舎の雑貨店を連想した。壁には色褪せた年代物の旅行ポスターが何枚か貼られていた。〝ボルネオの隠れた楽園〟〝サラワクの黄金の日々〟〝サラワクの虹の果て〟――どれも柔らかな色遣いで描かれている。うち一枚で、人形のような面立ちの女性がハイビスカスの花に取り巻かれていた。女性は髪飾りを付け、謎めいた笑みを浮かべている。青い蝶が舞うなかをオランウータンが戯れている構図もあった。下のほうをオオトカゲが恐ろしげな顔つきで歩いている。

私はダイニングルームでサレアと差し向かいに座り、お茶をごちそうになった。網戸が付いた大きな窓からパイナップル畑に縁取られたのどかな田んぼが見える。さらにその向こうには緑の草原が広がり、山々が連なっていた。

つい最近、サレアは街へ乗り込んで、道路は必要ないと当局に訴えてきたそうだ。この土地はいまのままにしておきたい。「道路ができる前にここへ来られて良かったわ。道路ができたら、つながったほかの村と同じようになってしまうもの。でも、今年じゅうにも開通するらしいって」彼女は肩を落として言った。長いあいだ闘ってきたのかもしれない。

「お昼を食べにくる人がいるだけかもしれないよ」トゥアンが妻を慰めようとした。

「そうね、でも、政府には川の便をよくしてほしいわ。洪水で出た瓦礫も撤去してほしい。観光客は近づきにくくて伝統が残っているところが目的で来るんだから、道路なんて造る必要ないのよ。いまのままで、人類学者や考古学者だって研究にやってくるわ。……それで、あなたはなぜここへ来たの」

野生の燕の巣のスープを探しにきたが失敗に終わった、と説明した。「あら、まあ」サレアはいわくありげに私を見つめた。「じつは、妹が結婚した相手のおじいさんがバラム川〔サラワク州〕中流域の、燕の巣がある洞窟の持ち主なの。ジャワアナツバメとオオアナツバメの両方の巣が採れる、最高級の洞窟だとか……」

話し終える前にパッと立ち上がって台所へ消えたかと思うと、彼女は、何年か前に妹からもらったという、燕の巣が詰まったプラスチックの密閉容器を手に戻ってきた。

「果樹とアブラヤシが植わった広い土地の鍾乳洞で採れたものよ。隣に小高い密林と川があってね。天井まで二メートルちょっとの低い洞窟だから、手を伸ばせば巣に届くの。でも政府はその洞窟から石を切り出したがっていてね。妹はそこを〝燕の巣の洞窟〟と公式に登録して、その動きを阻止しようとした。それでもまだ脅迫してくるそうよ」

話を聞くうち、これは訪れようとしてたどり着けなかった洞窟にちがいないと思った。サレアから手渡された燕の巣を見つめる。ネストハウスの養殖物はいかにも工業的に生産されたものらしく、どれも真っ白で見た目も一様だったのに対し、この天然の巣は優雅なまでに美しく、不調和の美が感じられた。湿った洞窟の壁から鉱物（ミネラル）を吸収しているからか、オレンジ色とピンク色と黄色の筋が走っていて、鍾乳洞の貝殻を連想させる。そこには、ふんわりとした羽毛が二筋三筋、見つめた。

「ここへ燕の巣を探しにくる人がいるなんて、夢にも……」サレアはそうつぶやくと、窓の外を残っていた。

その日の夕方、私が出先から戻ってくると、サレアは赤錆色の真珠の首飾りをしていた。

夕食の時間になりテーブルに着くと、磁器の碗に入った燕の巣のスープが出された。塩と卵と「蒸し暑い季節に届くキノコ」を材料にしたスープに、長い紐状の巣が銀河系のように浮かんでいる。羽根の断片が浮かんでいるのは、老眼のサレアが見落としたのだろう。胸を打たれた。この一品には、人と自然の仕事が結晶している。

スプーンでひと口。柔らかいけれど、一本一本の繊維に存在感がある。つるんとした食感で、嚙みごたえもある。もうひと口。

「ゆっくり、あわてずにね。ここではゆっくり食べるのよ」

時間に育まれた味とはどういうものなのか。ズズッとすすり込む。女性たちの手と長い歳月を経て、思いがけない僥倖（ぎょうこう）で私のもとへやってきてくれたスープ。飲み込むとき、ゴクッとのどが鳴った。強引な開発が迫りくる人里離れた最果ての地で、渓谷の絶景をながめながら気のおけない人といただく最高の贅沢品。

もうひと口。このスープは消えていく古い生活様式が最後に残した、芸術的な宝物だ。

「どう、何か感じる?」サレアが微笑んで言う。

どんな探索の旅も、その始まりにおいては多様な可能性が開けている。だが、長く探索を続けていくためには、そのつど見込みのある道筋を選び取っていく必要がある。

ついに探し物が見つかった瞬間には、その発見だけに目が行きがちだ。それこそが物語でいちばん大事なことで、あとは取るに足りないものだとでもいうかのように。でも、そこへ至るまでには、何度となく判断を誤り、袋小路に入り、あきらめかけた時間が存在している。そうした過程があってこそ、正しい道を見つけることができるのだ。ときに私たちの記憶とは、たまたま忘れられなかった経験の集合体でしかないのかもしれない。

しかし、この素晴らしい宴で覚えた感慨と、この夜までに私がしてきた経験は、けっして切り離せるものではない。ほかのすべての食事との小さなちがいにまで思いを致さなければ、この燕の巣の味わいと価値を過不足なく語ることはできないからだ。無機的なもの、有機的なもの、あらゆる構成要素が小さな碗の中で、即興の賛美歌のように響き合っている気がした。

もういちど、スープを口に運ぶ。この燕たちはずっと私を探してくれていたのかもしれない。

10

野草

ポーランド

Wild Grass

野生と人の共生関係

私の旅は捨てることから始まった。私が荒野への退却を図ったのは、心に澱のように堆積した日常の芥を剝がして、自分の本質とつながり直すためだ。荒野で心をさまよわせれば、時計に縛られることなく時の流れを感じられるかもしれない。

でも、言ってみればそれも私の主観にすぎない。ひとつの始まりに別の始まりが隠れていることもあるだろう。ここで私も、もういちど最初からたどり直してみよう。

私はポーランドで列車に乗っている。ハンターと出会う数カ月前のことだ。

大量殺人の記念碑が詰め込まれた森を訪ねる。そこには、過去の時間や人々が流した血と密接につながった何世代もの悲しみが満ちている。植林、間伐、伐採、行進する兵士たち。不安に衝かれるたび、車窓を過ぎゆく木々があざ笑う。そして、いろんなものを私は食べる。滋味深いスープ、謎の肉、ピクルス、キャベツ。大量のキャベツは冗談を通り越して一種の料理煉獄だ。
ほかにも探していたものがあるはずだ。我が家にいるような安心感。栄養たっぷりな感じ。私の中に眠っているかもしれない大切なもの。この地で生きた曾祖母は、自分の周囲の自然をどう手なずけていたのだろう。血塗られた歴史に蹂躙されてきた森で食料を採集するのは、どんな気持ちだったのだろうか。

めずらしい鳥が群がる草原を、私は訪ねる。背の高い茎の間をタゲリやウズラクイナが滑空している。この風景は自然だけが生んだのではない。いまは消えてしまった干し草づくりの文化遺産でもある。何世紀かのあいだ、低層湿原（フェン）を保つために、草が大小の鎌で刈られた。時の経過とともにこうした草原は野生生物の生息地になり、独特な生物種と絶滅危惧種が交じり合う生態系の揺り籠となった。

ポーランドの自然保護団体は干し草用の野原を育てて、毎年刈り取っている。利益を上げるためではなく、鳥の生息地を維持するためだ。森とはちがって、草原は人間の干渉なしに存在できない。雑草を焼いたり刈ったりしないと、木や灌木がたちまち侵入を開始し、芽を出しはじめる。

干し草を食べるめずらしい鳥を守るには闘わなければならないのだ。人間が関わることで生きやすくなる生き物のために、土地を管理する必要がある。この古めかしい「人為的自然」の良さに気づきはじめた人々が、大量の資源を費やしてその状態を維持しようとしている。そこが自己充足型の、時間に左右されない恒久的な聖域であるかのように。これは自然を超えた自然(ポストネイチャー)なのか、それとも再野生化(リワイルディング)なのか。

〈手つかずの自然〉とは長きにわたって特定の場所についての概念だったが、それと同時に、私たちの食欲や願望を映す鏡でもあった。人間の欲望は自然を、そうあってほしいと願う風景につくり変えていった。

手つかずの自然はもはや、人間と相容れない存在ではない。自然の風景はすべて人為的性質を帯びていると気づいたとき、私たちは自然を恐れなくなり、さらに自然に手を加えはじめた。それでも、手つかずの自然が人の心に呼び起こす崇拝や信仰、崇高な畏怖の念や恐怖は、かならず私たちの元へ帰ってくる。かつて異質の存在とされていたものどうしが、いま結びつく。たがいを克服しては、さらにまた克服されていく。

自然淘汰と同様、飼いならしもゆっくりと少しずつ行われ、いつしか大きな変化を遂げる。狩りは多くの動物が行うことで、共生関係もよく見られるものだが、ほかの種との間で飼いならしが起こることは、人間を除けば比較的めずらしい。飼いならしはかつて、人間のニーズに合わせて動植物の本能を曲げることと考えられていたが、いまは「相互進化」の一形態と考えられている。

人類が進化の過程で、それも比較的短い期間にこれほど多くの共生関係を結んできた理由は、いまもって解明されていない。人の生活圏に野生の動植物を取り込むためには、私たち自身を飼いならす必要もあっただろう。一方で、人間に飼いならされた動植物が享受してきた利益は、数字上の成功だけ見れば野生の動植物をはるかに凌(しの)ぐ。犬は地球上でもっとも繁栄を誇る大型動物となった。野生の虎一頭に対し、飼育化された猫は一〇〇万匹いる。

ただ、遺伝子学では野生と家畜栽培の区分を厳密に行っていない。ほんの何個かの制御遺伝子のちがいが見られるにすぎないからだ。野生の動植物と家畜や栽培された植物に分類上の区分がつけられたことはない。捕獲した獣を手なずけられるとは限らないし、手塩にかけて育てた家畜が野生の暮らしに還らざるを得なくなる場合もある。

取り返しがつかないもの

池や川の流れを取り込んだ植物園が広がる土地を、列車は猛然と通過していく。そばを流れる川は蛇行しながら、やがて遠くできらめく湖と出合う。湖面を風が渡り、水草が岸辺を縁取っている。知らせを届ける「お告げの鳥」とされるコウノトリが一羽、生き物の死骸を調べている。上空に雲が集まってきた。

湖のほとりには、第二次世界大戦で使われたコンクリートの掩蔽壕(えんぺいごう)がある。王や皇帝(ツァーリ)が狩猟を楽しんだ森はナチの将軍の狩猟場となり、ゲリラ兵を匿(かくま)っているのではと疑われた周辺の小村は焼き払われ、秘密のトンネルや共同墓地のある植林地が蹂躙された。

掩蔽壕の金属扉はくすんだピンク色で、年月にゆがめられていた。中はカビ臭く、太い木の根に侵略を受けている。人々の死骸が散らばった土から黄褐色のキノコが頭を出している。戦時中の虐殺をのちの世にとどめる自然の記念碑のように。思い上がった人間に奪われたものを、森は少しずつ取り戻していく。

掩蔽壕の上にはハチミツ色の素朴な木の祭壇がつくられている。急勾配の屋根の頂にホワイトアッシュ〔トネリコ属の木〕の十字架が掲げられ、キリストの姿も見える。手斧で割った木でつくられた粗末な長椅子が二列あり、そこから湖を見渡せる。自然環境の中で礼拝できるように造られた教会だ。オレンジ色のヨーロッパアカマツでできた神聖な屋根の下に長い時間座っていれば、木々がゆっくり螺旋を描くように成長していき、空へ突き出ていくようすが見られそうな気がする。赤みを帯びた樹皮は時を経るにつれ、手のひらほどの大きさで剝がれ落ちていく。枝の渦巻を数えれば経過年数がわかるだろう。太い釘で木々に固定された十字架がいくつかあり、その位置は年を追うごとに高くなっていく。それが象徴する悲しみのように地面から遠ざかっていく。

礼拝者の姿を私は想像する。祈るたび、彼らは戦争と占領を思い出す。時間をかければ木はかならずまた生えてくるという神様との契約に寄り添うように、賛美歌のひとつひとつが響くことだろう。

取り返しがつかないものについて、私は考える。標本を集めるために商船で行き来した植民地時代の博物学者(ナチュラリスト)のことを考える。何カ月も何年もかけて慎重に行われてきた作業が、沈没や大嵐や海賊の襲撃で失われることもあっただろう。名もない場所で荒れ狂う波の手に落ちることもあったはずだ。薄い紙に描かれた絵や走り書きされたメモが波間に散らばり、押し葉や虫の標本容器が水浸しになり、忘却の彼方へ消えていく。

母親が持っていた薬草や毒草の知識と、自由の形見のようなひと握りの植物の種(たね)だけを携えて奴隷にされた、アフリカ人のことを考える。その一方で、入植者たちは容赦なく膨大な数の野鳥を捕らえ、昼も夜も鳥たちのなれの果てを頬張った。

入植者が原生保護地域をつくろうとした結果、生まれ育った土地から閉め出されたアメリカ先住民のことを考える。想像を絶する数が解体され消費され、もう戻ってこないかもしれないアオウミガメのことを考える。ゴムや象牙の取引で手や腕を切り落とされたベルギー領コンゴの人々のことを考え、彼らの先祖が精霊たちといっしょに狩りをしているところを思い描く。

私の母方筋にとって当たり前だった暮らしは戦争や移住で失われた。一族のほとんどがそうだった。本来いるべき場所を追われ流浪の民となったのだ。私たちはみな母親の重み、祖母たちの重みを背負っている。出産の負荷、子どものために払った犠牲、生き延びるために守った沈黙。

未来を考える転換点

食生活や風景から野生の食材が消えるとき、私たちは形容しがたいものを失うだろう。

いま、私たちは精神的危機に直面している。どんな悲痛より大きな〝実存的孤独〟とでもいうべきものに。野生の恍惚（エクスタシー）を失えば、その先に待っているのは味気ない未来だけだ。

もちろん、みんなが野生食に戻れるわけではない。世界の人口を支えられるほど、野生の土地は残っていないからだ。すべての渇望を満たすには、地球がいくつも必要になる。それでも多くの人にとって、野生の食材はいまも生活の糧だ。贅沢品ではけっしてなく。道端から拾い集められるそれらの食材は土地からの贈り物。寒い夜に食べるそんな栄養たっぷりのシチューに人は感謝する。

私たちは転換点を迎えている。これは、未来への流れを変える歴史上のターニングポイントにちがいない。失われた儀式をいかに取り戻し、新しい神話をどう創り出すのか。ひとりひとりの行動が地球の生態と結びついている。送電網に頼る考え方からいまいちど自分を切り離して野生と向き合い、暗く静かな環境にも心地よさを感じられるようになるべきではないか。

植物錬金術師としての母の才能を、私の妹は受け継いだ。彼女は植物に向かって歌う。植物は彼女の赤ちゃんだ。彼女の庭はいつも植物に満ちあふれている。トウモロコシの茎に豆の蔓がからまり、カボチャと人参が共生している。花に交じって小鳥たちが美しい声でさえずっている。

妹は種守り人（たねもりびと）になろうとしている。手元に残した種を人と交換するのだ。最近、彼女は私たちが育った土地の先にあるテスクプエブロの種子保管庫から、アマランスとレモンバームの在来種を受け取ったという。この砂漠の谷間で何世代も栽培されてきたスイカの品種のことを、彼女は嬉しそうに教えてくれた。保水の必要から果皮が厚く、日中暑く夜寒い場所でもよく育つのだという。

妹の植物儀式は地球を守るひとつの形、地球に捧げる祈りなのだろうか。この星で人間として生きていることに倫理的責任を感じているのか、それとも、自分はちっぽけな光の点にすぎないと認めているのか。深い悲しみなのか、祝祭なのか。たぶん、両方なのだろう。

野生の自然を維持するには人間が必要不可欠だという考えは、太古の昔からある。これは記憶にとどめるべき思考だ。人間は豊穣を生み出す条件を整えることが可能で、すばらしく多様な生き物が繁栄し合える条件を創り出して、ふるさと〈地球〉を共有することもできる。傷ついた野生が息を吹き返せるよう情熱を注ぐことも。進みたい方向を夢想し、この星の繁栄を祈るかどうかは、私たち次第なのだ。

ひと皿の料理には空間と時間、経済と〈大自然〉が溶け込んでいて、それを食べた私たちは歴史という時間模様と否応なく結びつく。〝食べる〟とは、なんと高遠な行為なのか！　しかし、これほどの魔法に私たちがめったに畏敬の念を抱かないのは、食べることが日々の必然だからだ。満足に食べられないと空腹でお腹が鳴り、食べすぎると不快な膨満感に見舞われるといった、物理的な営みにすぎないと多くの人は思っている。

裕福な観光客も貧しい難民も、食欲を推進力に世界を巡ってきた。そうやって、意図的にしろ、無意識にしろ、食への強烈な欲求を満たすために自然を型にはめてきたのだ。人の世はいまも本能で動いている。脂肪と糖と珍味を欲求し、大音量の音楽と速い車を求め、まっすぐな木とにぎやかな野生動物保護区を望む。安定と野生を同時に希求する。相矛盾する数々の欲望に駆られて生きているのだ。

進化の初期段階に狩猟採集をしてきたおかげで、私たちは現在の人類になった。生き延びるために必要な問題を克服したあとは、優れた知性で完全無欠をめざした。技術革新を果たし、伝統との決別を果たしたと思った。ところがいまや、恋い焦がれるように過去を呼び出そうとしている。飢餓を癒し、本能を満足させる純粋で素朴な感覚があった過去、度を越した欲望に汚されることなく五感で直接体験していた過去を。私たちの食欲の中核には、刺激のない家畜肉や栽培された野菜をふだんから食べながら、その一方で野生の風味を切望するという矛盾がある。

このようなアンビバレンツの中で生きることには無限の苦悩がついて回る。しかし、それが私たちなのだ。私たち人間の、美しき最大の欠陥といえよう。

この進化の分岐点はどこにあったのか。火を手なずけ、料理を考案したとき、すでに分岐は始まっていたのか。あるいは、農業の発生が分岐点だったのか。移動していく野生動物から視線を外して定住を始めたことで、季節に合わせて土地を移しながら生きる本能は衰えていった。己の経験から学んだ感覚的な知恵を捨て、言葉で〈歴史〉をこしらえたが、それは生気を欠いた事実の寄せ集めに過ぎなかった。それとも、植民地主義の拡大や産業革命が分岐点だったのか。それまでの共生関係に代わって、力を持つ者がすべてを支配するシステムが台頭した時代だ。

私たちはいくつもの世代を経るうち、時間は直線的に流れて消えていくものであり、手つかずの自然など自分たちとは無縁な存在だと考えるようになった。しかし、これが人間の人間たるゆえんで、今度はそこで芽生えた希少性という意識に誘惑されはじめた。そのあこがれに導かれ、ひたすら前進を続けた一方で、いつしかその負荷に縛られるようにもなった。

事実を整理し、歴史という時間の流れを明確にしたところで、現在という道がどこから始まったのかを知ることは難しい。唯一無二の答えはないのかもしれない。木の枝ぶりや川の支流のように、数多くの力が一体となった結果なのだ。自然の力だけではなく、人間の力だけでもなく。

一万年分の地図

今日の自然は過去の遺品であり、私たちの未来に残る自然はいまの私たちの行動を反映したものになる。よって、いま私たちが自然に対して感じているものは、一千世代にもわたる影響の累積にほかならない。ひとつの土地に何が行われてきたかは、その土地のいまの姿が物語っている。人類の猛攻をかわして生き延びる種(しゅ)とは、おそらく土地と土地の狭間にある移行帯、私たちが荒らしたまま放置してきた空間で生きていける種なのだろう。

辺境（フロンティア）なんて、じつは想像上の概念だったのだ。人々が彷徨（ほうこう）するなかで見てきた幻だったのではないか。結局、私は何ひとつわかっていないのかもしれない。

私たちは歴史を揺るぎない事実の保管庫（アーカイブ）だと考えがちだが、それは正しくない。たまたま生き延びた史料、支配した相手を無視した史料、あるいは重要と見なされず消滅を免れた史料などから構築されたものでしかないのだ。ときに恣意的で、かつ偶発的な取捨選択を経て形になったものが、いま我々の前に提示されている歴史なのだ。

とりわけ、初期のアーカイブは手当たり次第に集められた記録の集積だ。系統立てて分類するわけでもなく、目についたものだけを集めて、失われてしまったものは忘れようとする無意識の意思が構築したものだ。

現在私たちが抜け出そうともがいている迷路が、じつは人間の歴史そのものなのだとしたら……。そして、私たちには一万年分の未来地図を描くことができるのだとしたら、いったいどんな地図になるのだろうか。

答えなどないのはわかっている。単なる私の思索にすぎないのだから。

排除されてきた人生の断片まで全部詰め込んだとしたら、その地図は混乱の極みになるだろう。誰も気がつかないような些細な出来事や、すり切れた記憶の名残、私的な物語の小さな出来事——そんなものまで全部詰め込んだとしたら。

ハンターの幼いころの写真を見たことがある。痩せっぽちで、シャツも着ず、裸足でバイクにまたがっていた。真面目な顔つきに浮かんだ柔和な笑み。万人の悲劇の秘密を知り、悲劇の内にこそ喜びは見つかると悟っているかのような寂しげな微笑だった。彼の中にはずっと相反するアイデンティティが同居していたにちがいない。狩人（ハンター）でありながら、野生動物の保護者でもある。科学者でありながら、感傷的な内面を抱えている。恋をしながらも孤独で、おどけた語り手でありながら陰気な皮肉屋でもあった。

　机に向かって書き物をしているとき、彼が深い森を静かに歩いているさまを思い描くことがある。命懸けで象やボノボを救おうとする彼の決意は、けっして半端なものではない。けれど私は離ればなれになるまで、彼の真の深い献身と自己犠牲の精神をちゃんとわかっていなかった。深夜、文章を組み立て、ああでもないこうでもないと言葉をこねくり回しているとき、いまごろ彼は密猟者を警戒する兵士たちといっしょに森の仮設キャンプで、煌々と輝く月を見上げているのだろうかと夢想する。

　私たちの恋物語は、過去という波乱に富んだ混沌の中から生まれた。ハンターと私は状況が取り持つカップルだった。植民地時代以降の環境破壊という悪質な歴史によって、ふたりはあらかじめ結ばれていたのだ。

　どちらも相手につかのまの我が家を見た。それは注意深く手入れされた庭でも、衰えゆく荒野でもない。土と血、花と果実、春先の柔らかな新芽と秋の大型獣が積み重なったところに築かれたものだ。そこで私は自分の中にもともとあったものを深く認識した。ハンターを愛したのは、自由奔放で飼いならされていない野生の恵みに満ちた、豊かな惑星との遭遇を彼に感じたからだ。彼とともに荒れ地に立った自分が、一介の観光客でなかったとはいえない。言ってみれば、この地球にいる私たちはみんな観光客だ。地球での快楽をつかのま消費し、断片化した思い出とごみだけを残していく。そういう恣意的な過去が、未来に爪痕を残していく。

大恋愛をしたときと同じく、狩りをしたあとにはそれについて語るという儀式が欠かせない。どう追跡してどう仕留めたのかを語り、時を経て、また語り直す。時間の経過とともに細かなところが変化しても、全体の意味合いは結晶化する。縁あって古来のゲームに携わったふたりがその時間をどう生きたかという物語も、きっと同じようなものだろう。

失恋するたび、私たちの心は張り裂けて開放され、それまで以上に深くまた愛せるようになる。失意や破滅の記憶を消し去ることはできなくても、自分についてのあらたな発見によって心の広がりは増すことになる。

この旅を始めたとき、私はハンターを知らなかったし、いまでも本当に彼を理解しているとは言いがたい。それでも、彼が信じるところを追求する美しさには気がついた。

狩人とは光を追いかける人なのだ。

森の交感神経

列車は速度を上げていく。森から小さな町へ、そして大きな町の郊外へ。雨で灰色に染まったコンクリート造りのアパートがあり、その最上階でやつれた感じの男性が窓から外をのぞいている。

最近、パニック状態で目を覚ますことがよくある。旅先の蹂躙された土地の痛みに共鳴しているのだろうか。易々と未来を信じられないときもある。特に、その道のりを測る基準が過去であるときには。しかし、未来を信じなければ、頼りない現在をどう生きればいいのか。

狩猟採集はその性質上、見通しが立ちにくい。予測がつかないから行程表（ロードマップ）もない。計画を立てられない。期待ができない。いつまでかかるかも、何が見つかるかもわからない。そして、どこまで状況が悪くなるかも。農業との大きなちがいは、何よりこの不可知性だ。

狩猟採集をすると、空間と時間の関連性をじかに体験できる。知覚が研ぎ澄まされるからだ。それには心を静め、集中しなければならない。すると時間の進みが速くなり、林床の細部を見通すことができるようになる。人間の目が本来、キノコやベリーやハーブの大きさと色を即座に見分けられるようできているかのように。次の瞬間、すべての動きが遅くなり、空間が拡大する。とつぜん林床全体が見えてくる。苔が波のようにうねり、モミの苗木がなだらかな曲線を描き、ブナの木やハンの木の隙間を光のきらめきが通ってくるのを全身で感じ取る。

その土地はもはや、微小な揺らぎが集まっただけの無味乾燥な存在ではない。そこでは幾多のことが同時に起こっている。言ってみれば、イベント空間、エキサイティングな上演の場だ。私たちの視線は二元論的な光景から切り離されて、非均質化へと向かう。多元的な世界へ。私たち自身が住み処になる。私たちそのものが我が家になるのだ。

曾祖母のエスターはそのＤＮＡで、私にさまざまな性質を授けてくれた。「手と体を使った作業への愛着」「調査と研究を信じる心」「相手にされなくなったものや取るに足りないものを見つけたい衝動」「必要と欲望に衝き動かされる好奇心」。誰の中にも多かれ少なかれ、こういった性質はひそんでいる。すべての人間に備わっている遺産だ。

ニューメキシコ州の山に生えているヤマナラシの木の下でヤマドリタケを探していると、記憶の奥に隠れている何かが呼び覚まされる。自分では体験していなくても、生死を分かつ重大なことだからか、遺伝子の形で受け渡されてきた体験の記憶が呼び起こされるのだ。体内に固定された感覚順応装置、あるいは森の交感神経とでもいおうか。何世代にもわたる恐怖と生存体験（サバイバル）がつくり出した身体記憶なのかもしれない。次はいつ食べられる？　次はいつ家に帰れる？

エスターが特別不幸だったとは思わないが、満ち足りることはめったになく、つねに過労状態だったはずだ。自尊心と内省の両面を併せ持つ女性だったのではないかと想像する。幼いころは、小村という窮屈な巣穴から抜け出せる場所として、森に慰めを見いだしていたのかもしれない。

森はだだっ広い聖堂に似て、落ち着きと静けさに満ちた場所だ。何世代もの落ち葉や倒木がつくり出した、皮膚にチクチクする柔らかな林床があり、密生する松の木の梢がそよ風に揺れ、空気には神聖なお香を思わせる朽ち木の匂いがうっすらと漂っていた。外部からの命令を順守し、押しつけられたシステムにおとなしく従うことで成り立っていたエスターの人生には、台本のないそんな一瞬一瞬が日常生活の妙薬となったにちがいない。

新しい伝統はひとつの出来事からではなく、さまざまな蓄積から生まれる。歴史がその土台になった無数の小さな瞬間を黙らせようとしても、私たちは記憶を守り通していこう。刻々と変化する風景とその土地に生きた食材の中に埋め込まれている記憶を。

エスターはどんな野生の植物を集めていたのだろう。ブタクサ？　それともハナウド？　ビーツを買う余裕がなかった苦難の時代、ボルシチをつくるのに何を使ったのだろうか。スイバ〔道端に生える六〇センチほどの多年草〕だったのか、それともシュウ酸のえぐみを持つ野草だったのか。

列車はポーランドの森を走りつづける。

夕刻が近づいてきた。これほど複雑な過去と不確かな未来に挟まれた土地でありながらも、車窓の向こうで野原と家とショッピングモールは素知らぬ顔をしている。小ぎれいで素朴なたたずまいを見せるばかりだ。

エスターは採集した植物の風味そのものを愛したのだろうか。それとも、その味から記憶を呼び覚ますことで、ひと口味わうたびにそっと郷愁を抱きしめていたのか。過去に散らばっている、ばらばらな断片や瓦礫をみずから整理するために。バロック式宮殿の陰で夢中になって採集に励んでいた、幼少期の幸せな思い出に寄り添うために。

あるいは、戦争で被ったみじめな思いを癒す解毒剤、また根無し草となった自身の悲哀を慰めるための気付け薬だったのだろうか。移民として渡った、きらびやかで狂気じみた新天地アメリカの喧騒に、故郷のような静けさを見つけるための方法だったのだろうか。

みずからの手で採集した植物をひと口含んだところで、いつしか「万物は流転し、あらゆるものはいつか還ってくる」と悟った彼女は、もう恐れはしないと誓ったのかもしれない。

謝辞

本書の執筆中に私を支えてくださった方々に感謝の意を表したい。

まずは、何をおいても家族と親族にお礼を伝えて、本書を捧げたい。今作の取材および執筆中は全面的に彼らに支えてもらった。

プロジェクトの最後の何年か、暮らす場所を快く与えてくれた叔母マデリンと叔父スティーヴンのウィルズ夫妻には、どんなに感謝してもしきれない。ふたりの寛大な心なくして、この本が完成の日を迎えることはなかっただろう。

たくさんの友人から刺激と夕食と激励をもらい、おかげでおおむね正気を保つことができた。ミーガン・アンジャリ、レベッカ・ブルック、メレディス・ヴァナカー、エンジェル・ハーツレット、ケアリー・シモンズ、ミジャン・セリー・トビアス、リディア・シッソン、マクロヴィア・キンタナ、エイニッサ・ラミレス、サミーラ・サヴァララ、ソフィー・ヤング、ジェイコブ・ブランカシ、ヴォルカー・エックルズ、テア・グレガリアス、アリダ・ボーナ、マギー・ハンナ、ハンナー・カーシュナー、マーゴ・ハリソン、アシュリー・フリード、ローザ・コズブ、ケンブリッジ大の仲間たち、イェール大のみんな、サンタフェの同郷の方々、クリーマー通りのベイビーたち。

ネル・ティヴナンとケンダル・バーバリーとエリサ・イトゥアービは初期の草稿を読んで励ましてくれ、それが掛け替えのない支えになった。叔母のリズ・アナスタシアとテリー・アントマンは何度も私をお腹いっぱいにして、士気を高めてくれた。

担当教授のブライアン・マカドゥーとヴァーリン・クリンケンボーグ、著作権エージェント〈スターリング・ロード・リテリスティック〉の代理人ジェニー・スティーヴンズ、出版社〈グレイストーン・ブックス〉のジェニファー・クロールの大きな支えがなかったら、やはり本書は結実しなかっただろう。豊かな見識に基づいて手間暇惜しまず目配りをし、手に負えない草稿を完成に導いてくれた編集者のポーラ・エイヤーには特別な感謝を捧げたい。

また、調査旅行中に取材に応じてくださった無数の方々へのご恩はけっして忘れない。本書を刊行できたのは、彼らの率直な嘘偽りのない受け答えのおかげだ。本書中に誤りや脱落があった場合、すべて著者の責任であることを明記しておく。そして最後に、私が忘れかけていても記憶されてしかるべき多くの方々に感謝したい。

世界じゅうの消えた生き物たちへ――本書はあなたたちのために書かれた。

訳者あとがき

ジーナ・レイ・ラ・サーヴァ著『野生のごちそう――手つかずの食材を探す旅』（原題 *Feasting Wild : In Search of the Last Untamed Food*　二〇二〇年、グレイストーン・ブックス刊）をお届けする。

著者は米国ニューメキシコ州サンタフェ出身の環境人類学者だ。イェール大学とケンブリッジ大学で環境科学や哲学の修士号を取得し、現在は科学・技術振興の連邦機関〈国立科学財団〉の大学院フェロー。イェール大学を拠点として食と環境に連なる諸問題を研究している彼女だが、当人のホームページによれば〈手つかずの自然〉に近い環境に生まれ、周囲を探検しながら育つうちに冒険を愛するようになったという。ヨットで太平洋を横断するかと思えば、インドネシアへ津波の調査へ向かう。好奇心の赴くまま世界を旅してきた彼女が「野生の食材」をテーマに書き下ろした初の著作が本書である。

第1章では、北欧の食材のみで斬新な料理を創作し、世界最高のレストランのひとつとして日本でも有名なデンマーク・コペンハーゲンの〈ｎｏｍａ（ノーマ）〉を訪ねる。よくあるようなグルメ探訪取材が始まるのかと思いきや、シェフたちの実験室であるテストキッチンへ乗り込み、総帥レネ・レゼピに嫌な顔をさせるくだりを見て、これはちょっとちがうぞと背すじがピンと伸びた。話のスケールと熱量がただ事ではないのだ。

最近、世間では狩猟動物肉(ジビエ)を使った料理が人気らしい。動物だけでなく野生植物の採集熱も高まっている。かつて貧しい人たちが生きていくために必要としていた自然の食材が、いまは練達のシェフたちの手で創作料理に使われ、目の飛び出るような値段で供されている。

この現象は何を意味するのか。狩猟と採集という不安定な食生活から脱するため、人間は農業を発明した。そして、技術革新により穀物の工業的な大量生産を推し進め、現在の飽食の時代を築いたのではなかったのか。それがなぜいま、先祖返りのように野生の食材を求めているのか。

そもそも〝野生〟とはどういう概念なのか。

著者はさまざまな旅先で野生の食材と出合い、人間との関係性を追う。食にまつわる文化と歴史、それらがもたらした現状に切り込むうち浮かんでくるのは、とてつもない矛盾を抱えつつ、ときに破壊的性質を剝き出しにする〝人間〟という存在だ。

かつて〝手つかず〟だった自然を家畜化や栽培化などで人間が〝飼いならす〟うちに失われ、取り返しがつかなくなったものは数知れない——生物種そのものや生物の多様性、先住民族の知恵と知識……。

暴力的ともいえる発展の過程で消失した文化へ向ける著者の眼差しには、憧憬と慟哭(どうこく)の思いが交差する。米先住民ワバナキ族による太陰月の名称（鰻月、秋魚月、水流の縁に氷が張る月など）が象徴する、人間が自然に敬意を払い両者が共存する営みについて書かれた文章を読むと、そのような暮らしがかつて実践され、さらに人間の欲望によって破壊された事実に愕然とする。彼ら先住民や熱帯地域の人々が実践してきた人間と野生双方が繁栄する〝持続可能な〟土地管理法には、改めて目を開かれる思いがした。

この著者が凡百の書き手と決定的にちがうのは、多面的な情報投入量だ。ひとつひとつの食材について、その歴史から神話、環境、化学、人類学、生物学、社会、経済、伝統に至るまでの博学的な知見をこれでもかと注ぎ込んでいく。その知識は、本書中に登場する大型動物の狩りやその解体といった、彼女みずからが肌で感じた実体験にも支えられている。そこから紡ぎ出される〝ひと皿の料理〟への筆致には、単なる味覚の表現を超えた、人類の黎明期から現在までの長い時間が結晶している。

たとえばウミガメのスープ。現在、絶滅危惧種に指定されているアオウミガメを使ったスープには、大航海時代に西欧諸国が邁進した植民地化の破壊性、文明の驕り（おご）と人間の愚かさ、そしてヒトのＤＮＡに刻み込まれた〝野生〟への渇望が詰まっている。いまでは味わうことができないその料理の描写に、図らずもゴクリとのどを鳴らしてしまう自分がいたことも、訳者にとっては鮮烈な体験だった。

本書の魅力をもうひとつ挙げるなら、著者の詩的な表現から生まれる豊かなイメージだろう。

〝根生姜が顔を赤らめて恋に落ちたような、優しい味〟――こんな言い回しが出てくるたびに頭の中の想像力を全開にし、食欲中枢のうごめきを感じながら訳させていただいた。詩的といえば、アフリカ・コンゴで芽生えた大人どうしの恋のゆくえも興味深い。パートナーの故郷スウェーデンの森でともに狩り、屠ったヘラジカは、おそらく著者にとって特別に大きな意味を持つ〝手つかずの食材〟だっただろう。

タイトルの〝ごちそう（feasting）〟にも深い意味が込められている。野生食材による珠玉のひと皿を表す言葉である一方で、この単語には「祝宴」という意味もある。その宴がどこから始まったのかという著者の問いは、共同体への感謝や野生の生命への根源的な信仰にもつながっていく。

「過去」がもたらした容易には消えない爪痕を「現在」に観察しながら、この「現在」が「未来」に残す爪痕にも著者は静かに危機感を表明する。「食材のいま」を見つめることは地球規模の環境問題を訴える強烈なメタファーになるという確信が、彼女の冒険を支えている。ただ、その眼差しには厳しいものばかりでなく、未来への願いと希望もまた込められている。

喜び、悲しみ、怒り、あきらめ、絶望、希望、感嘆……各地を旅するなかでの実体験と掘り起こした事実を清濁併せ呑みながら、そうした複雑な感慨を余すところなく表現した本書は、まさに「野生の交響曲」さながらだ。小さな楽章を積み上げる作業が、やがて楽曲全体のテーマをくっきり浮かび上がらせていく。読む側も、そのかすかな残響まで聞き漏らすまいとつい前のめりになってしまう、そんな作品だと感じた。
ノーマのコース料理を食べたとき著者が覚えた一抹の違和感は、多くの土地や人々、そして天然の食材と交わる時間を経て、いったいどう消化されていったのか――
この冒険を、ぜひ最後まで見届けていただきたい。

ジーナ・レイ・ラ・サーヴァは現在ニューヨーク在住。本書はニューヨーク・タイムズの「夏の必読リスト」に挙げられ、Amazon.comのベスト・ノンフィクション・ブック（二〇二〇年六月付）に選された。また、本書にも登場するコンゴ民主共和国での食体験について上梓した論文は、二〇一五年、イェール大大学院林学・環境学科の最高論文に贈られるウィリアム・バーチ賞を受賞している。

棚橋志行

ジーナ・レイ・ラ・サーヴァ
Gina Rae La Cerva

米国ニューメキシコ州生まれ。地理学者、環境人類学者。イェール大学林学・環境学大学院で環境科学修士号、ケンブリッジ大学で哲学修士号を取得。イェール大学大学院林学・環境学科最高の論文に贈られるウィリアム・R・バーチ賞を受賞。環境、食、神話、歴史、地理、化学、人類学、社会、経済、伝統など広範な博学的探求心が身上。インドネシアで津波を研究し、帆船で太平洋を横断し、バラクーダの群れとのスキューバダイビングに身を投じる活動的な冒険家でもある。現在、環境科学と哲学をテーマとした独創的な学術研究とフィールドワークに取り組む。国立科学財団の大学院フェロー。ニューヨーク市在住。

棚橋志行
Shiko Tanahashi

1960年三重県生まれ。東京外国語大学英米語学科卒。出版社勤務を経て英米語翻訳家に。バラク・オバマ『合衆国再生　大いなる希望を抱いて』、キース・リチャーズ『ライフ キース・リチャーズ自伝』、ジェフ・パッサン『豪腕　使い捨てされる15億ドルの商品』、ジェイソン・スタンリー『ファシズムはどこからやってくるか』、ウィル・ハント『地下世界をめぐる冒険　闇に隠された人類史』、エレイン・シャノン『クリミナル・イノベーション　天才プログラマーが築いた新時代の犯罪帝国』他、訳書多数。

亜紀書房 翻訳ノンフィクション・シリーズⅣ-1

野生(やせい)のごちそう

手つかずの食材を探す旅

2021年6月6日　第1版第1刷　発行

著　者
ジーナ・レイ・ラ・サーヴァ

訳　者
棚橋志行

発行者
株式会社亜紀書房
〒101-0051　東京都千代田区神田神保町1-32
電話　(03)5280-0261
振替　00100-9-144037
https://www.akishobo.com

印刷・製本
株式会社トライ
https://www.try-sky.com

装　丁
APRON（植草可純、前田歩来）

Printed in Japan
ISBN978-4-7505-1696-7 C0095

Ⅲ-12
地下世界をめぐる冒険
闇に隠された人類史

ウィル・ハント
棚橋志行＝訳

2200円＋税

Ⅲ-14
定本　災害ユートピア
なぜそのとき特別な共同体が立ち上がるのか

レベッカ・ソルニット
高月園子＝訳

2600円＋税

好評既刊

食と健康の一億年史

スティーブン・レ
大沢章子＝訳

２４００円＋税

飢える私　ままならない心と体

ロクサーヌ・ゲイ
野中モモ＝訳

１９００円＋税

コンクリンさん、大江戸を食べつくす

デヴィッド・コンクリン
仁木めぐみ＝訳

１８００円＋税